Waldpfade
Hamburg

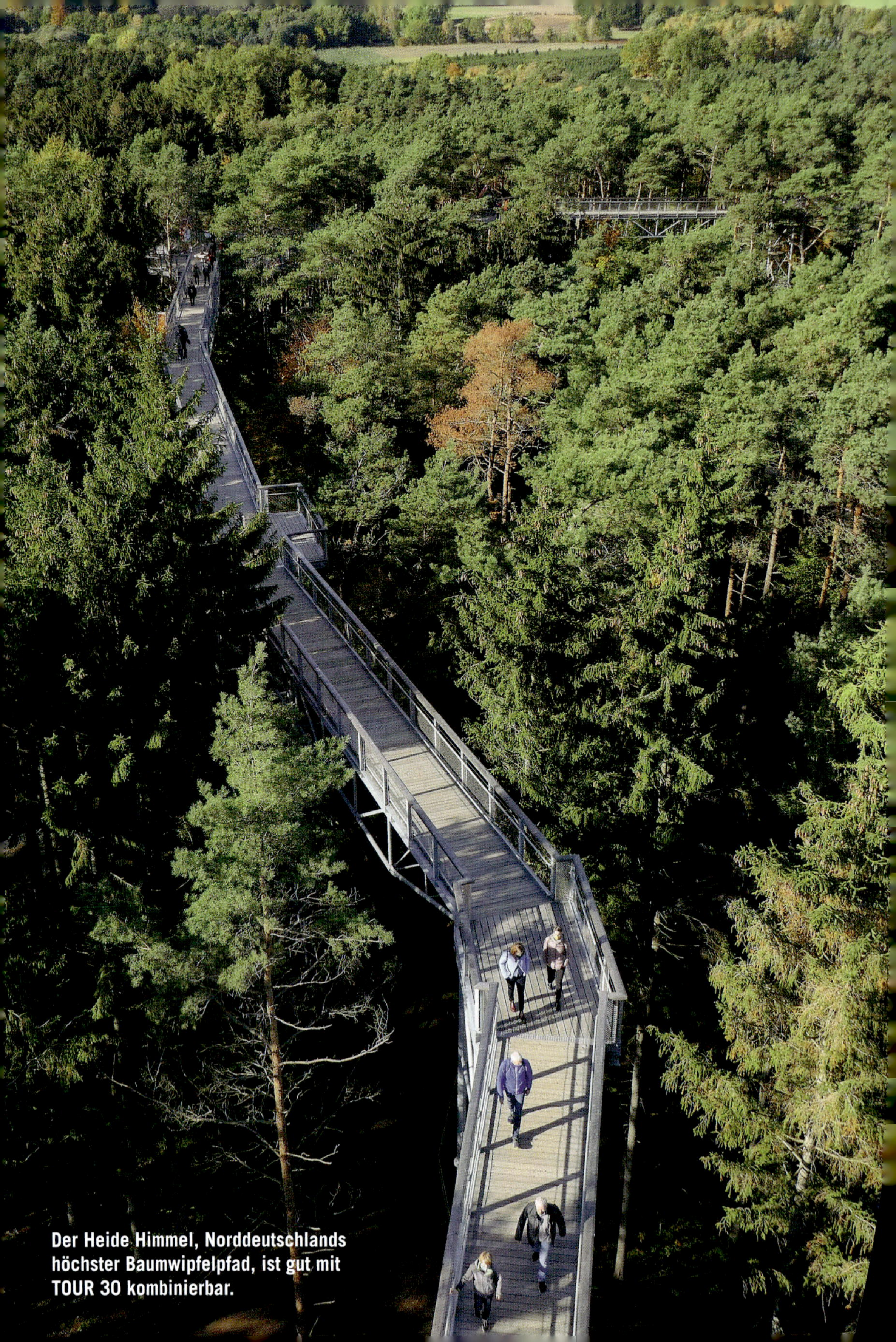

Der Heide Himmel, Norddeutschlands höchster Baumwipfelpfad, ist gut mit TOUR 30 kombinierbar.

Stefanie Sohr und Volko Lienhardt

Waldpfade HAMBURG

Auf 31 Wanderungen den »Dschungel vor der Haustüre« mit allen Sinnen erleben

BRUCKMANN

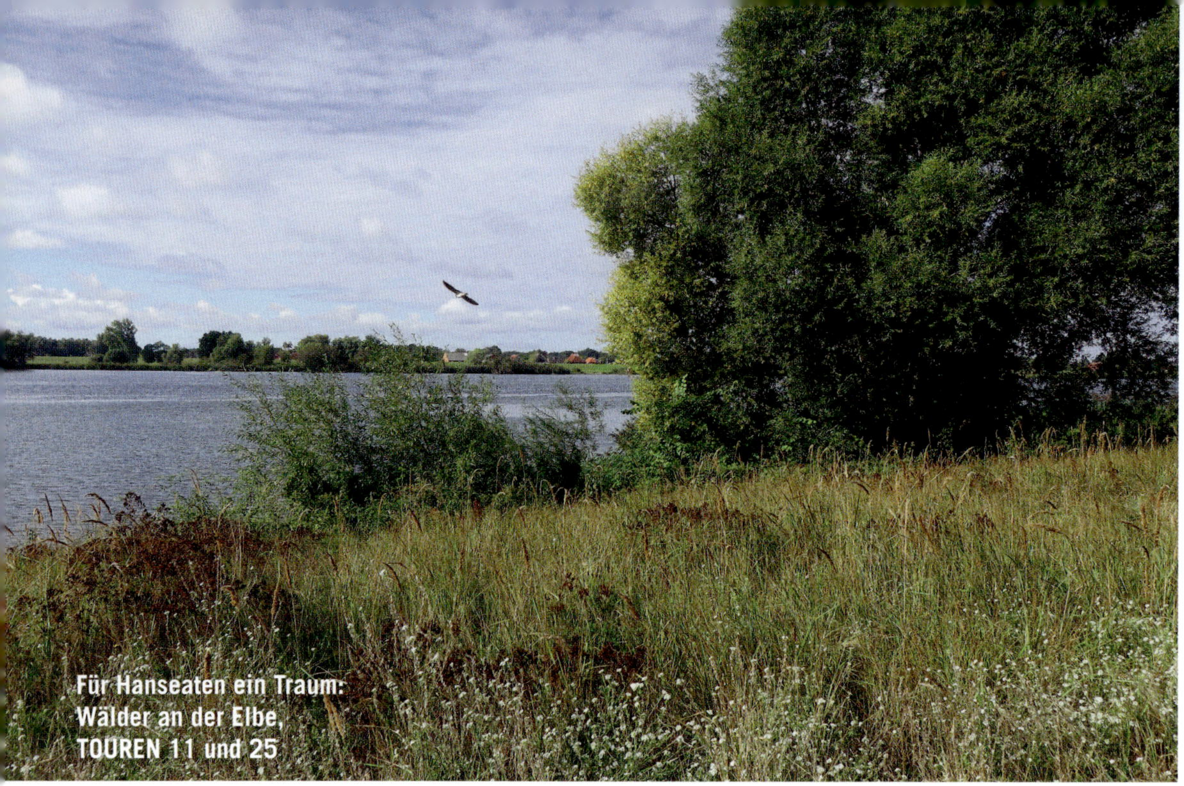

Inhalt

Vorwort **11**

Einleitung **12**

DIE TOUREN

In der Stadt **20**

1 Das Sierichsche Gehölz im Stadtpark 0:45 Std. ● 22
Forsthaus in Citylage

2 Auf dem Friedhof Ohlsdorf 1 Std. ● 24
Der Stille Weg und die Waldzeugen

3 Im Wittmoor 2 Std. ● 28
O schaurig ist's über's Moor zu gehen

Eine von 25 Pilzarten mit roter Hutfarbe, TOUR 30

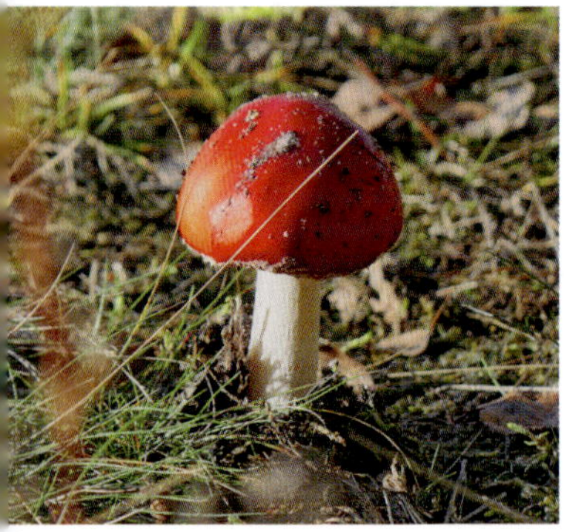

4	Im Wohldorfer Wald Der Ur-Ur-Urgroßvater unter den Hamburger Wäldern	1:30 Std.	●	32
5	Der Duvenstedter Brook Auf Pirsch im »nassen« Wald	3:30 Std.	●	36
6	Die Hohe und die Reit Naturschätzchen in den Vier- und Marschlanden	1 Std.	●	42
7	Das Heuckenlock Urwald der Gezeiten	1:30 Std.	●	46
8	Die Harburger Berge Gipfelsturm unter der Baumgrenze	3 Std.	●	48
9	Das Fischbektal Im Wald und auf der Heide	3 Std.	●	52

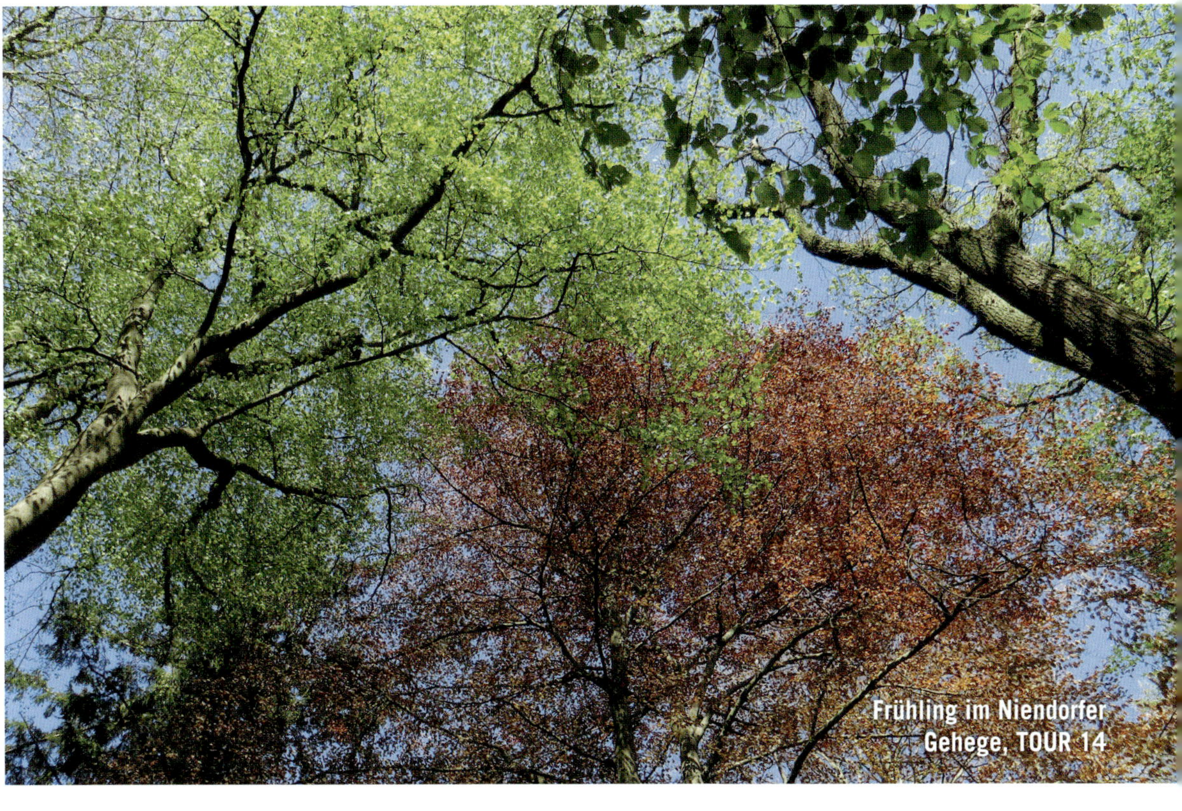
Frühling im Niendorfer Gehege, TOUR 14

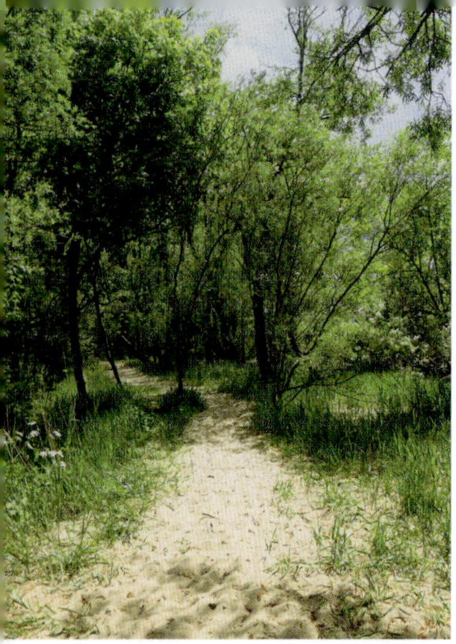

Tideauenwälder und Strandsandpfade, TOUREN 7 und 15

10 Klövensteen und Schnaakenmoor 2 Std. ● 56
Im Waldkinder-Garten

11 Waldpark Falkenstein 2:30 Std. ● 60
Der Elbhöhenweg in Blankenese

12 Im Volkspark 2 Std. ● 64
Auf geheimen Pfaden

13 Flottbektal und Jenischpark 1 Std. ● 68
Ein Naturschutzgebiet im Gartendenkmal

14 Im Niendorfer Gehege 2 Std. ● 72
Sommerfrische im Erholungswald

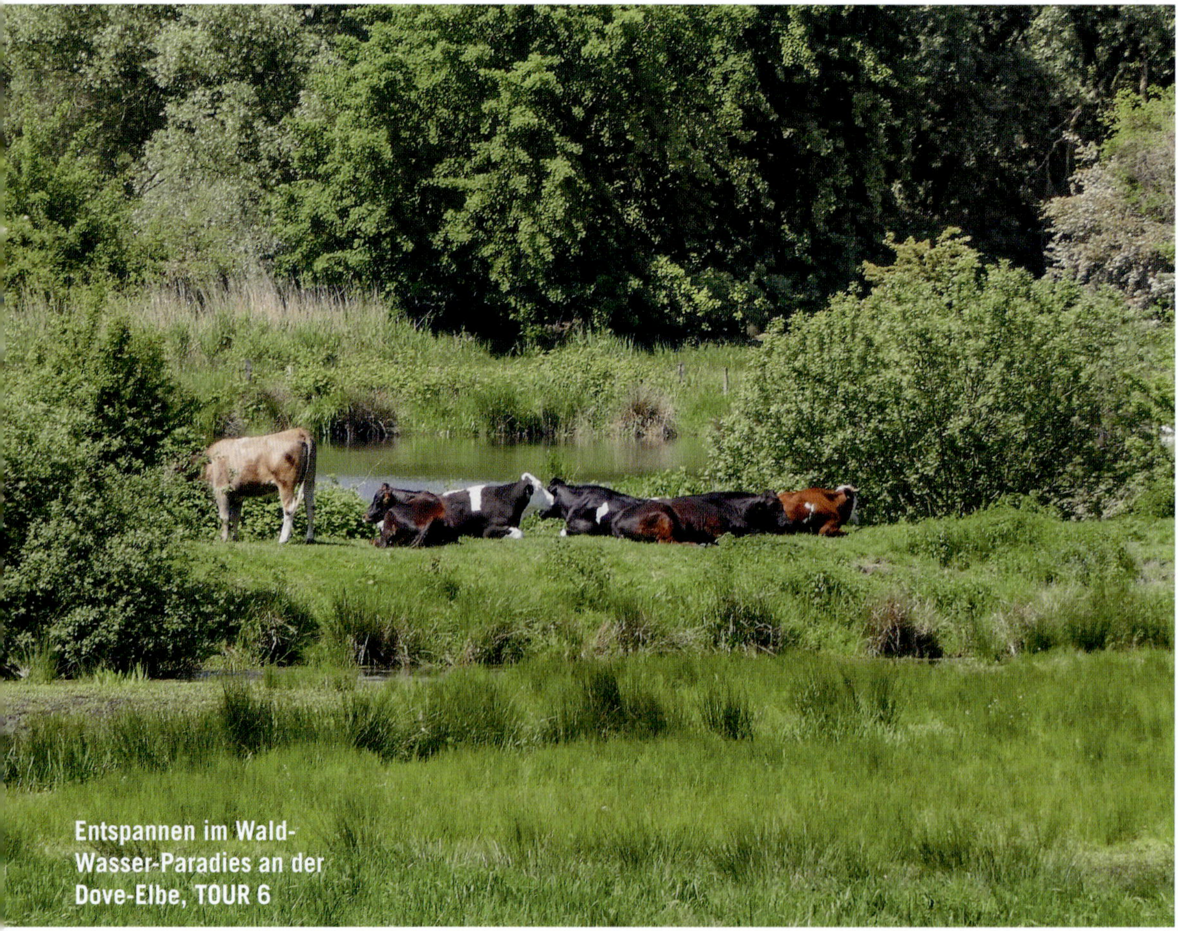

Entspannen im Wald-Wasser-Paradies an der Dove-Elbe, TOUR 6

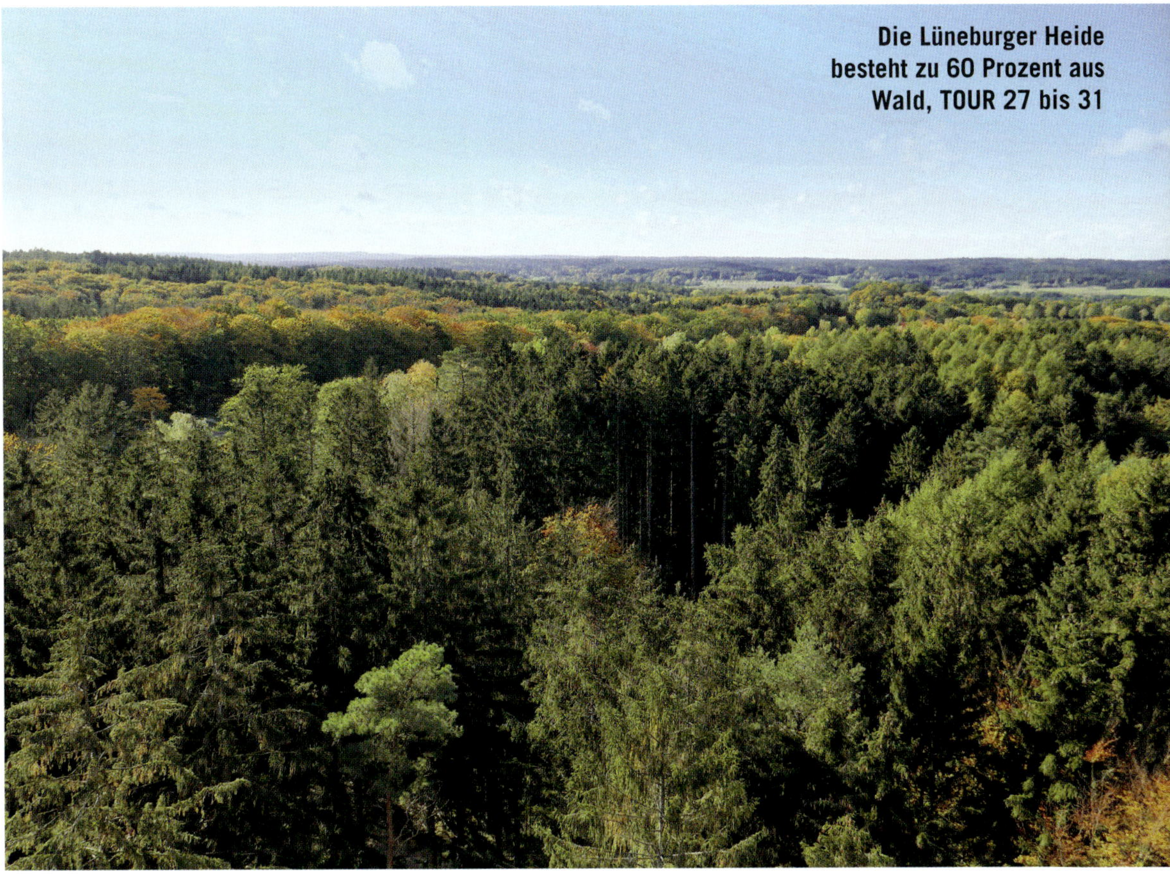

Die Lüneburger Heide besteht zu 60 Prozent aus Wald, TOUR 27 bis 31

Spezial: Hamburgs Botanische Gärten 74

Die Umgebung von Hamburg **78**

15 Haseldorfer Binnenelbe 2:30 Std. ● 80
Klein-Amazonien hinterm Deich

16 Holmer Sandberge 1:15 Std. ● 86
Der Duft von Dünenwäldern

17 Alsterwanderweg 4 Std. ● 90
Bruchwälder und Baumriesen am Alsterlauf

18 Kranika und Lütjensee 2:30 Std. ● 94
Petri Heil und Waidmanns Dank

Spezial: Hamburgs Botanische Gärten

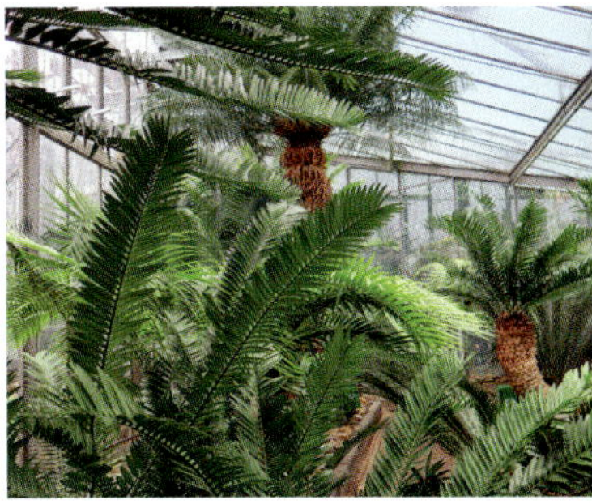

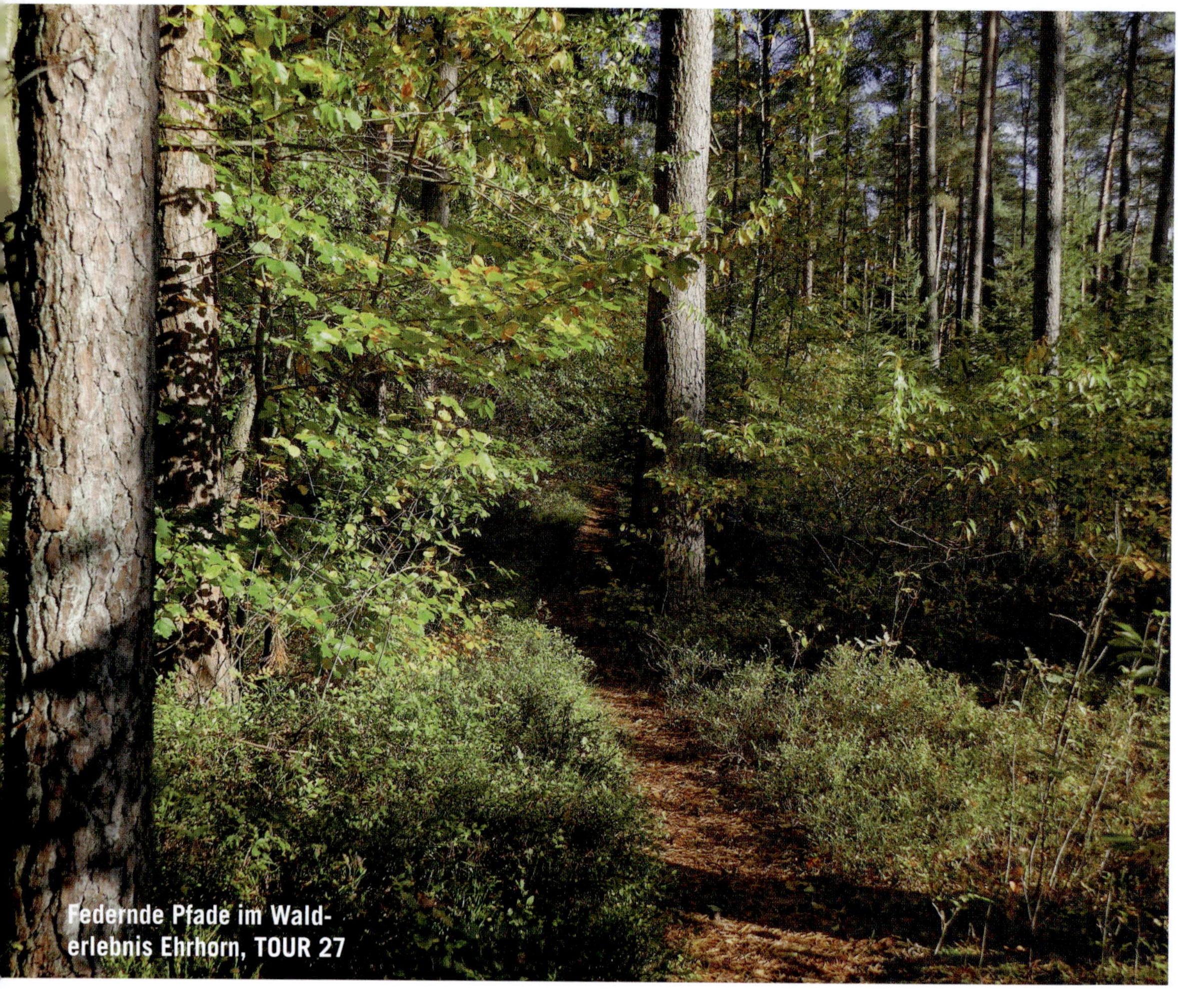

Federnde Pfade im Walderlebnis Ehrhorn, TOUR 27

19 In der Hahnheide — 2:30 Std. ● 96
Ein Otto steht im Walde

Das Herzogtum Lauenburg **100**

20 Im Sachsenwald — 2 Std. ● 102
Bismarck, Boxer, Bahngeschichte

21 Möllner Waldlandschaft — 3:30 Std. ● 106
Wo Till Eulenspiegel wanderte

22 Im Hellbachtal — 4:45 Std. ● 110
Waldseen am laufenden Band

23 Die Garrenseerinne 3:30 Std. ● 114
Salemer Moor mit angrenzenden Wäldern und Seen

24 Am Schaalsee 5 Std. ● 120
Grüne Werder und Uferwälder

25 Hohes Elbufer 3:30 Std. ● 126
Zwischen Tesperhude und Sandkrug

26 Besenhorster Sandberge 1:30 Std. ● 128
Lost Place im Wald

Die Lüneburger Heide **130**

27 Walderlebnis Ehrhorn 3 Std. ● 132
Familienvergnügen in der Lüneburger Heide

28 Märchenpfad Jesteburg 1 Std. ● 138
Großer Spaß für kleine Wanderer

29 Barfußpark Egestorf 2 Std. ● 142
Den Wald mit allen Sinnen erleben

30 Wald- und Kulturpfad Hanstedt 3 Std. ● 146
Vom Hexentanzplatz zum Heideplateau

31 Auf dem Heidschnuckenweg 4 Std. ● 150
Die feinste Etappe des schönsten Fernwanderwegs

Bruckmanns Tourenfinder **152**

PS: **154**

Register **157**

Impressum **160**

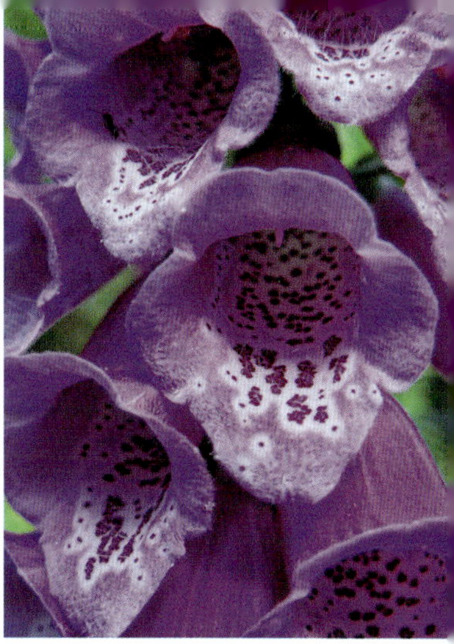

Finger weg vom Fingerhut im Klövensteen, TOUR 10

Schnattern im Wald, TOUREN 7 bis 9

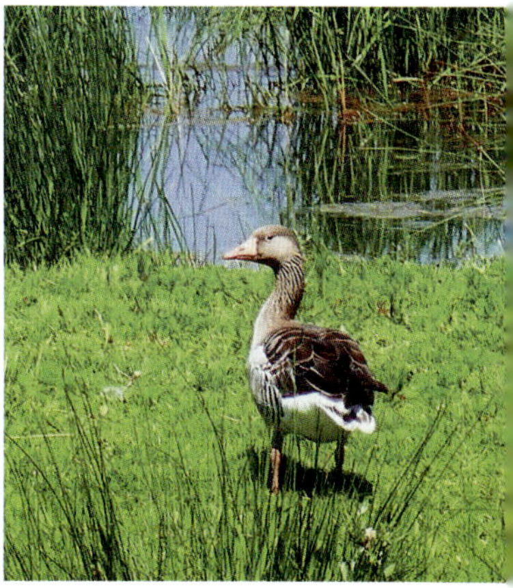

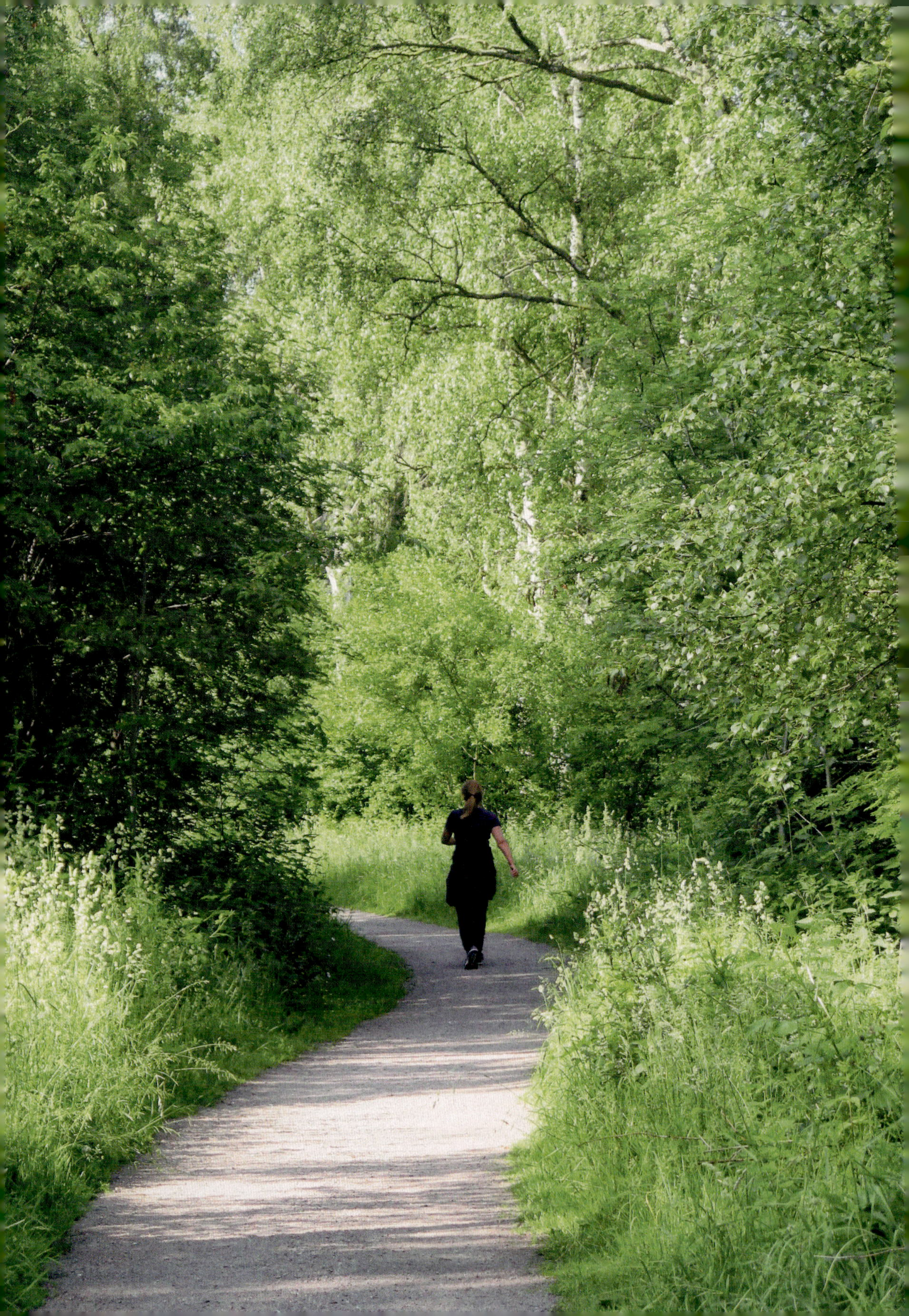

Vorwort

In einer großen Stadt haben es Wälder nicht leicht. Ganz besonders nicht in einer wasserverliebten Metropole wie Hamburg, wo Alster, Elbe, Nord- und Ostsee alle Aufmerksamkeit auf sich ziehen. Da kann der Wald leicht aus dem Blickfeld geraten. Er ist dann nur noch ein Gedanke, eine Vorstellung von uralten Baumriesen und moosweichen Böden. Von Sonnenstrahlen, die wie grüngoldene Säulen durch Baumkronen fallen. Eine Erinnerung an Märchengeschichten und den Duft von Kiefern, Erde und Pilzen. Eine unbestimmte Sehnsucht nach Stille und nach bunten Blättern, die vom Himmel schweben oder unter den Füßen rascheln.

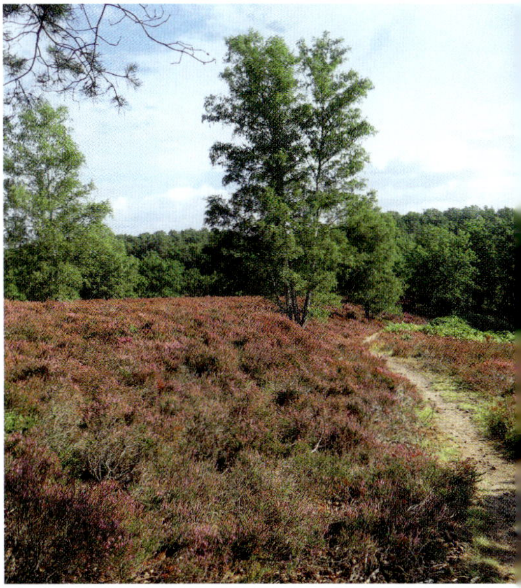

Im Fischbektal kommt echtes Wanderfeeling auf, TOUR 9

Die gute Nachricht ist: Das alles ist in und um Hamburg zu finden. Man kann sich im Stadtgebiet in steinalten Wäldern verlieren und durch springlebendige junge hüpfen. Es gilt weitläufige Waldparks zu erforschen und winzige Auwälder. Da wären Moorwälder, Bruchwälder, Naturwälder und Erholungswälder, störrische Waldinseln, Dünenwälder, sogar Urwälder findet man noch. Da sind Wälder, die Geschichten erzählen; Wälder, die Flüsse begleiten, und solche, die stille Waldseen wie ein Geheimnis hüten. Manche sind von Kinderlachen erfüllt, manche vom Verkehr umtost und in anderen trifft man keine Menschenseele. Die Vielfalt der Hamburger Wälder ist außergewöhnlich, sie resultiert aus der besonderen Lage der Stadt.

In Hamburg treffen nicht nur kontinentale Klimaeinflüsse auf ozeanische, sondern auch vier sehr unterschiedliche Naturräume aufeinander: die sandige Schleswig-Holsteinische Geest, das fruchtbare Urstromtal der Elbe mit Ebbe und Flut, die kargen Böden der Lüneburger Heide und das üppige Östliche Hügelland. Nicht immer und nicht überall ist Hamburg der Verantwortung zum Erhalt der Artenvielfalt gut nachgekommen. Aber immerhin ist die Bedeutung der Biodiversität im Allgemeinen und welchen Beitrag Wälder im Speziellen leisten mittlerweile erkannt. Sie zu schützen und zu vermehren steht ganz oben auf der Liste aller Anstrengungen. Dies geschieht nicht zuletzt, damit wir Erholung finden. Ob seelische Entspannung oder sportliche Herausforderung, ob Waldläufer oder Wassertänzer, ob zur ideellen Bereicherung oder um das eigene Naturwissen zu erweitern, die Wälder in und um Hamburg haben unendlich viel zu geben.
Viel Vergnügen beim Entdecken!

Stefanie Sohr und Volko Lienhardt

Links:
Der Klövensteen ist ein typischer Erholungswald, TOUR 10

Einleitung

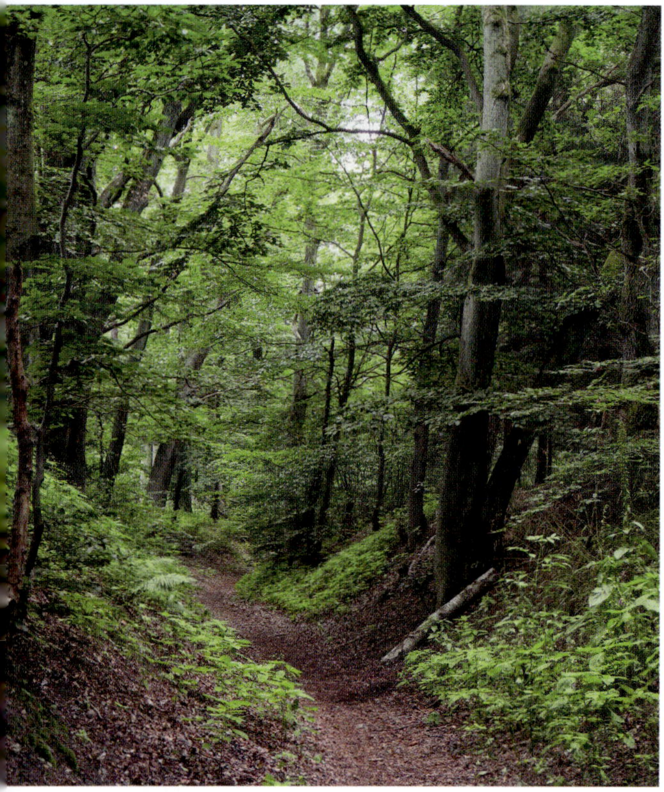

Wie verwunschen geben sich die Wälder rund um Mölln, TOUR 21

Ach, Wälder ..., Wälder finde ich auch so wunderbar. Ich komme bloß viel zu selten dorthin. So oder ähnlich antworten viele Hamburger, wenn man sie nach ihren Walderfahrungen fragt. Das ist selbst bei naturverbundenen Hansestädtern so und hat verschiedene Gründe. Die einen argumentieren, ihr Element sei das Wasser. Wie automatisch zieht es sie in freien Stunden an die Flüsse und Meere. Anderen scheint es unlogisch, in dunkelgrüne Schattenreiche zu tauchen, wo im Norden doch ohnehin schon zu selten die Sonne scheint. Am stärksten fällt wohl ins Gewicht, dass die Gelegenheiten rar sind, Waldluft zu schnuppern. Als Stadtstaat belegt Hamburg im Ländervergleich den zweitletzten Platz und grenzt zudem in weiten Teilen an das waldärmste Flächenland der Bundesrepublik, Schleswig-Holstein. Das ist auf mehreren Ebenen problematisch. Zum einen geht es natürlich um Umwelt- und Artenschutz. Angesichts des Klimawandels spielt aber auch ganz konkret das eigene Wohlbefinden eine Rolle. Wälder stellen – gerade in überhitzten Städten – wichtige Kaltluftquellen dar. Im Vergleich zu landwirtschaftlich und industriell genutzten Flächen weisen Waldböden viel geringere Belastungen durch Pestizide und Düngemittel auf. Daher nimmt ihre Bedeutung für die Trinkwassergewinnung immer mehr zu. Wälder bieten einen hohen Erholungswert. Und schließlich ist da noch die ideelle Komponente: Von Grimms Märchen über die Dichter der Romantik bis zu Heinrich Heine – der deutsche Wald ist ein echtes Kulturgut, aufgeladen mit Gefühlen. Dort liegen im wahrsten wie im übertragenen Sinne unsere Wurzeln.

Der Dschungel vor der Haustür

Als Hamburg noch nicht Hamburg war, sondern bloß die Hammaburg an der Südgrenze der Kimbrischen Halbinsel, war das Land zwischen Nord-, Ostsee und Elbe dicht bewaldet. Es heißt, noch im 10. Jahrhundert hätte ein Eichhörnchen von Flensburg nach Hamburg von Ast zu Ast springen können, ohne ein einziges Mal den Boden zu berühren. Norddeutschland war die Wildnis selbst. *Jangal,* sagt man im

Indischen, davon leitet sich das Wort Dschungel ab. Viel ist davon natürlich nicht übriggeblieben. Doch einem Ameisenlöwen sind die Relikte noch immer die Welt, und Wanderer finden selbst in der Stadt echte Seelenlandschaften.

Die Regionen

Hamburg

Bei allem, was besser sein könnte: Hamburg ist eine grüne Stadt. In keinem Bundesland stehen prozentual mehr Flächen unter Naturschutz. Nachhaltige Bewirtschaftung ist den acht Revierförstereien bereits seit über 100 Jahren ein Anliegen. Und es gibt sie ja, die Stadtteile im Nordosten, die sich stolz Walddörfer nennen. Die bewaldeten Bergwelten auf der anderen Elbseite im Süden. Und die gewaltigen Aufforstungen vermögender Kaufleute aus den Elbvororten. Sie hätten mit ihrem Geld nichts Besseres anfangen können. Das haben sie mit den Schöpfern aller großen Grünanlagen gemeinsam, die schon immer um den Wert des Waldes wussten.

Umland

Marsch, Geest, Östliches Hügelland. Alle drei Landschaftstypen Schleswig-Holsteins liegen direkt vor den Toren der Stadt. Zwar ist das Umland zersiedelt, und es klingt dramatisch, dass das nördlichste Bundesland nur 11 % Waldanteil vorweisen kann. Und doch sind sie ein Hoffnungsschimmer, wenn man weiß, dass um 1850 nur 4 % Schleswig-Holsteins bewaldet waren. Im Kreis Pinneberg wartet das größte

Ein Teil des Waldes ist älter als der Friedhof Ohlsdorf, TOUR 2

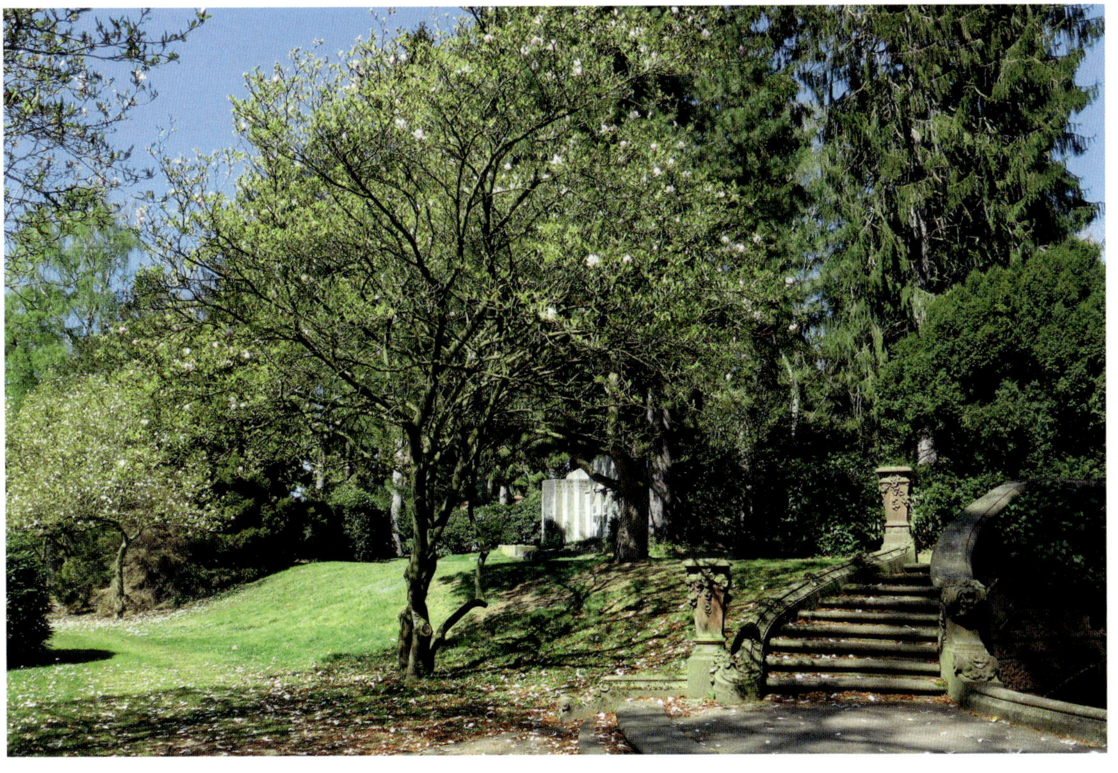

Ästuar Deutschlands, so heißen natürliche Lebensräume an Flussmündungen. Im Kreis Segeberg kündigt sich an, was im Kreis Stormarn nicht mehr zu übersehen ist: Schleswig-Holstein ist neben dem Saarland das laubwaldreichste Land der Bundesrepublik. Und längst wird daran gearbeitet, dass die Zukunft noch besser wird.

Herzogtum Lauenburg

Dem Herzogtum kommt als waldreichster Region Schleswig-Holsteins ein eigenes Kapitel zu. Hier befindet sich mit dem Sachsenwald nicht nur das größte zusammenhängende Waldgebiet Norddeutschlands, auch das Waldbaden erhält hier eine ganz eigene Bedeutung. Mehr als 40 Seen und Flüsse laden zum Baden ein. Oft liegen die Badestellen, -stege und -strände mitten im Wald. Es lohnt sich, über einen Kurzurlaub im Herzogtum nachzudenken. Unterkünfte gibt es für jeden Geldbeutel, und selbst im Hochsommer, wenn an den Meeren die Strandampeln auf Rot springen, bleibt das Wald- und Wasserparadies noch immer entspannt.

Waldgesellschaften

Wer sein Waldwissen erweitern möchte, Wanderpartner sucht oder Alternativen für Schmuddelwetter, ist hier an der richtigen Adresse:

Die **Loki-Schmidt-Stiftung** hält vielfältige Möglichkeiten bereit, die Natur zu erleben, etwa Exkursionen zu besonderen Bäumen oder Naturführungen auf den stiftungseigenen Flächen in und um Hamburg. Die Informationshäuser runden das Angebot mit zahlreichen Veranstaltungen ab: www.loki-schmidt-stiftung.de

Jährlich bietet der **NABU Hamburg** rund 500 Führungen, Vorträge und Mitmach-Aktionen an, viele davon in Wäldern. Das Programm ist in gedruckter Form in den Bücherhallen kostenfrei erhältlich oder im Netz unter www.nabu.de

Das Team vom **»Haus der Wilden Weiden«** im Naturschutzgebiet Höltigbaum lädt zu besonderen Walderlebnissen ein, zum Beispiel zu barrierefreien Waldwanderungen, zum Waldbaden oder zu intuitiven Waldspaziergängen, die Antworten auf persönliche Fragen liefern sollen: www.hoeltigbaum.de

Was ist eigentlich Wald? Dieser Frage geht die Erlebnisausstellung im Science Center des **Wilhelmsburger Wälderhauses** nach. Selbst Kenner entdecken in Kobelkino, Holzbibliothek oder Wunderkammer noch neue Wald-Facetten: www.waelderhaus.de

Lüneburger Heide

Bei der Lüneburger Heide denkt man an lila blühende offene Landschaften. Zu 60 % aber besteht die traumhaft schöne Region südöstlich von Hamburg aus Wald. Darunter sind echte Bilderbuchexemplare. Heidjer kennen sich einfach aus in Landschaftspflege, und sie haben sich einiges einfallen lassen, um Gäste für die Wälder zu begeistern. Spitzenwanderwege, Thementouren und besondere Waldvergnügen machen die Lüneburger Heide zu einem tollen Wander- wie Familienziel. Wer mit Kindern reist, ist hier richtig.

Waldluft schnuppern

Jede Waldwanderung, jeder noch so kleine Waldspaziergang beginnt mit einem krassen Szenenwechsel. Die Luft wird spürbar kühler, das Licht schummrig. Geräusche dringen nur noch gedämpft ans Ohr. Hielt man sich eben noch für groß, relativiert sich das angesichts mächtiger Baumriesen. Und wer dachte, er sei alt, fühlt sich ihnen gegenüber ziemlich jung. Das alles passiert schon auf dem ersten Schritt. Und dann geht es erst richtig los.

Der erste Atemzug ist auch ein inneres Aufatmen. Wälder duften ungeheuer intensiv: erdig, würzig, frisch und je nach Jahreszeit verschieden. Sonnenwarmer Waldboden riecht ganz anders als frisch geschlagenes Holz im Winter. Das Aroma von

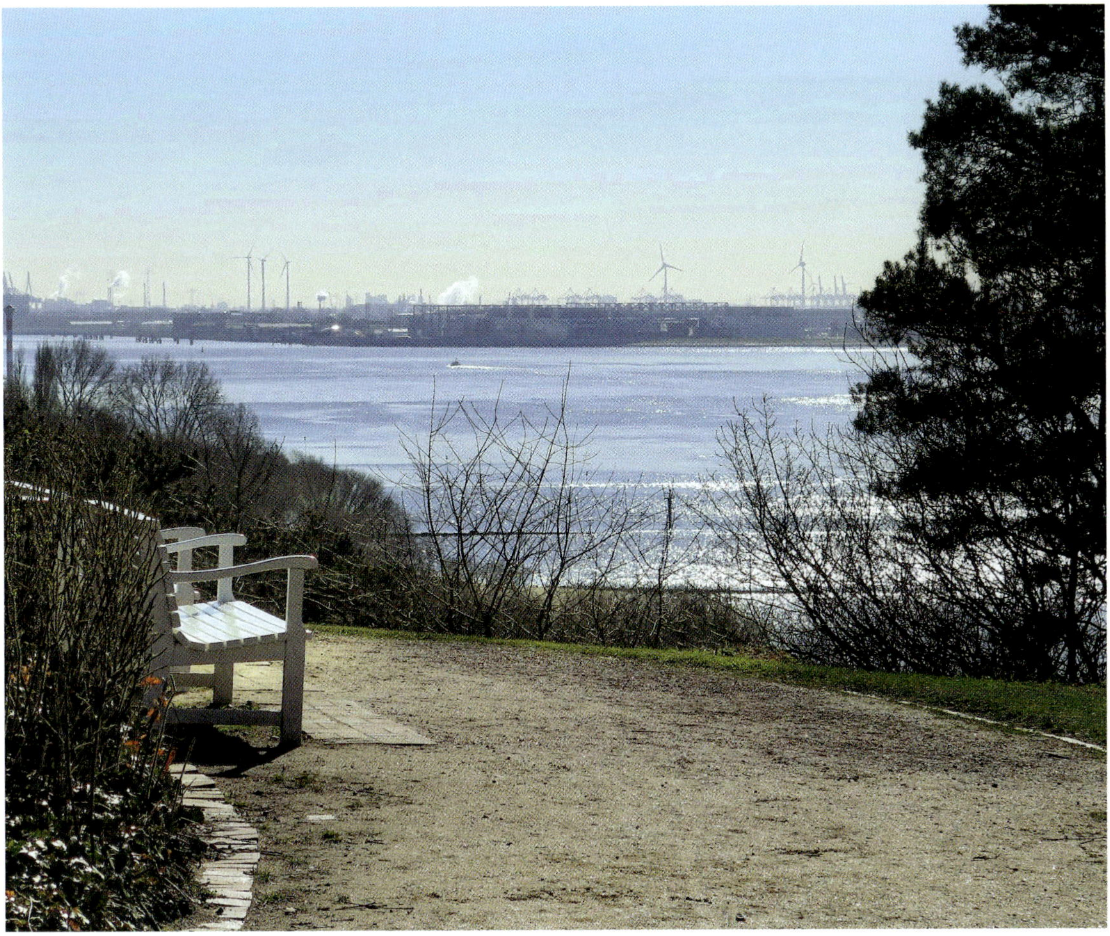

Vielleicht Hamburgs schönste Ruhebank, TOUR 11

Herbstlaub ist mit Frühlingsduft nicht zu verwechseln. Schließt man die Augen und atmet tief ein, nimmt man es besonders bewusst wahr und macht feinere Nuancen aus. Der Duft von Tannen etwa trägt Weihnachtserinnerungen in sich. Der Duft von Kiefern versetzt glatt in den Sommerurlaub in skandinavischer Ferne (zum Beispiel auf Tour 16 in den Holmer Sandbergen). Nachweislich wirkt Waldduft beruhigend. Er ist ein perfektes Anti-Stressmittel. Das hat er mit der Farbe Grün gemeinsam.

Grün sehen

Waldgrün. Das ist hellgrün und dunkelgrün, maigrün, frühlingsgrün, lichtgrün, knallgrün und giftgrün, schilfgrün und blassgrün, ist farngrün, moosgrün, efeugrün, tannengrün, fichtengrün, kieferngrün, schattengrün, schwarzgrün und etliche Grüntöne mehr. Bis es Herbst wird und die Farben explodieren. Dann sind Aussichtstürme eine prima Sache, wie der Lange Otto in Hahnheide (Tour 19) oder Panoramawege mit Weitblick im Fischbektal (Tour 9). Selbst im Winter bleiben Wälder ein visuelles Erlebnis. Zwar kann man in Hamburg nur selten durch tiefverschneite Tannen stapfen. Doch es ist keine schlechte Idee, sich schon einmal eine Tour für den unwahrscheinlich Glücksfall vorzumerken. Nur zur Sicherheit, damit man nicht vor

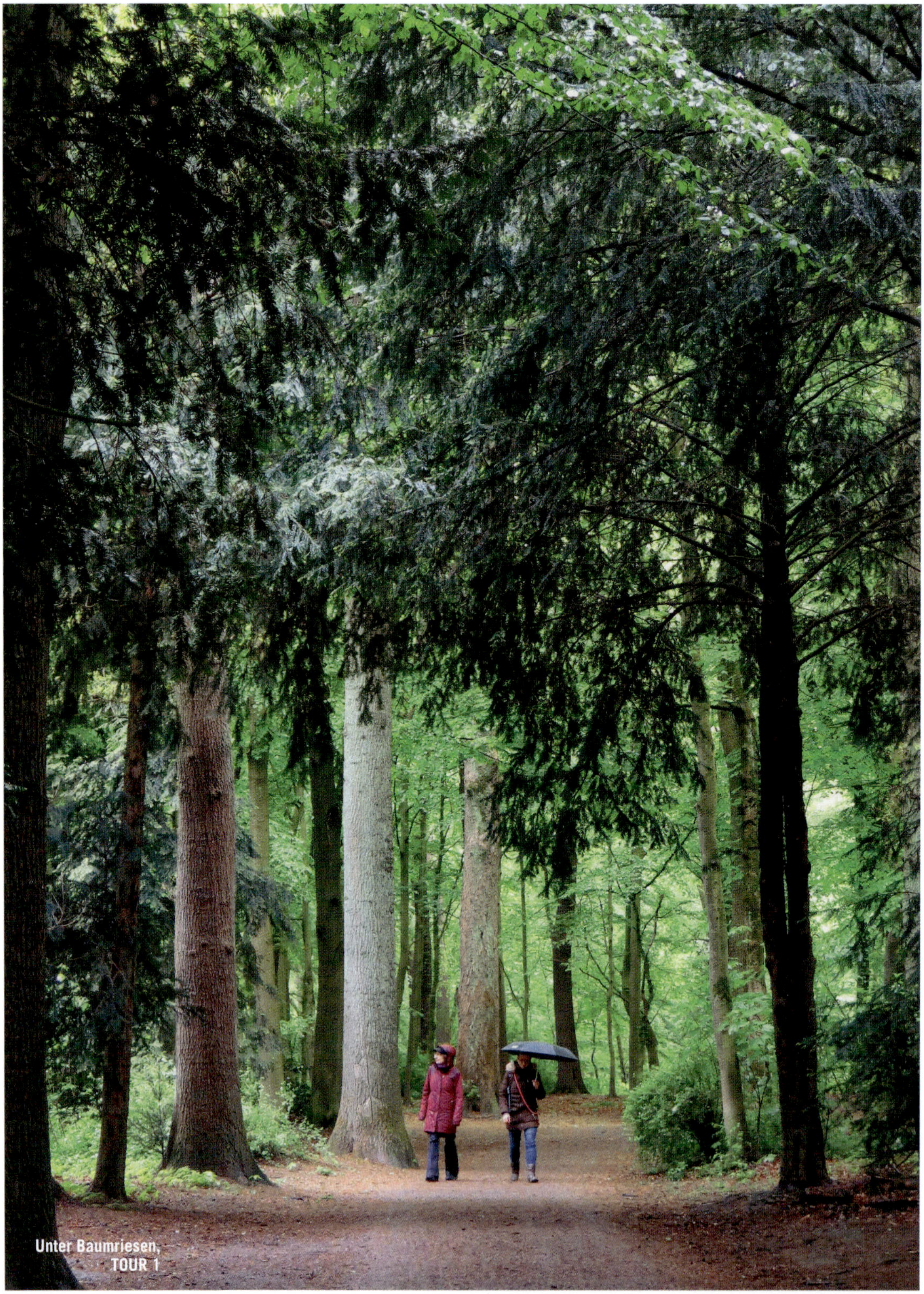

Unter Baumriesen,
TOUR 1

lauter Schreck doch wieder bloß im Pulk um die Alster marschiert. Stimmungsvoller sind die Erholungswälder, deren Sommerwege sich allesamt auch fürs Winterwandern eignen. Im Klövensteen (Tour 10) oder im Niendorfer Gehege (Tour 14) sorgen zudem tierische Waldbewohner für reichlich Abwechslung.

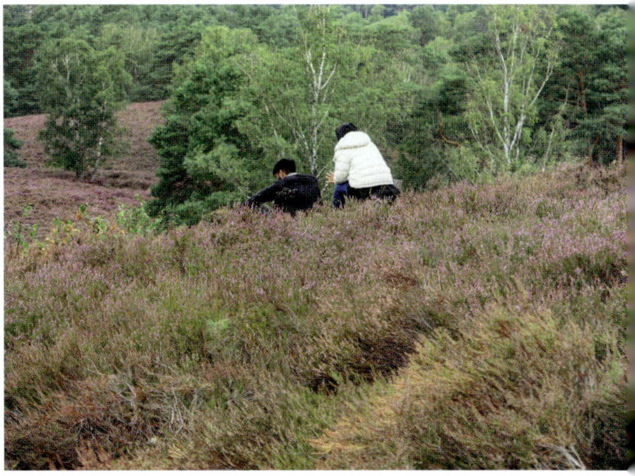

Heideblüte in Hamburg, TOUR 9

Die norddeutschen Laubwälder sind oft sonnendurchflutet und daher artenreicher als Nadelwälder. Frühblüher haben sich darauf perfekt eingerichtet. Lange bevor Bäume und Sträucher ihre Blätter ausbilden, strecken die ersten Schneeglöckchen ihre Triebe aus dem Boden. Es folgen Märzenbecher, Leberblümchen, Scharbockskraut und Buschwindröschen und andere Frühlingsboten. Bis sich schließlich das frische Maigrün wieder vordrängelt und alles von vorn beginnt.

Eine weitere spannende visuelle Erfahrung besteht für Norddeutsche darin, nicht bis zum Horizont blicken zu können. Auf den besten, den verschlungenen Pfaden, sieht man häufig nur einige Meter weit. So macht es gar keinen Sinn, ständig vorausschauen zu wollen. So bleibt man ganz im Hier und Jetzt und lässt sich überraschen, was hinter der nächsten Kurve liegt. Es stimmt tatsächlich, was man sagt: Wird ein Sinn weniger genutzt, übernimmt ein anderer umso stärker.

Der Wald steht schwarz und schweiget

Waldgeräusche machen glücklich. Man denke nur an das Klopfen eines Spechts oder an Vogelgezwitscher. An Tannenzapfen, die zu Boden fallen und das Rascheln der Blätter beim Herbstspaziergang. An abendliche Froschkonzerte und den Ruf eines Käuzchens in der Dämmerung. An Wind, der Baumkronen zum Rauschen und Äste zum Knarren bringt. Und an Stille. Waldstille kann so tief sein, dass man das eigene Herz klopfen hört. Es mag sogar einen Satz machen, wenn plötzlich im Unterholz ein Zweig bricht. Die schönsten Waldmelodien singen natürlich die großen Wälder, wo die Zivilisation ganz weit weg scheint. Doch selbst in den kleinsten Naturoasen lassen sich Momente herrlicher Ruhe erfahren. Als Faustregel gilt: An Wochentagen ist es ruhiger als am Wochenende. Vormittags ist weniger los als nachmittags. Und im Frühling ertönt der Jubel der Vögel am lautesten.

Seerosen auf dem Rüdigerteich, TOUR 10

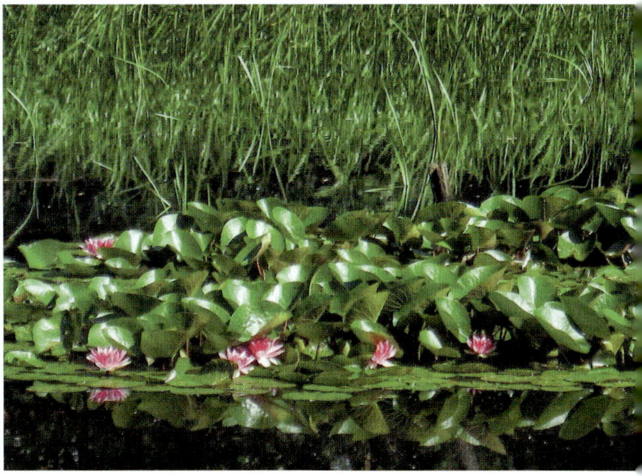

Den Wald schmecken

Waldhonig, Waldmeister, Waldbeeren, Waldkräuter. Pilze natürlich. Und Wild. Der Tisch ist reich gedeckt im Wald. Wer weder Tiere erlegen noch sich einen Fuchsbandwurm einhandeln möchte, kann mit Bucheckern fast nichts falsch

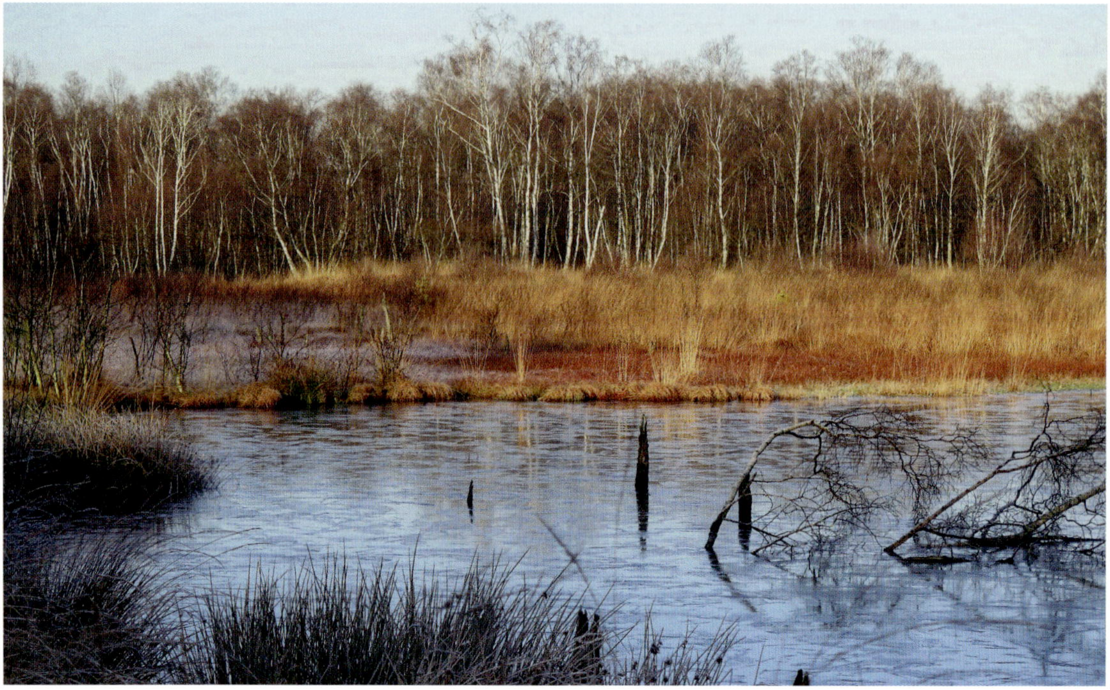

Winter im Wittmoor, TOUR 3

machen. Sie sind nahrhaft, schmecken nussig und lassen sich vielfältig in der Küche verwenden. In größeren Mengen können sie allerdings Bauchweh verursachen; das liegt am schwachgiftigen Inhaltsstoff Fagin. Geröstet oder mit heißem Wasser übergossen, baut sich Fagin aber schnell ab. Und für den Rest des Waldfests verlässt man sich auf Profis wie die »Unkrautgourmets« von der WaldKräuterey in Ehrhorn (Tour 27). Dort werden Wiesen-Tapas, Gänseblümchen-Limonade und Blütenkuchen serviert. Dagegen klingt die Speisekarte im Forsthaus im Sachsenwald (Tour 20) geradezu traditionell. Doch diese Tradition ist im Wortsinn fürstlich und versteht sich als kulinarische Liebeserklärung an den Wald.

Den Wald fühlen

Mit der Hand über die Rinde eines Baumes fahren. Eine glänzende Kastanie aufsammeln. Über Wege stolpern, in die Wurzeln wie lange knorrige Finger ragen, und auf Baumstämmen balancieren. Spüren, wie der Köper sich aufrichtet, wenn man barfuß über Moosteppiche geht. Es gibt viele sinnliche Erfahrungen zu machen. Und dann ist da noch die Intuition. Die Fantasie wandert immer mit im Wald. Er ist ja eng mit dunklen Geschichten verbunden, mit Waldgeistern und Waldfeen. Dafür muss man gar nicht in einen Märchenwald. Auf den Märchenwanderweg in Jesteburg (Tour 28) sollte man sich aber trotzdem einmal wagen.

Waldwandern – die Vorbereitungen

Die Touren in diesem Wanderführer sind sehr unterschiedlich in Länge und Schwierigkeitsgrad. Für einen kurzen Spaziergang in der City braucht es natürlich keine weiteren Vorbereitungen. Bei längeren Touren gehört die Planung aber schon zum

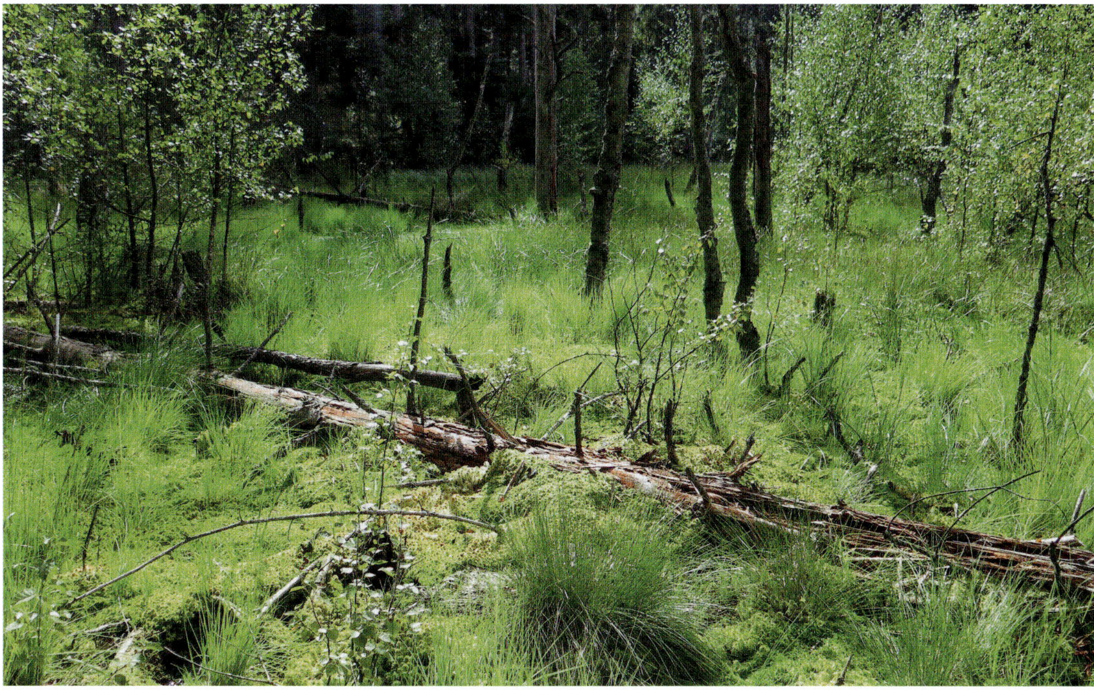

Sommer in der Kranika, TOUR 18

Waldspaß dazu. Man studiert den Weg, schmiert sich ein Butterbrot, sucht die sieben Sachen zusammen. Und jeder Handgriff sagt: Das mache ich jetzt für mich. In Grünanlagen ist die Kleidung weniger ein Thema, und in der Stadt herrscht an Einkehrmöglichkeiten selten Mangel. Dennoch sind (wasser)festes Schuhwerk und Regenjacke in Hamburg nie von Nachteil, und das Picknick schmeckt auch im Stadtwald. Immer gehören ausreichend Getränke in den Rucksack. Ob Badezeug angesagt ist, verrät der Quickfinder auf Seite 152. Die meisten Touren sind als leicht eingestuft. Sie weisen nur wenige oder sogar gar keine Steigungen auf und dauern weniger als drei Stunden. Aber auch die mittelschwierigen sind bei durchschnittlicher Kondition noch vergnügt zu meistern – hier erweisen sich die fehlenden Höhenmeter, die der ein oder andere erfahrene Wanderer im Norden vermissen könnte, als Vorteil. Die angegebene Dauer versteht sich als Richtwert für die reine Gehzeit. Sie erhöht sich um Ruhepausen und die Momente, in denen man sich in den Anblick der Landschaft verliert.

Ab in die Wälder

Fast alle Touren starten an einer Haltestelle des ÖPNV. In der Mehrzahl sind sie mit einem HVV-Ticket zu erreichen. Je weiter es nach draußen geht, desto spärlicher ist allerdings auch die Taktung. Das gilt vor allem für die Busverbindungen. Perfekt funktioniert die Kombination von Bahn und Fahrrad. Auf den Fähren dürfen Räder generell kostenlos mit. In U-, S- und A-Bahnen zumeist auch, allerdings gelten Sperrzeiten zwischen 6 und 9 Uhr sowie von 16 bis 18 Uhr. Während der Sommerferien werden die Sperrzeiten aufgehoben. Für den Transport in R-Bahnen muss eine Fahrradkarte von 3,50 Euro pro Tag gelöst werden.

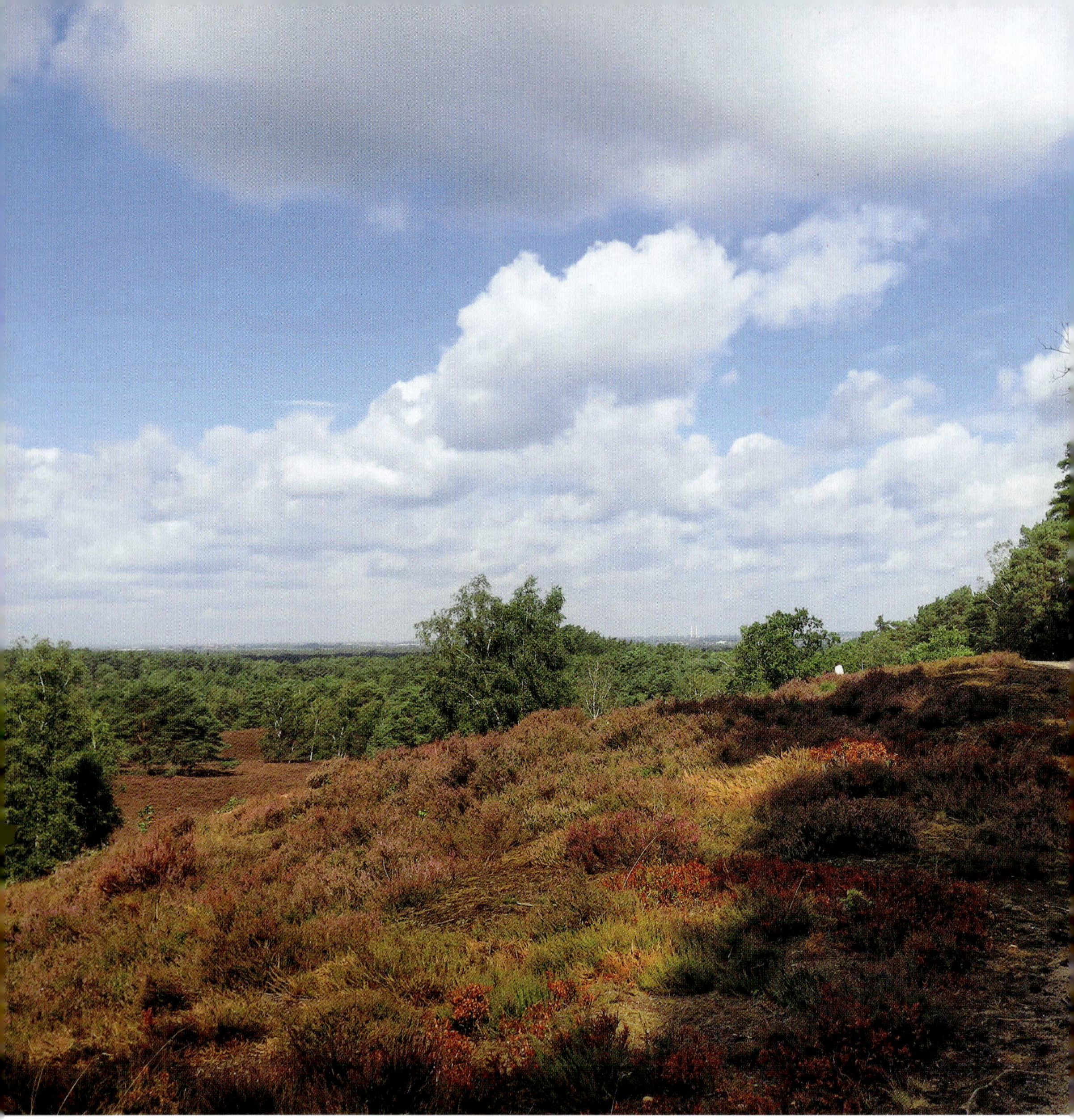

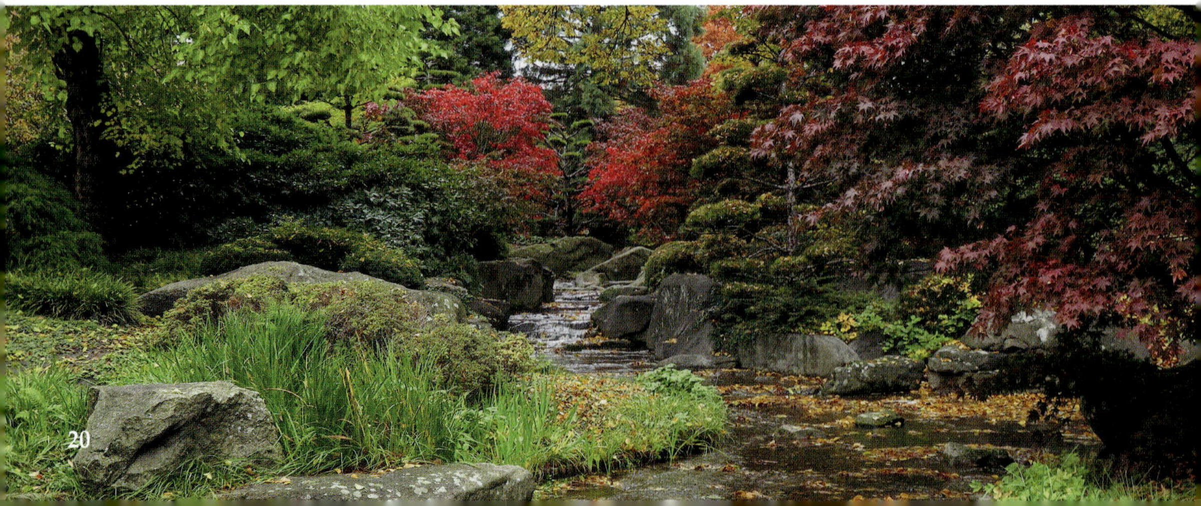

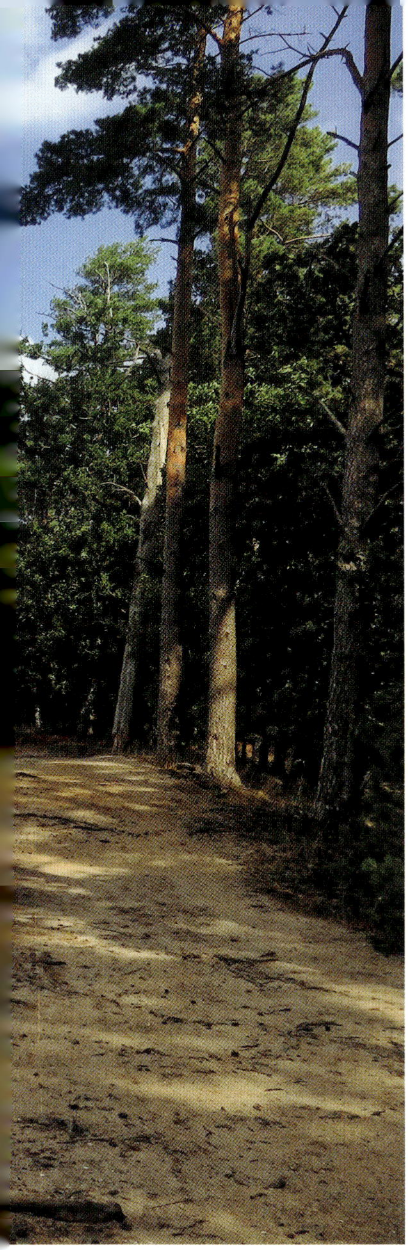

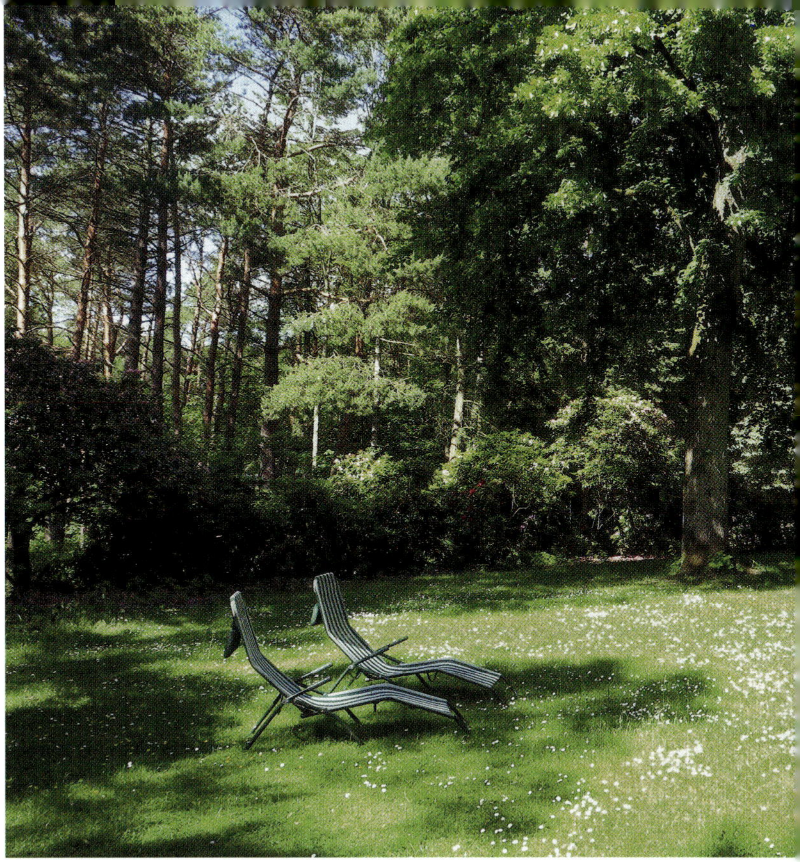

In der Stadt

Das alles ist Hamburg: Panoramawege mit unendlichem Weitblick in der Fischbeker Heide (o.li.). Sonnen- und Waldbaden im Altonaer Volkspark (o.re.). Morgenstimmung im Wildgehege Klövensteen (u.re.). Dramatischer Herbst bei Planten un Blomen (u.li.).

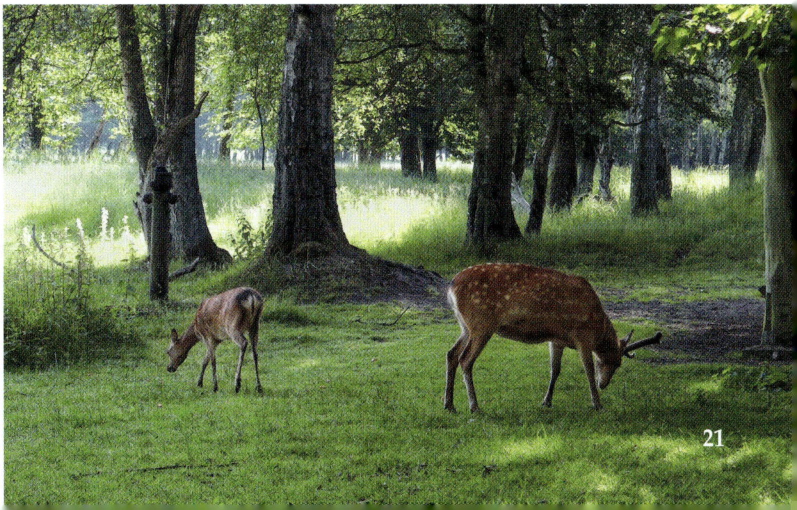

1

Das Sierichsche Gehölz im Stadtpark

Forsthaus in Citylage

Leicht 2,5 km 10/10 Hm 0,45 Std.

Tourencharakter
Kurzer Waldspaziergang auf einfachen Wegen, gerade richtig für zwischendurch

Ausgangs-/Endpunkt
Trinkhalle am Stadtpark, Südring 1

Anfahrt
Auto: Nach Feierabend, am Wochenende und an Feiertagen ist die Suche nach einem Parkplatz rund um den Stadtpark nervtötend. Besser mit den Öffentlichen kommen.
Bus & Bahn: U3 Borgweg

Beste Jahreszeit
Sommer, Herbst

Einkehr
Café Cloudette etwa zur Halbzeit und das Schmidtchen im Planetarium

Wer glaubt, dass früher alles besser war, hat garantiert nicht Mitte des 19. Jahrhunderts das Sierichsche Gehölz besucht. Damals mussten Bürgerinnen und Bürger nämlich noch ein Billet lösen, wenn sie die Wälder von Winterhude durchstreifen wollten.

Aufbruch zur Jagd Beim Eintritt in den Stadtpark an der Ⓐ **Trinkhalle** gelangt man in den ehemaligen Kurgarten des Hamburger Stadtparks. Architekt und Baudirektor Fritz Schumacher verfolgte hier die Idee, eine Kurmöglichkeit mitten in der Stadt zu schaffen. Heute öffnet die Trinkhalle nur noch an ausgewählten Tagen, aber die Gartenanlage hat nichts von ihrer beruhigenden Wirkung verloren. Bunt leuchten Blumen und

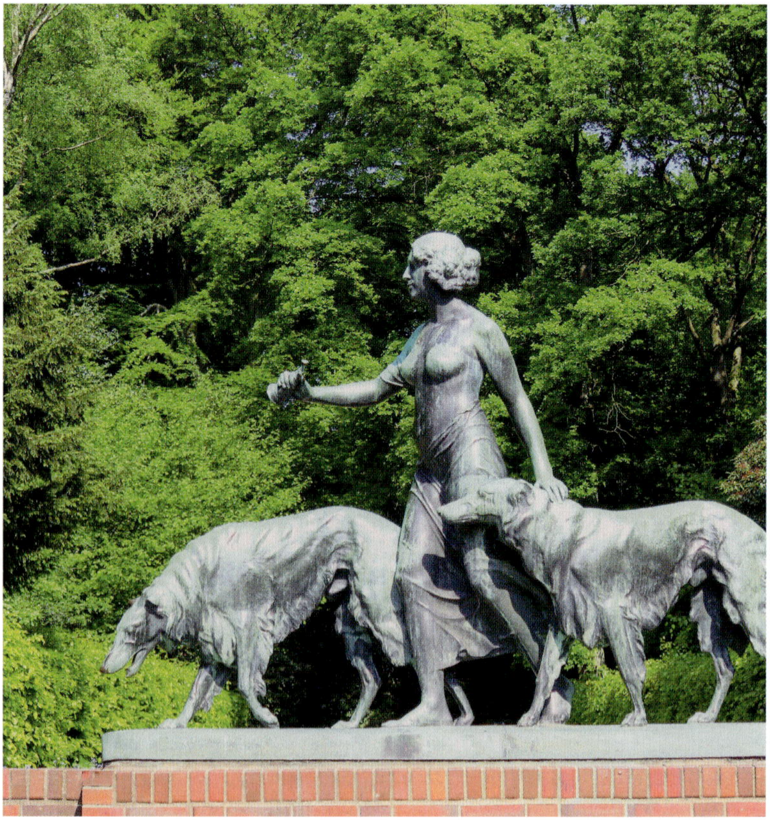

Die Skulptur »Diana mit den Hunden« im alten Kurgarten gegenüber dem Brunnenhaus

Rabatten, wie beschützt von hohen Bäumen, die sich hinter der ❶ **Skulptur »Diana mit Hunden – Aufbruch zur Jagd«** erheben. Die Bronze von Arthur Bock aus dem Jahr 1911 passt gut in diesen meist ruhigeren Teil des Stadtparks, der zugleich seine Urzelle ist. Einst streiften hier Hirsche und Rehe durchs Gelände.

Vogelperspektive

Von der Aussichtsplattform des Planetariums reicht der Blick weit über das kleine Sierichsche Gehölz hinaus – bei guter Sicht bis zu den weiten Wäldern draußen vor der Stadt. Der Eintritt von zwei Euro inkludiert auch den Besuch einer Fotoausstellung im ersten Rang des Foyers (Infos unter www.planetarium-hamburg.de).

Im Sierichschen Gehölz Linker Hand leitet ein Wegweiser zum ❷ **Amphitheater**. Hinter der von Hecken umgebenen kleinen Waldbühne geht es weiter in Richtung Jahnkampfbahn. Im grün-schummrigen Licht der altehrwürdigen Bäume kann man sich leicht in die Zeit von Adolph Sierich versetzt fühlen. Der Goldschmied, dem anno dazumal beinahe halb Winterhude gehörte, ließ um 1880 gut 36 Hektar offene Landschaft aufforsten. Einen Teil des Privatwalds öffnete er gegen Gebühr als Wildpark für die Allgemeinheit. Lange lief das Geschäft jedoch nicht. Sierichs Erben verkauften den Grund 1901 an die Stadt, die die Fläche in den neuen Stadtpark einbezog. Dafür mussten einige Bauten des Privatforsts weichen, so auch der hölzerne Aussichtsturm. Der hätte sich neben dem neuen Wasserturm aber ohnehin zwergenhaft ausgenommen. 64,5 Meter ragt der Gigant in die Höhe. Als Wasserturm erwies er sich zwar als Fehlkonstruktion, die Umnutzung in ein ❸ **Planetarium** erfreut die Hamburger aber bis heute. Beim Café Cloudette führt rechter Hand ein ausgeschilderter Pfad direkt auf den Prachtbau zu.

Zum Forsthaus Ein Weg verläuft im Halbrund um das Planetarium. Es lohnt sich auch eine ganze Runde, um das imposante Bauwerk und die Brunnenanlage zur Gänze zu bestaunen. Danach geht es weiter Richtung ❹ **Sierichsches Forsthaus**, errichtet 1886 für den Waldhüter. Heute nutzt es der Stadtpark Verein als Sitz, Archiv und Infozentrum. Regelmäßig bietet Revierleiterin Marieke Schulz-Gerlach einen Gehölzrundgang an und erklärt den Wert und die Gefahren für den zum Teil sehr alten Baumbestand des Stadtparks. Zwei Stunden dauert die Führung. Das ist weit mehr Zeit als dieser Spaziergang in Anspruch nimmt. Die verbleibenden 800 Meter parallel zur Otto-Wels-Straße führen schnell zur Ⓔ **Trinkhalle** zurück.

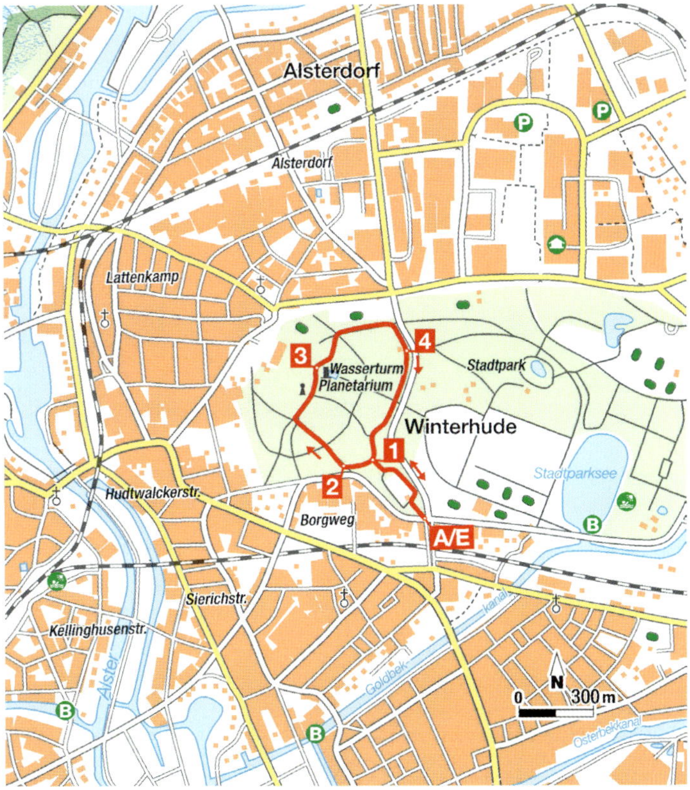

2 Auf dem Friedhof Ohlsdorf

Der Stille Weg und die Waldzeugen

Leicht | 4,0 km | 12/12 Hm | 1 Std.

Tourencharakter
Eine anregende und zugleich beruhigende Strecke führt über die stillen, leicht zu gehenden Wege des Ohlsdorfer Friedhofs.

Ausgangs-/Endpunkt
Haupteingang

Anfahrt
Auto: Den kostenpflichtigen P+R-Parkplatz am Bahnhof Ohlsdorf spart sich, wer mit der Bahn kommt.
Bus & Bahn: S1, S11, U1 Ohlsdorf

Beste Jahreszeit
Herbst

Einkehr
Dass das Café Fritz sich direkt an das Krematorium anschließt, klingt seltsam. Der Kuchen schmeckt aber dennoch köstlich, und auf der Terrasse spielt das Leben die Hauptrolle.

Er ist nicht nur Hamburgs größte Grünanlage, sondern zudem auch der größte Parkfriedhof der Welt. Auf 389 Hektar bietet der Friedhof Ohlsdorf ausreichend Raum für Trauernde und Ruhesuchende, Naturerlebnisse und Stadtgeschichte(n) sowie für 450 Laub- und Nadelgehölzarten.

Ruhe und Erholung Wer zu dieser Tour mit der U- oder S-Bahn anreist, geht vom Bahnhof genau geradeaus, um auf der anderen Straßenseite durch den Ⓐ **Haupteingang** den größten Parkfriedhof der Welt zu betreten. Das war schon 1880 so, als die neue Pferdebahn endlich die offenen Pferdeomnibusse ablöste. Mit ihnen hatte man Stunden von der Innenstadt zum neuen Zentralfriedhof gebraucht. Er war drei Jahre zuvor weit vor den Toren der Stadt angelegt worden, wo Grund und Boden billig waren. Von Beginn an nicht nur als letzte Ruhestätte, sondern auch als Erholungsraum gedacht, entwickelte sich der Friedhof Ohlsdorf durch die bessere Verkehrsanbindung zum beliebten Ausflugsziel. Auch das ist bis heute so. Während die Toten viele Jahrzehnte lang aufgrund

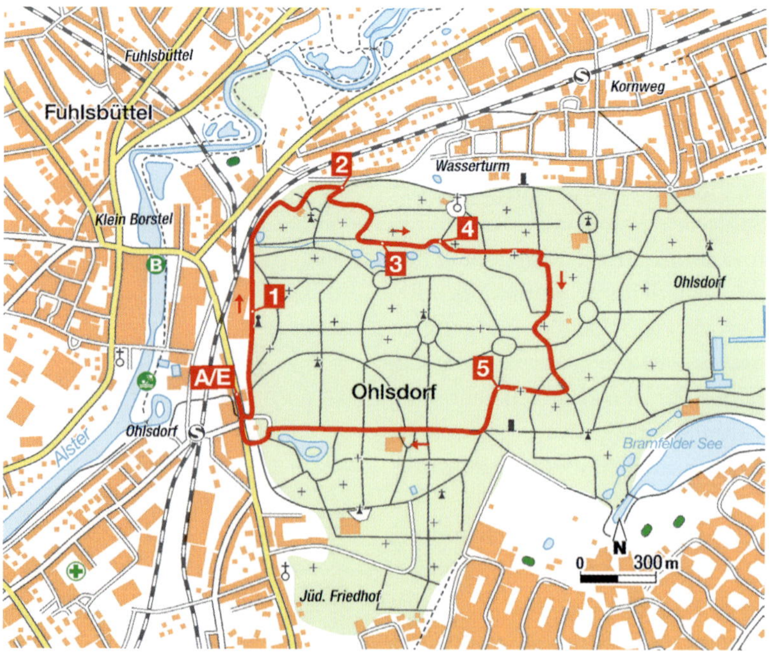

Rechts: Vom Weg abzukommen, ist in Ohlsdorf immer eine gute Idee und wird meist mit kunstvollen Ruhestätten belohnt.

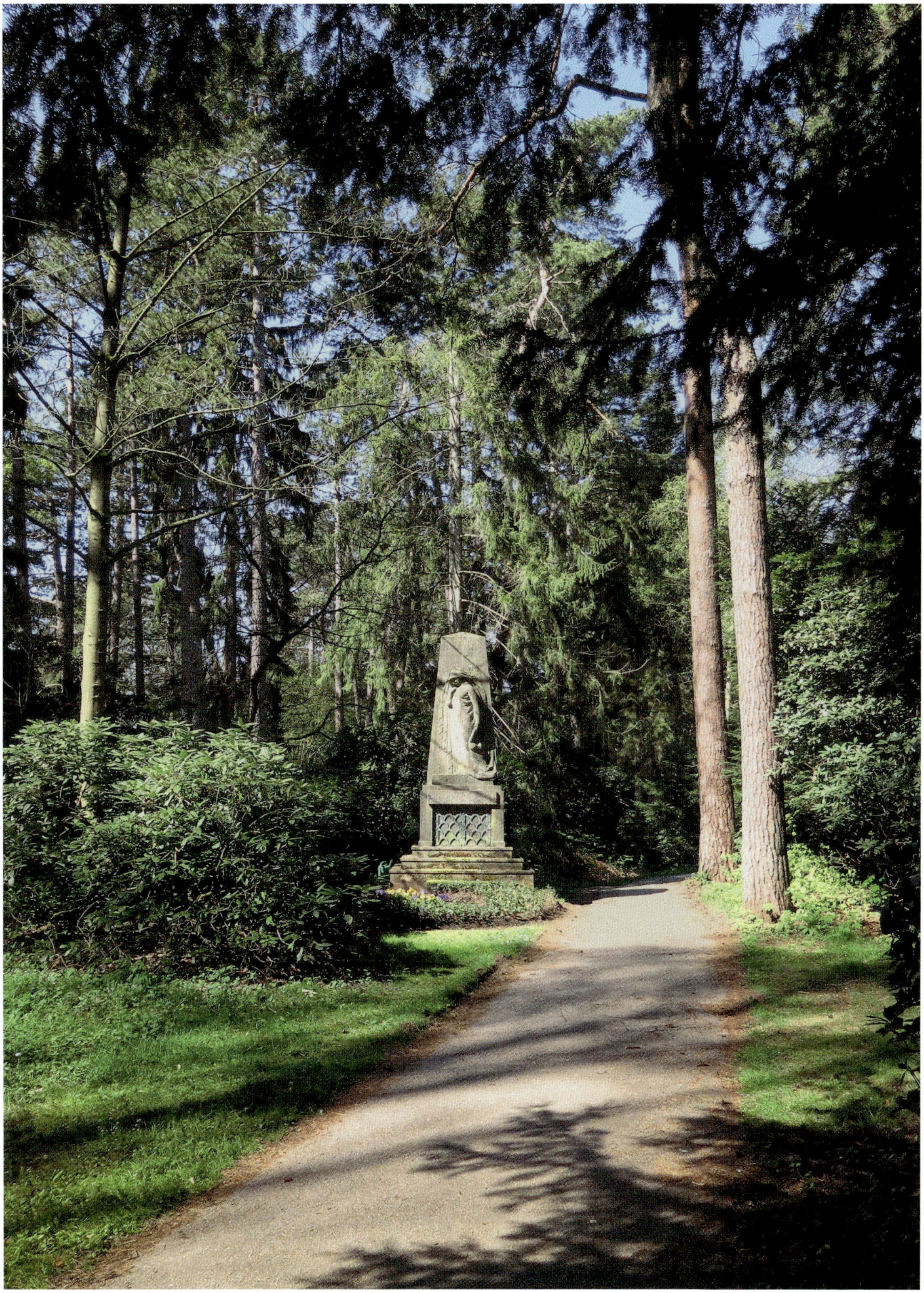

von Epidemien und Kriegen immer mehr Platz benötigten, übernehmen seit einiger Zeit zunehmend die Lebendigen das Areal wegen seiner Naherholungsqualitäten.

Stiller Weg Gegenüber des Haupteingangs fällt ein überdimensionaler Schriftzug ins Auge: »Eingänge sind Übergänge« beschreibt das Projekt, mit dem sich Ohlsdorf auf die Zukunft vorbereitet. Bis 2050 reicht der Aktionsplan, mit dem sich der Friedhof Stück für Stück in einen Park der Stille verwandeln will. 17 Infoelemente verteilen sich über die Anlage – unterschiedlich in der Form, aber alle in Signalorange gehalten, kann man sie gar nicht verfehlen. Doch nun geht es erst einmal zurück in die Vergangenheit und die von Hainbuchen gesäumte ❶ **Talstraße** hinauf. Mit dem Krematorium und dem Denkmal für die Opfer national-

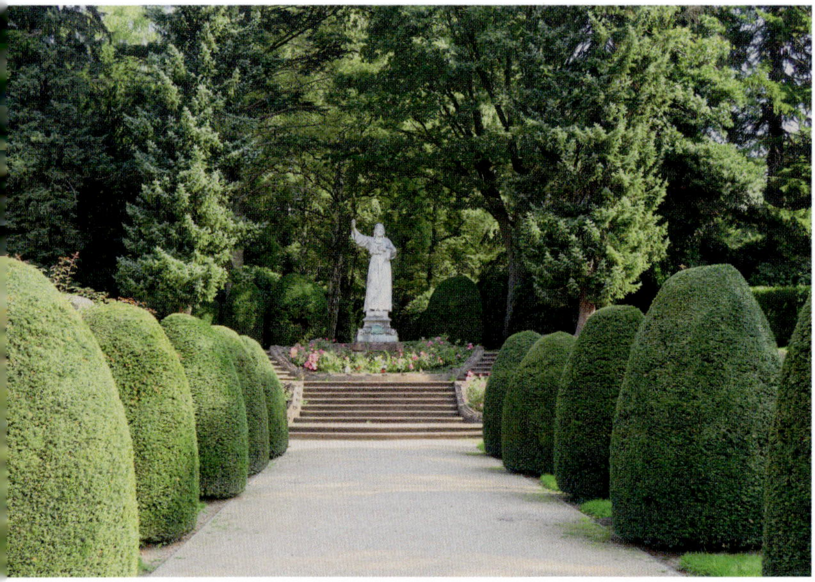

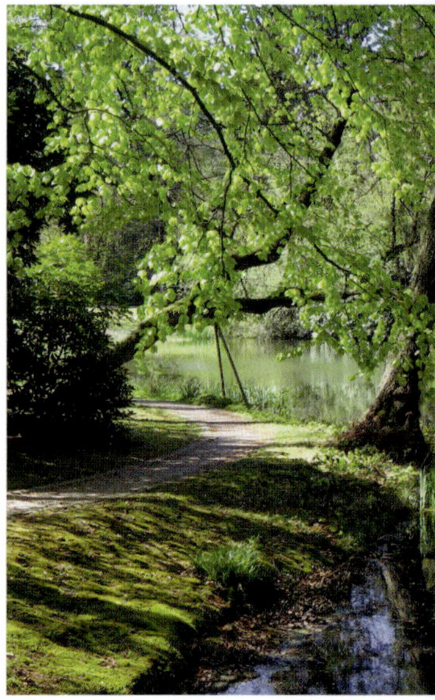

Links: Beinahe streng: Taxusbüsche und Christusfigur

Mitte: Romantisch: Stiller Weg am Norddteich

Rechts: Prächtig: das Riedemann-Mausoleum

sozialistischer Verfolgung wirkt die Allee sehr streng. Wenn sie am Ende in einen Fußpfad mündet, ändert sich die Atmosphäre grundlegend. In der sogenannten Dichterecke hat Kurt W. Marek seine letzte Ruhestätte gefunden. Der Journalist verfasste unter dem Pseudonym Ceram einen Bestseller zur Geschichte der Archäologie. Dessen Titel, »Götter, Gräber und Gelehrte«, bestimmt von nun an das Programm auf dem ❷ **Stillen Weg**.

Zum Millionenhügel Der Stille Weg gilt als der schönste Pfad auf dem Ohlsdorfer Friedhof. War gerade noch der Verkehrslärm im Hintergrund zu vernehmen, dringt nun höchstens ein weit entfernter Rasenmäher ans Ohr. Viel lauter, weil näher, sind das Vogelgezwitscher in den Bäumen und das Rascheln der Eichhörnchen im Laub. »Das sind die tropischen tollen Bäume, Büsche und Blumen des Mammutfriedhofes, dieses vögeldurchjubelten gepflegtesten Urwaldes der Welt, in dem die Toten ihren Tod verträumen«, schrieb der Schriftsteller Wolfgang Borchert, der hier ebenfalls begraben liegt. Der Stille Weg quert den Westring und führt am beeindruckenden

❸ **Mausoleum Riedemann** vorbei zum ❹ **Millionenhügel**. So jedenfalls nennt der Volksmund die Anlage mit den geschwungenen Treppen aus Mainsandstein, in der vor allem wohlhabende Familien ihre letzten Ruhestätten gefunden haben. Viele Grabstätten sind ungeheuer prächtig. Vom Weg abzukommen lohnt sich eigentlich immer in Ohlsdorf, hier aber ganz besonders. Versteckt hinter Efeuhecken, Wällen aus Rhododendren und beschützt von verschwiegenen Baumriesen erzählen die Inschriften Stadtgeschichten von den Sievekings, den Warburgs, den Hagenbecks und anderen Familien, die in Hamburg fast

Öffnungszeiten

Der Friedhof Ohlsdorf ist für Fußgänger ab 6 Uhr morgens geöffnet. Von November bis März werden die Tore um 18 Uhr geschlossen; von April bis Oktober um 21 Uhr. Die Öffnungszeiten des Museums, Veranstaltungshinweise und mehr Infos unter www.friedhof-hamburg.de

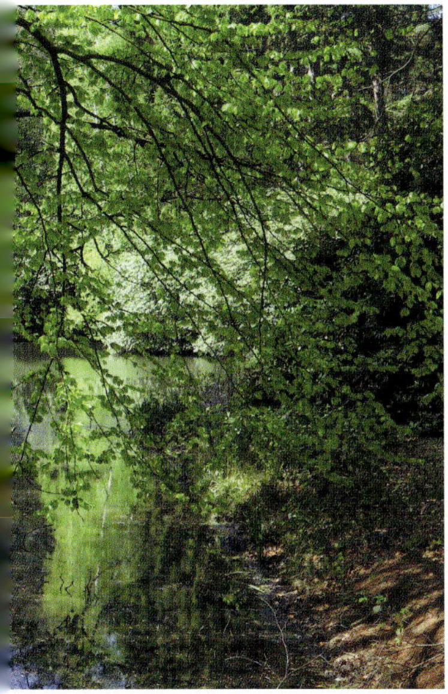

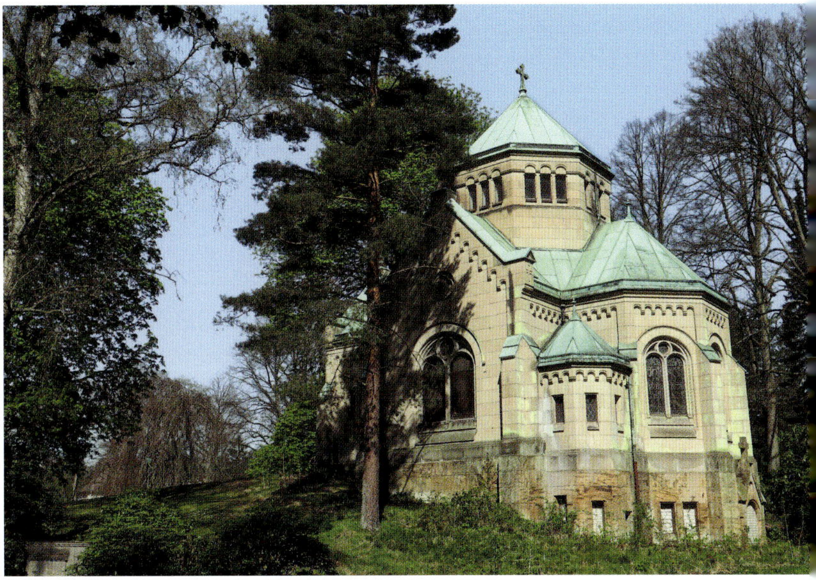

jeder kennt. 800 Statuen schmücken die Gräber, darunter einige bedeutende Kunstwerke. Mindestens ebenso wertvoll scheinen die Baum-Persönlichkeiten. Mehr als 30 000 Bäume stehen auf dem Friedhof, 10 000 von ihnen sind älter als 100 Jahre.

Durch die Cordesallee Der Stille Weg verläuft nun parallel zur Waldstraße. Bereits vor der Friedhofsgründung war der Waldbestand in Ohlsdorf beträchtlich. Der erhaltene Teil zieht sich halbmondförmig in südliche Richtung. Der Bauleiter und spätere Friedhofsdirektor Wilhelm Cordes war sich bewusst, dass sich nur eine begrenzte Zahl von Gräbern in die urwaldartige Umgebung einfügen ließ. Ihn bedrückte die Vorstellung, der Wald könne einst aufgrund von Überbelegung vernichtet werden. Wer die nach ihm benannte ❺ **Cordesallee** erreicht, kommt aber bis heute aus dem Staunen nicht mehr heraus. So eine Fülle und botanische Vielfalt gibt es wohl nirgends sonst im Norden! Auf den letzten 800 Metern zurück zum Ⓔ **Ausgangspunkt** nimmt man sich fest vor, bald eine andere Ecke des Friedhofs zu erkunden. Oder die gleiche, zu einer anderen Jahreszeit.

3 Im Wittmoor

O schaurig ist's über's Moor zu gehen

Leicht | 8,0 km | 10/10 Hm | 2 Std.

Tourencharakter
Leichte Wanderung auf gewundenen Pfaden, die keine Beschilderung brauchen. Am Wochenende stark frequentiert. Nach Regenfällen nicht zu empfehlen.

Ausgangs-/Endpunkt
Bushaltestelle Hofweg

Anfahrt
Auto: Über Bramfelder Chaussee, Alte Landstraße, Glashütter Landstraße zum Parkplatz Eichelhäherkamp
Bus & Bahn: U1 Ochsenzoll, weiter Buslinie 7550

Beste Jahreszeit
Winter

Einkehr
Unbedingt Proviant einpacken. Es gibt keine Einkehrmöglichkeit.

In einer Millionenstadt gibt es nur wenige Naturoasen, die sich im Winter von ihrer schönsten Seite zeigen. Ohne Grün an Bäumen, Gebüschen und Hecken fehlt der Schutzschild gegen Zivilisationslärm und Tristesse. Im Wittmoor ist aber alles anders. Hier freut man sich sogar über das Waldsterben.

Zum Moorsee Am schönsten zeigt sich das Wittmoor an klaren Wintertagen, wenn Raureif die Wiesen überzieht und Nebel zwischen den Birken wabert. Davon kann man sich schon kurz nach Verlassen des Busses an der Ⓐ **Haltestelle Hofweg** überzeugen. Am Parkplatz vorbei verläuft der Hopfenweg bis zum Fuchsmoorweg. Er führt linker Hand direkt zum Wittmoor, das nach einem guten Kilometer erreicht ist. Hier geht es wieder links auf einen Pfad, der am Rand des Moorgebiets auf seinen Höhepunkt zusteuert, welcher bereits nach weite-

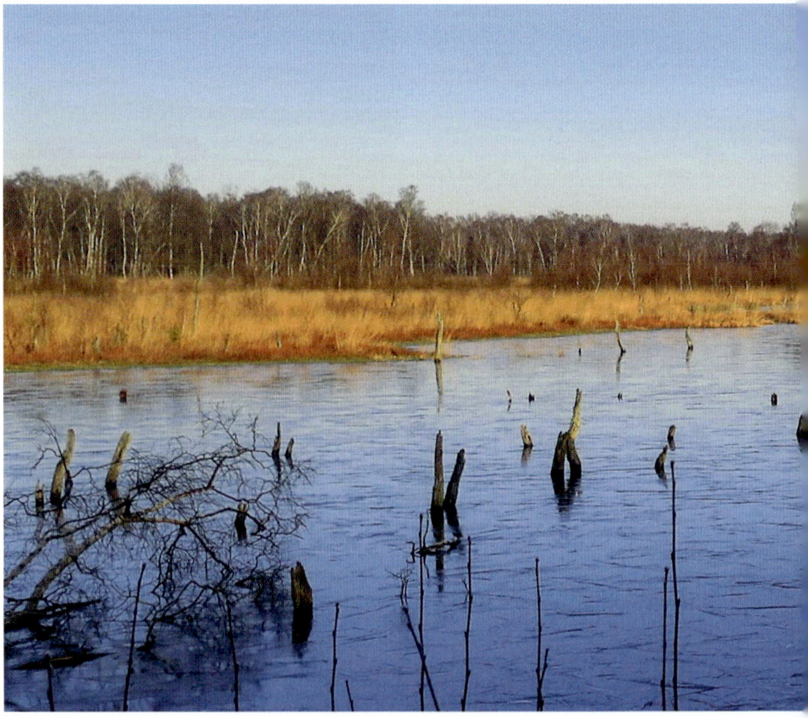

Bewaldete Abschnitte wechseln sich mit offenen Landschaften ab.

ren 500 Metern erreicht ist. Der ❶ **Damm der alten Lorenbahn** zieht sich durch das Birkenwäldchen. Die Gegend gibt sich hier so mystisch und zugleich schaurig und bezaubernd, wie man es von einem Moor nur erwarten darf. Über Jahrtausende wuchs das Weiße Moor zu einem Hochmoor. Nicht einmal hundert Jahre brauchte der Mensch, um es fast vollkommen zu zerstören. Erst in den späten 1970er-Jahren begann die Renaturierung. Inzwischen zeugen die abgestorbenen Birken am ❷ **Moorsee** von ersten Erfolgen. Die abgetorften Flächen sind wieder durchnässt, die neue Moorentwicklung hat bereits eingesetzt. Man sollte also tunlichst keinen falschen Schritt wagen. Sonst geht es einem wie den ollen Holzbrettern, auf die die Torfarbeiter früher

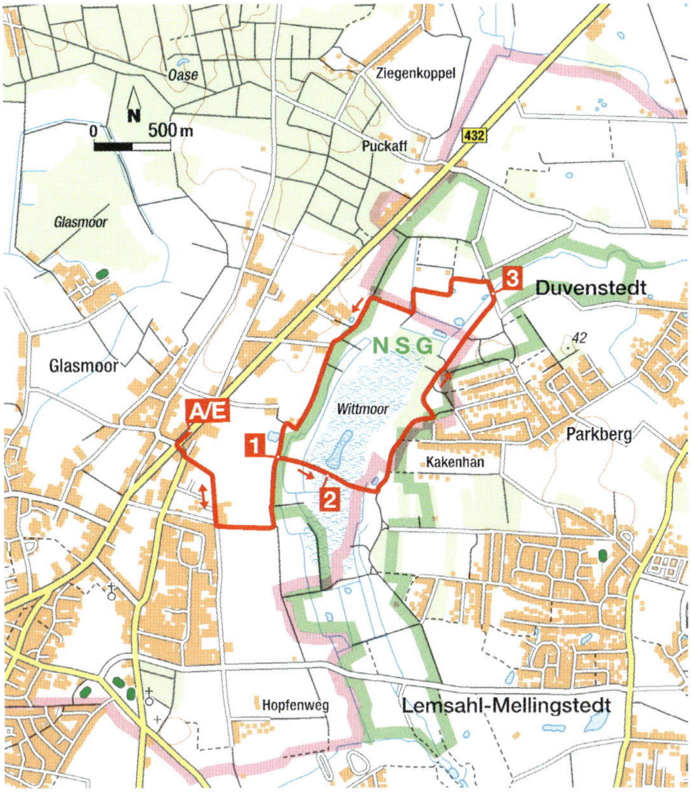

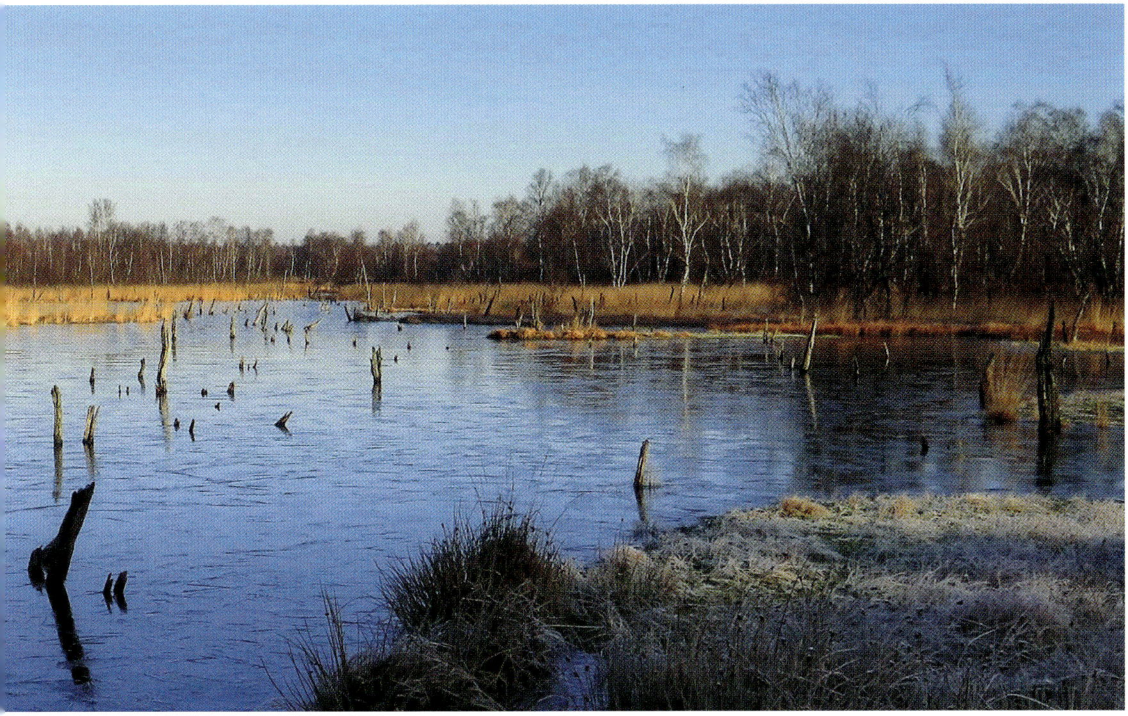

Konzentrationslager Wittmoor

»Lieber Gott, mach' mich stumm, dass ich nicht nach Wittmoor kumm«, so flüsterte der Volksmund über das Konzentrationslager, in dem vor allem KPD- und SPD-Mitglieder, Zeugen Jehovas, Homosexuelle und Transsexuelle »umerzogen« werden sollten. Das Lager bestand nur einige Monate. Die Häftlinge wurden größtenteils ins Konzentrationslager Fuhlsbüttel verlegt.

immer wieder stießen. Bedeckt von über einem Meter Torf waren die Bretter erstaunlich gut erhalten, und sie brannten in den heimischen Öfen wie Zunder. Wissenschaftler hatten schon damals so eine Ahnung, der 600 Meter lange Bohlenweg durchs Moor könne ausgesprochen alt sein. Darum sicherten sie ein Mittelstück und bewahrten es rund 50 Jahre lang im Archäologischen Museum Hamburg auf. Mitte der 1990er-Jahre war endlich eine Methode gefunden, um das genaue Alter zu bestimmen. Das Ergebnis: Der Bohlenweg stammte aus der Römerzeit vor rund 1600 Jahren.

Ab durch die Heide Am Ende des alten Dammwegs geht es im Uhrzeigersinn auf eine Rundwanderung um das Moor. Der Weg ist nicht zu verfehlen. Die Landschaft ist hier offener, geprägt von hügeligen Heideflächen, kürzeren Waldabschnitten und einigen Pferdekoppeln. Am ❸ **Brunsteenredder** gilt es auch einmal einige Meter auf Asphalt zurückzulegen, aber schnell zweigt der Weg in das nächste Wäldchen ab. Nach insgesamt 6,5 Kilometern steht man wieder an der Pforte zum alten Lorendamm. Kurz darauf ist der Zubringer zur Ⓔ **Bushaltestelle** erreicht. Einige Schritte vom Abzweiger entfernt erinnert ein Gedenkstein an die schreckliche Seite des Wittmoors. Im April 1933 errichteten hier die Nazis eines der ersten Konzentrationslager Deutschlands.

Birken sind die Pionierpflanzen im Wittmoor.

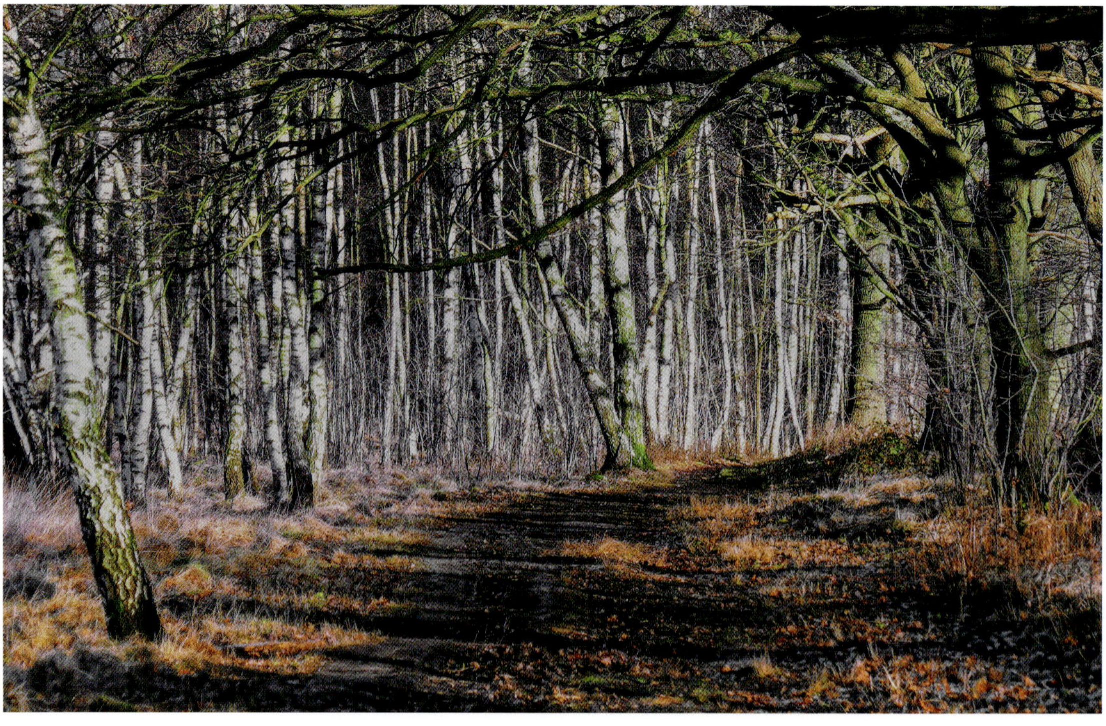

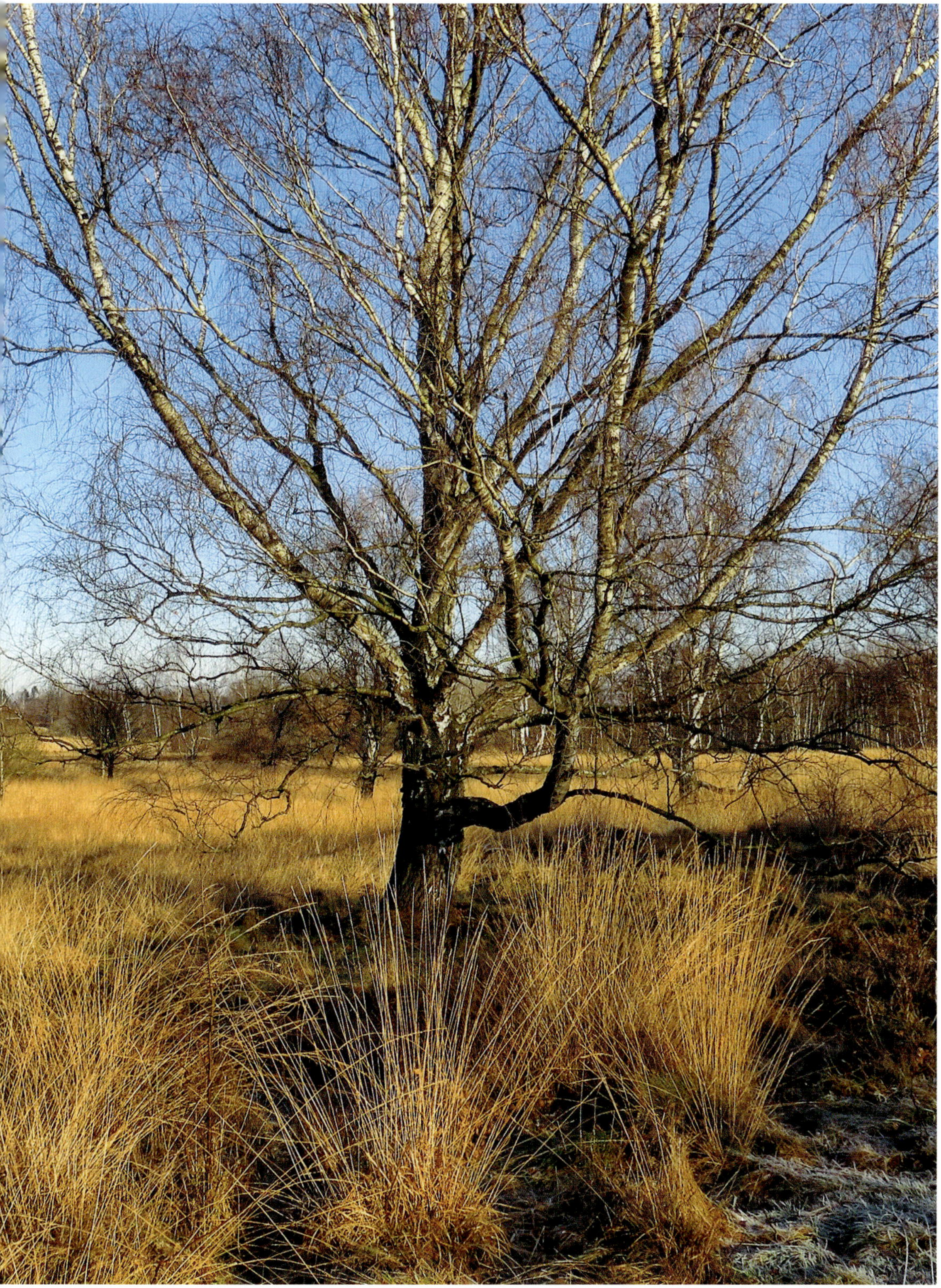

4

Im Wohldorfer Wald

Der Ur-Ur-Urgroßvater unter den Hamburger Wäldern

Leicht | 6,5 km | 13/13 Hm | 1.30 Std.

Tourencharakter
Wunderbare Rundwanderung, vorwiegend auf Waldwegen und -pfaden, bei Regen kann es matschig werden.

Ausgangs-/Endpunkt
U-Bahn Ohlstedt

Anfahrt
Auto: Über Saseler Chaussee, Bergstedter Chaussee, Wohldorfer Damm, Bredenbekstraße, Mühlenredder zum Parkplatz
Bus & Bahn: U1 Ohlstedt

Beste Jahreszeit
Frühling, Sommer, Herbst

Einkehr
Gasthaus zum Bäcker und die Mühle in Wohldorf, beide Herrenhausallee

In den Walddörfern haben Käfer überdauert, die als »Urwaldrelikt-Arten« nur in sehr alten Wäldern vorkommen. Das lässt sich vom Wohldorfer Wald wohl behaupten: Hamburgs ältestes Forstrevier gehört seit 1437 zur Hansestadt und ist ihr größter zusammenhängender Laubwald.

Auf dem Redder Steigt man am Ⓐ **Bahnhof Ohlstedt** aus der U-Bahn, scheint die Luft gleich frischer, der Verkehr spärlicher und der Baumbestand höher als im Rest der Stadt. Linker Hand geht es wenige Meter auf der Dorfstraße entlang und dann direkt rechts hinter den Bahngleisen ins Grüne. Der Fußgängerweg führt vorbei an der »Schule am Walde« zum ❶ **Kupferredder**. Redder werden im Norden eigentlich von Hecken gesäumte Wege genannt, doch auf diesem Redder gelangt man schon nach wenigen Schritten in einen urwüchsigen Laubwald. Das passt zur alten, kopfsteingepflasterten Straße, die ein Reit- und Wanderweg begleitet. Unwahrscheinlich, dass ein Auto die Idylle stören wird. Der Wohldorfer Wald steht schon seit 1980 unter Naturschutz und ist weitgehend für

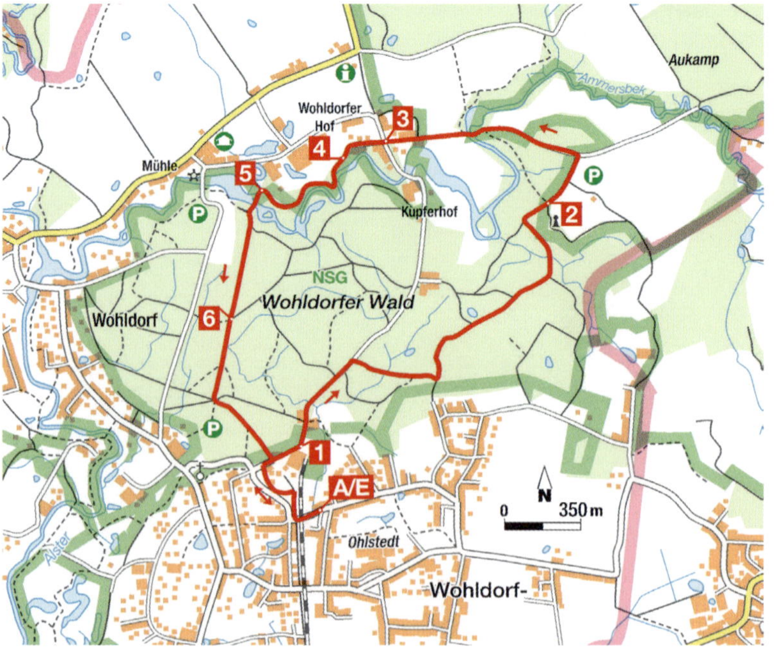

Rechts: Der Wohldorfer Wald wurde bereits 1770 zum Erholungsgebiet erklärt.

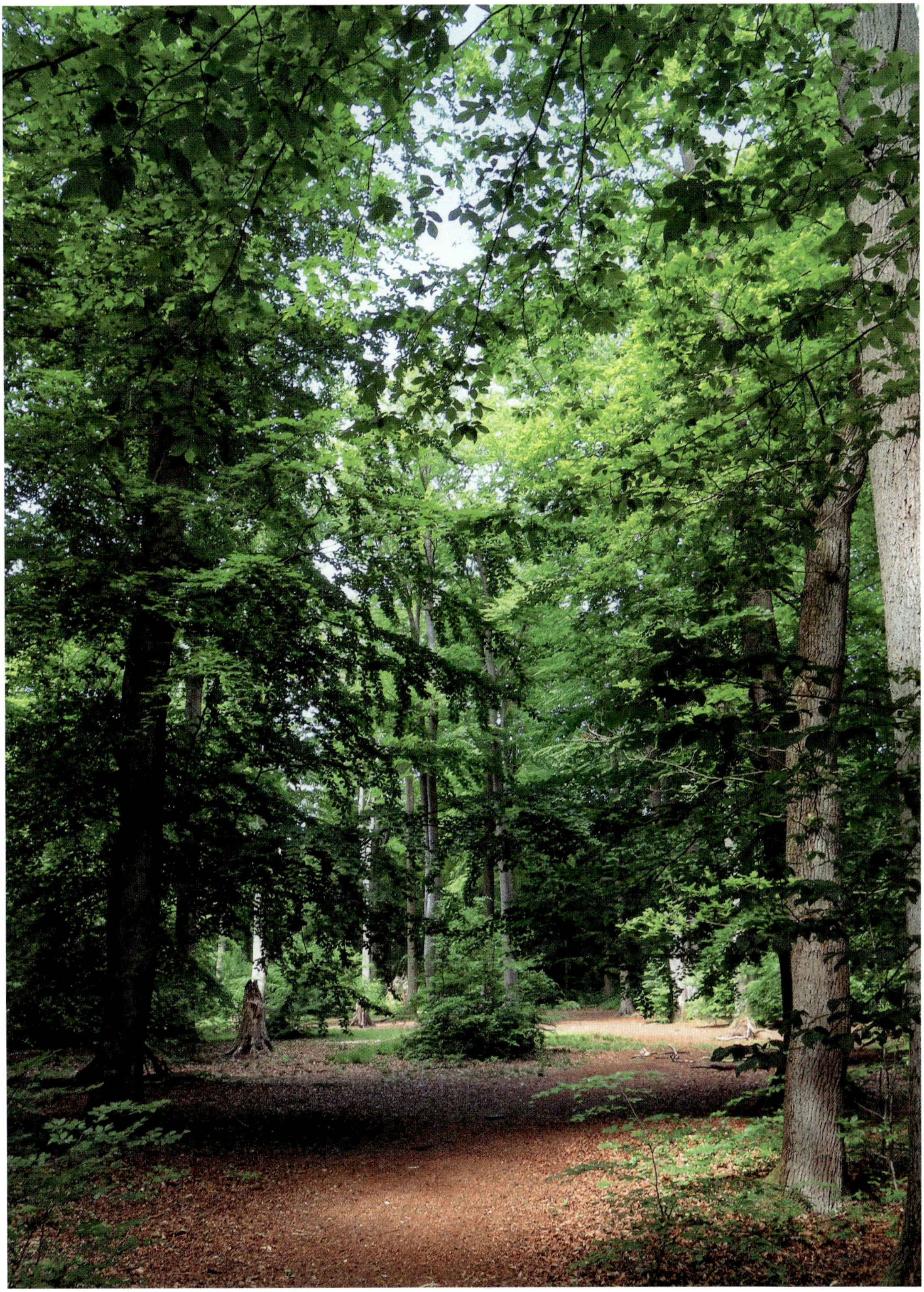

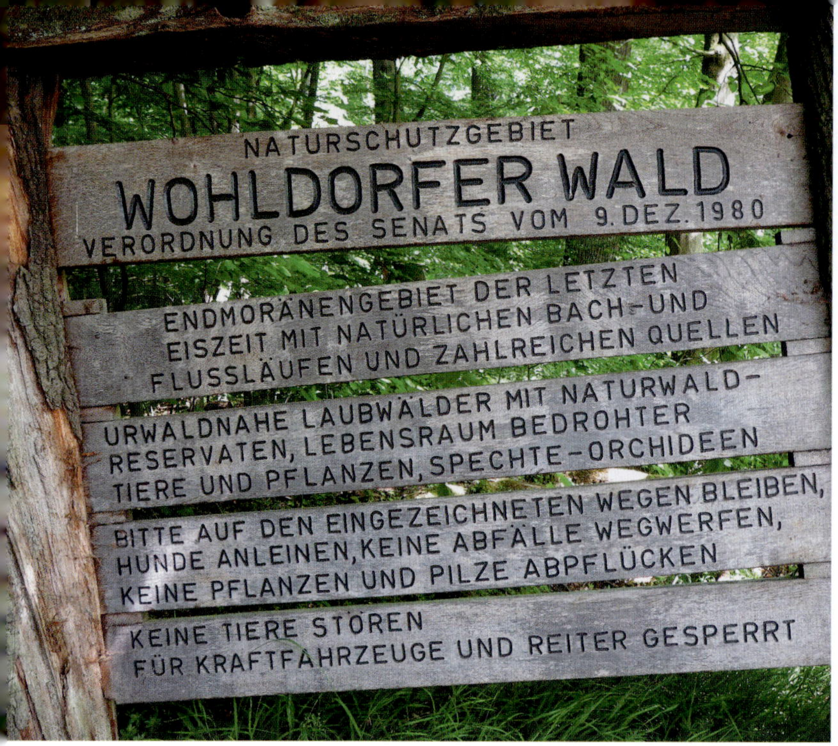

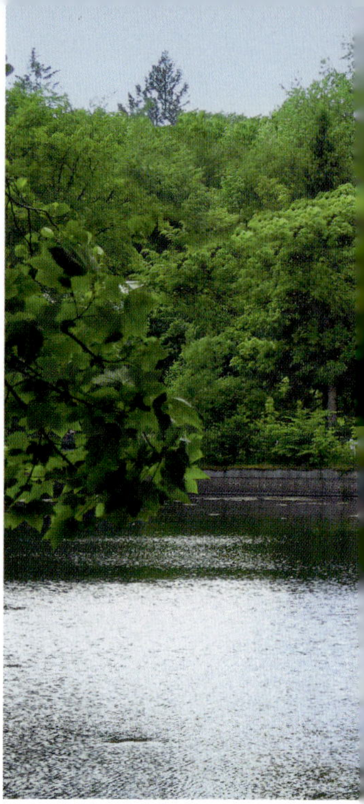

Kraftfahrzeuge gesperrt. Überhaupt setzt hier schnell das Gefühl ein, in einen »richtigen« Wald vorzudringen, nicht bloß in ein städtisches Substitut. Die City verschwindet vollends aus dem Bewusstsein, wenn sich nach etwa 600 Metern ein Fußweg in den größten Hamburger Laubwald schlängelt.

Zum Waldfriedhof Circa 400 Meter weiter geht es dann noch einmal links und danach immer den Weg entlang in Richtung Friedhof. Von Grabesstille kann dabei keine Rede sein. Waldlaubsänger, Mönchsgrasmücke, Gartenbaumläufer, Misteldrossel, Rotkehlchen, Mittel- und Schwarzspecht, Hohltaube – viele seltene Vogelarten tummeln sich im Wohldorfer Wald. Um bedrohten Tier-, Pilz- und Pflanzenarten gute Lebensbedingungen zu bieten, blieben im Naturschutzgebiet Altholzinseln stehen, und auch das für eine Reihe von Waldbewohnern überlebenswichtige Totholz darf hier modern. Vom ❷ **Wohldorfer Waldfriedhof**, der einen kleinen Abstecher lohnt, sind es noch einmal 500 Meter bis zur alten Villa Westphal, heute Neuer Kupferhof, am Brügkamp.

Je länger, je lieber?

Die Wanderung durch den Wohldorfer Wald kann gut mit der Tour durch den Duvenstedter Brook kombiniert werden. Wer beide Naturschutzgebiete auf einmal erwandert, braucht aber etwas Zeit und Ausdauer. Die reizvolle Schleifenwanderung beläuft sich auf etwa 18 Kilometer.

Ein Stück Industriegeschichte Die Landstraße führt einen halben Kilometer unter Weiden entlang. Bald taucht der Kupferteich auf. Dort laden Bänke zur Rast mit Blick auf die alte Kupfermühle ein, dem ältesten Gebäude des Ensembles ❸ **Kupferhof**. Seit 1622 wurde hier mit der Wasserkraft der aufgestauten Ammersbek zunächst Messingdraht hergestellt. Von 1687 an stand der Kupferhammer für 140 Jahre nicht still, bis die Mühle in eine Baumwollfabrik umgewandelt wurde. Die historischen Arbeiterhäuschen an der kreu-

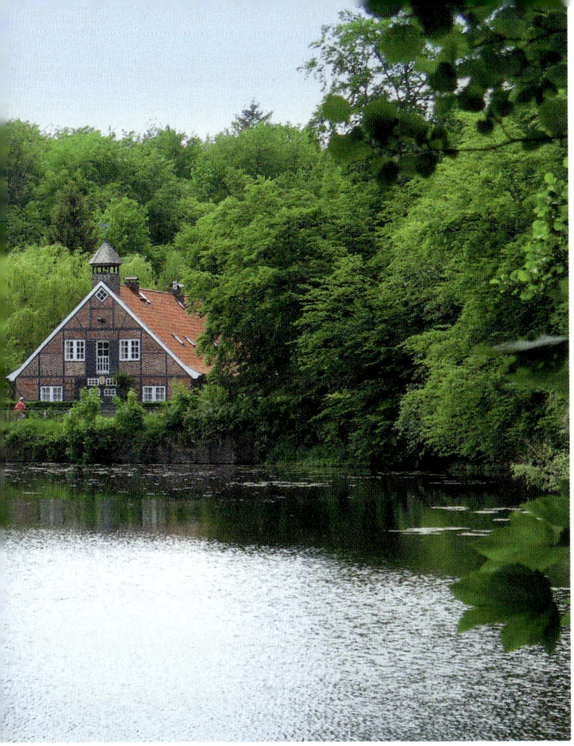

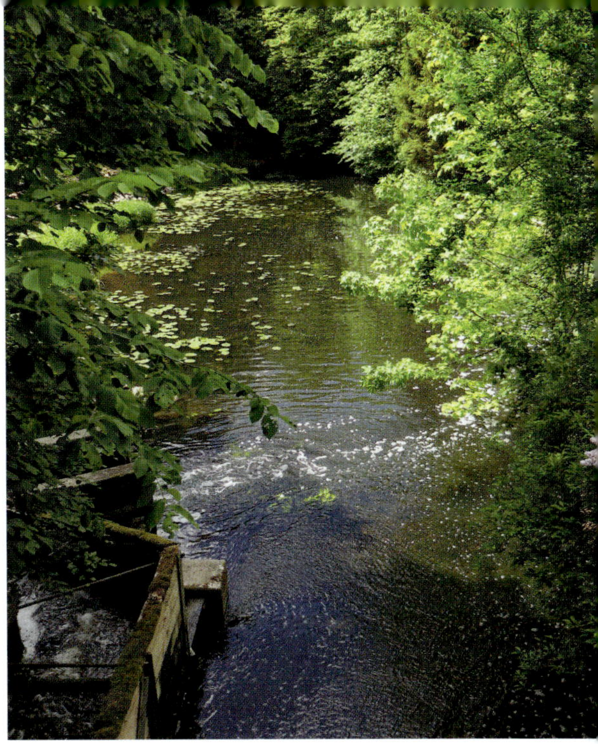

zenden Herrenhausallee bilden quasi die Neubauten des Kupferhofs. Sie wurden erst in den 1930er-Jahren im Heimatstil errichtet.

Jenseits der Herrenhausallee wird der Brügkamp zur Schünenkoppel. Der ❹ **Auewanderweg** führt zurück in den Wald. Er mäandert neben der Ammersbek, einem Nebenfluss der Alster. Blauschwarze Prachtlibellen zeugen vom guten Zustand des Gewässers. Flüsse, denen durch Nährstoffeintrag der Sauerstoff verloren geht, sind nämlich ihre Sache nicht, doch auf den Seerosen und Schwertlilien der Ammersbek scheinen sie sich pudelwohl zu fühlen. Den ❺ **Mühlenteich** quert der Auewanderweg über eine Brücke. Am jenseitigen Ufer laden gleich zwei beliebte Restaurants zur Einkehr.

Links: Ganz einfach: nichts mitnehmen, nichts dalassen

Mitte: Sorgsam restauriert: die alte Kupfermühle

Rechts: Die Ammersbek entstand in der letzten Eiszeit.

Auf dem Senatorenstieg Schnurgerade geht es weiter, Langweile stellt sich aber trotzdem nicht ein. Stationen des Bodenlehrpfads erklären anhand von Profilgruben, was wir gemeinhin mit Füßen treten. In Deutschland wird jährlich eine Fläche halb so groß wie Hamburg durch Siedlungs- und Straßenbau zerstört. Dabei bilden Böden neben Wasser, Licht und Luft die entscheidenden Grundlagen für alles Leben. Die Geheimnisse des Waldbodens sind beeindruckend: In einer Handvoll Wohldorfer Walderde befinden sich mehr Organismen, als es Menschen auf der Erde gibt. Der höchste Punkt des Wohldorfer Waldes ist beim ❻ **Gefallenendenkmal 1914–1918** erreicht. Der Hügel wurde früher als Eiskeller für das Wohldorfer Herrenhaus genutzt. Noch heute hat man in den Walddörfern für Gefrorenes ein besonders gutes Händchen. Davon können sich Spaziergänger und Passanten in der Eisbar Eisbär am Ⓔ **Ohlstedter Bahnhof** überzeugen. Um ihn zu erreichen, geht es am Ende des Senatorenwegs weiter geradeaus auf den Kleinbahnwanderweg und dann von der »Schule am Walde« ab wie anfangs beschrieben.

5 Der Duvenstedter Brook

Auf Pirsch im »nassen« Wald

Mittel 14 km 22/22 Hm 3.30 Std.

Tourencharakter
Längere Rundwanderung für Tierfreunde und alle, die Spaß an natürlicher Vielfalt haben

Ausgangs-/Endpunkt
U-Bahn Ohlstedt

Anfahrt
Auto: Über Saseler Chaussee, Bergstedter Chaussee, Wohldorfer Damm, Bredenbekstraße, Schleusenredder, Duvenstedter Triftweg zum Parkplatz am Brook Hus
Bus & Bahn: U1 Ohlstedt

Beste Jahreszeit
Jede auf ihre Art

Einkehr
Gasthaus zum Bäcker und die Mühle in Wohldorf, beide Herrenhausallee

Brook lautet die alte Bezeichnung für Bruch und meint einen »nassen Wald«. Nach den Bruchwäldern im Duvenstedter Brook wurde das ganze Gebiet benannt. Aber erst das Zusammenspiel mit Erlenwald, Mischwald, Wiesen und Moor macht das Naturschutzgebiet zum Tierparadies.

Der Weg ist das Ziel Vom Ⓐ **Bahnhof in Ohlstedt** aus geht es wie in Tour 4 beschrieben über Kupferredder und Waldfriedhof zum ❶ **Brügkamp**. Da hat man dann schon drei Kilometer auf dem Schrittzähler, bevor die Wanderung überhaupt wirklich beginnt und dabei allerlei schöne Eindrücke gesammelt. Aber es wird noch besser. An der asphaltierten Straße angekommen, geht es eigentlich rechter Hand in den Duvenstedter Brook. Doch zuvor lohnt ein kleiner Abstecher nach links zum ❷ **Rückhaltebecken der Ammersbek**. Es sind nur etwa 500 Meter, und mit Glück wird man Zeuge eines Froschkonzerts oder vom Chor der Singschwäne. Aber auch ohne Gesangseinlage ist die Wasserlandschaft bezaubernd.

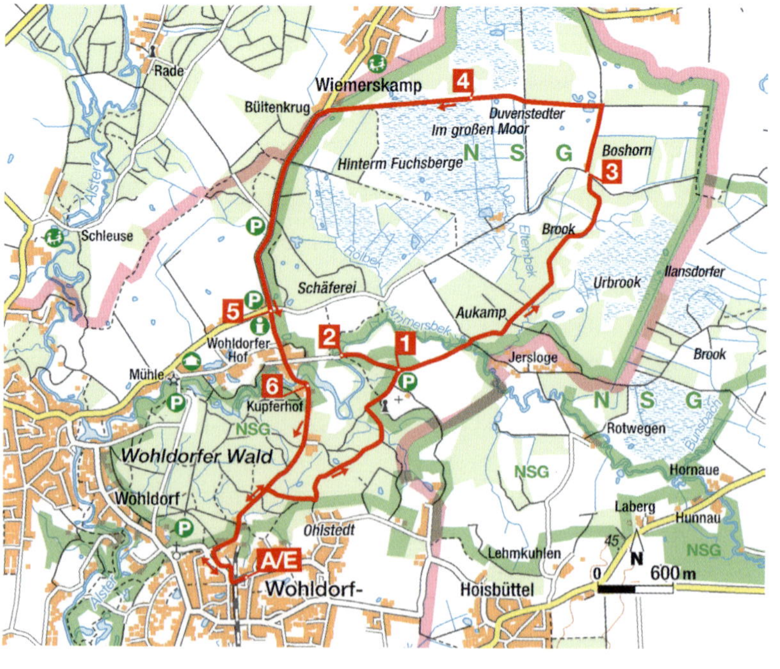

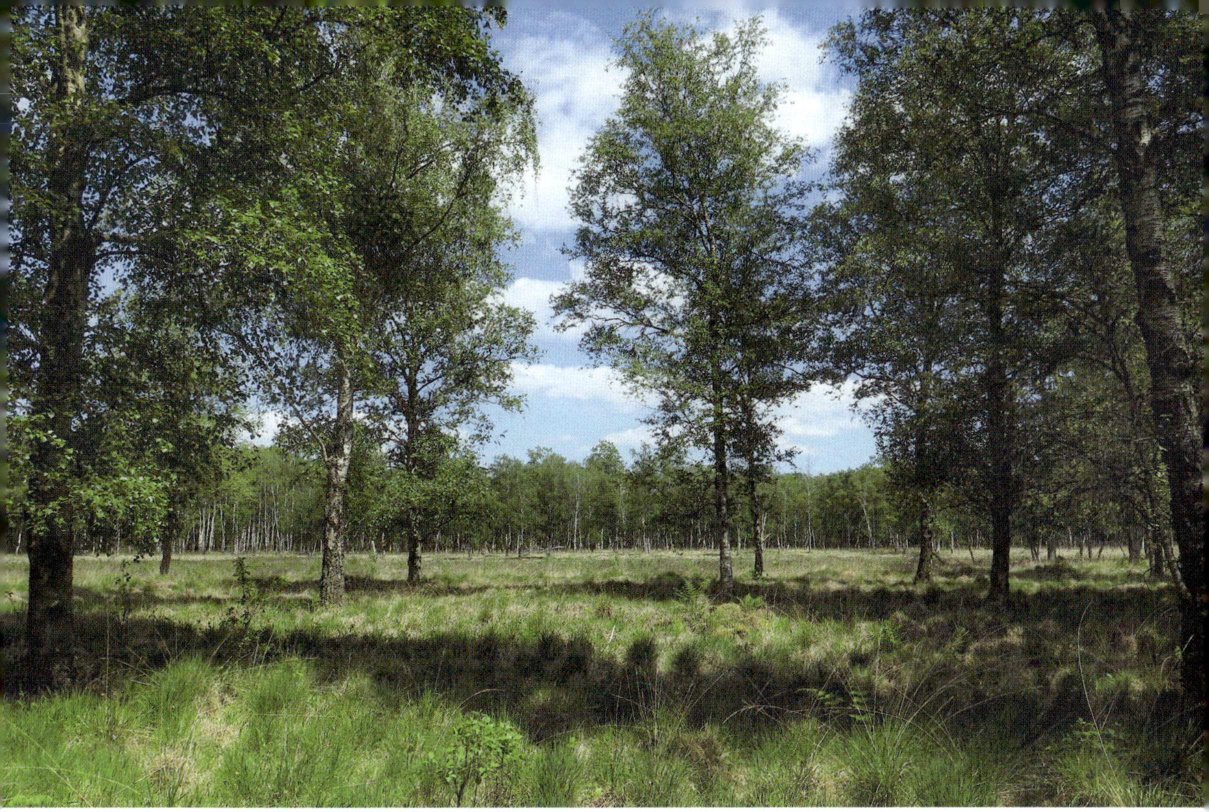

Zurückziehende Gletscher modellierten am Ende der letzten Eiszeit die heutige Landschaft.

Sodann geht es in entgegengesetzter Richtung weiter. Bald endet der Asphalt, und nur noch Pferde und alle, die aus eigener Kraft vorwärtskommen, dürfen den Weg nutzen, der sich leicht links durch Felder und Wiesen zieht. Kurz nachdem der Pfad in den Wald eintaucht, wird ein 3 **Holztor** erreicht. Dort beginnt ein Wegabschnitt, der für Radfahrer verboten ist. Auch Wanderer dürfen aus Wildschutzgründen nicht in allen Monaten weiter. Dann setzt sich die Tour linker Hand fort, und die Runde fällt etwas kürzer aus. Die längere – herrlich unwegsame – Tour verläuft über einen alten Grenzwall, der als solcher nicht mehr zu erkennen ist. Die Mischung aus Trampelpfad und Damm führt durch das 4 **Professorenmoor** zum Wiemerskamper Weg. Hier heißt es, 500 Meter Asphalt zu überstehen. Dann folgt noch einmal ein idyllischer Part durch den Wald bis zum 5 **BrookHus**. Ab da leitet der Weberstieg zur Herrenhausallee, die direkt zum 6 **Kupferhof** führt. Über den kopfsteingepflasterten Kupferredder geht es nun noch einmal knapp

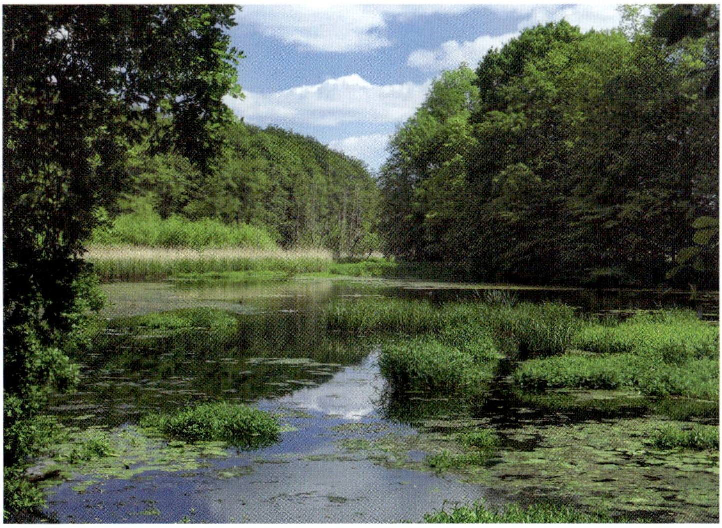

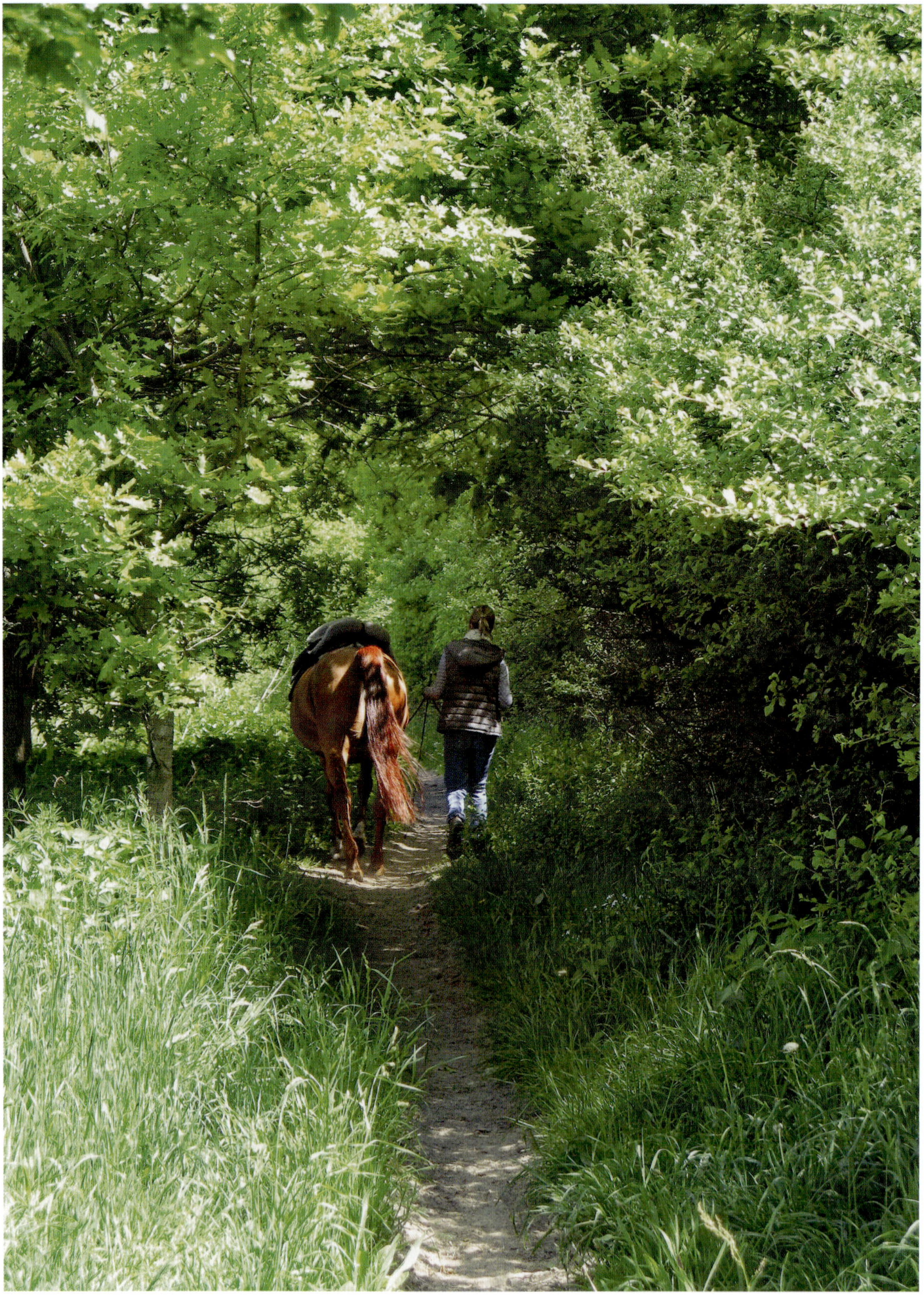

zwei Kilometer durch den Wohldorfer Wald, bis an der »Schule am Walde« der Fußweg erreicht ist, der zum **E** **Bahnhof Ohlstedt** führt.

Duvenstedter BrookHus

Ausflugstipps, wechselnde Ausstellungen, Exkursionen, Vorträge und einen kleinen Shop bietet das vom NABU betriebene BrookHus im Triftweg beim Besucherparkplatz. Hunde müssen hier – wie im gesamten Naturschutzgebiet – leider draußen bleiben.

Frühlingsgefühle Der Winter endet im Duvenstedter Brook mit lauten Fanfaren. Schon Ende Februar locken die Trompetenrufe der Kraniche jede Menge Schaulustige in das 780 Hektar große Naturschutzgebiet. Der Balztanz der Glücksvögel ist aber auch wirklich ein Erlebnis. Seit 1980 das erste Paar gesichtet wurde, hat der NABU viel getan, um den großen Schreitvögeln die Gegend schmackhaft zu machen, unter anderem wurden verschiedene Wege gesperrt, manche sogar für immer. Andere Pfade bleiben für die Dauer der Paarungs- und Brutzeit abgeriegelt. In der Regel werden so die Ruhezonen von März bis Ende Juli vergrößert. Bis die Kraniche im Herbst nach Südeuropa ziehen, kümmern sich ehrenamtliche Mitarbeiterinnen und Mitarbeiter um den Schutz der Vögel und stehen auch gern für Auskünfte zur Verfügung.

Sommereindrücke In der warmen Jahreszeit übernimmt die Flora die Hauptrolle. Das Nebeneinander von Wald und Wiese, Weide und Teich, Fluss und Moor bietet die Lebensgrundlage für mehr als 600 Pflanzenarten, von der zartrosa blühenden Glockenheide über heimische Orchideenarten bis zum fleischfressenden Sonnentau. Das wiederum freut 35 Schmetterlings-, 13 Heuschrecken- und 39 Libellenarten. Letztere munden dem Falken besonders gut. Aber auch 99 anderen Vogelarten wird hier der Tisch so reich gedeckt, dass sie sich zur Brut einfinden.

Links: Reiterparadies Duvenstedter Brook

Unten: Infos und Ausflugtipps gibt es im BrookHus.

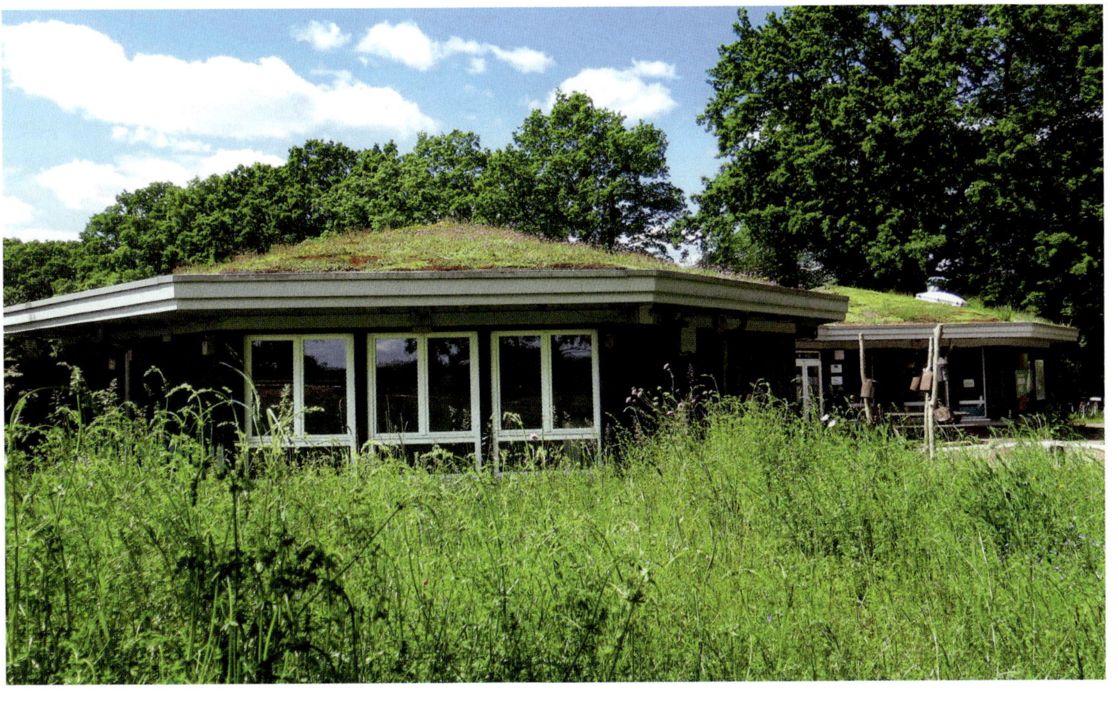

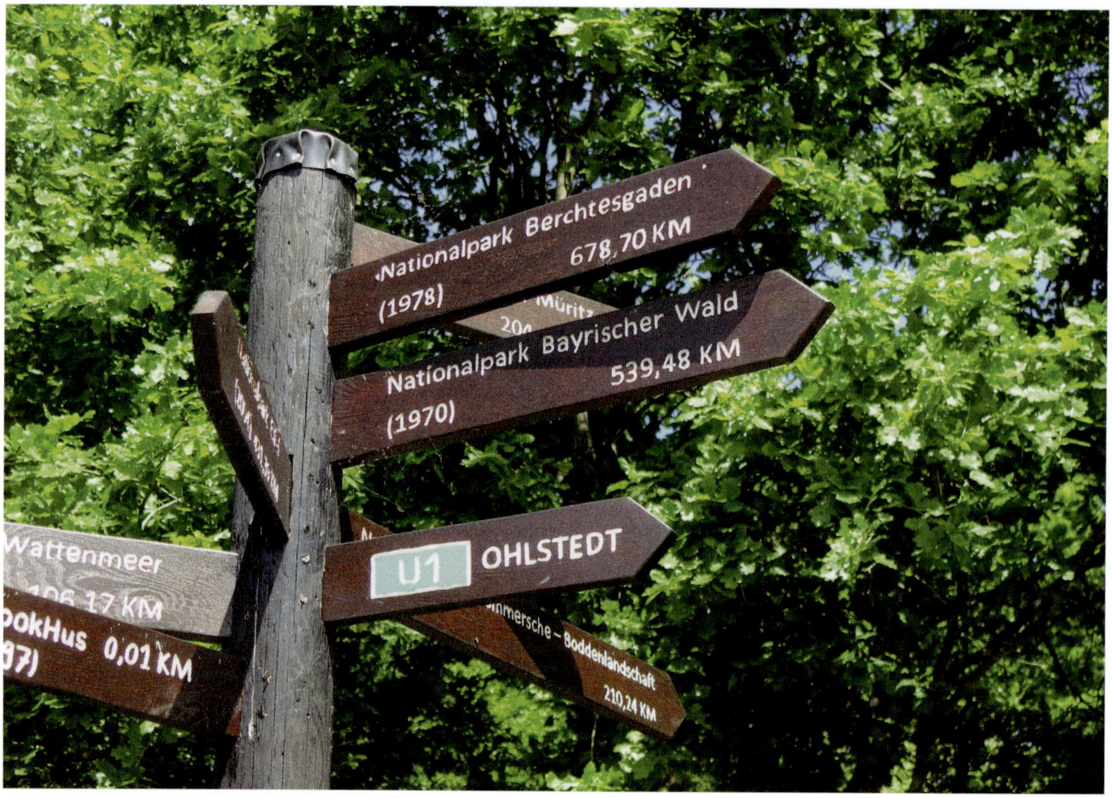

Zwischen Bayerischem Wald und Wattenmeer

Bei schönem Wetter gleicht die Wanderung im Brook einem Spaziergang durch verschiedene Klimazonen. Dann sonnt man sich mit Waldeidechsen auf Aussichtsplattformen, um kurz darauf im grünschattigen Wald auf Blindschleichen und Kreuzottern zu treffen. Während man sich für manche Waldbewohner freut, dass die Populationen aufgrund milder Winter in den vergangenen Jahren steigt und steigt, löst ein bestimmtes Insekt eher ungute Fluchtreflexe aus: Zecken. Seit einigen Jahren warnen vermehrt Schilder im Duvenstedter Brook vor den kleinen Blutsaugern. In südlicheren Bundesländern ist man schon recht vertraut mit den Plagegeistern und weiß, wie man sich vor ihnen schützt, dagegen müssen Nordlichter die entsprechenden Vorsichtsmaßnahmen unter Beibehaltung der Seelenruhe erst noch einüben. Hilfreich ist schon einmal, auf den Wegen zu bleiben. Es lohnt sich aus gleich drei Gründen: Erstens liegen Zecken gern am Waldrand, im Dickicht von Gebüschen und in hohen Wiesen auf der Lauer. Zweitens brauchen Tier- und Vogelwelt dringend Rückzugsorte, an denen sie vor Ausflüglern sicher sind. Und drittens ist das Verlassen der ausgewiesenen Pfade ohnehin verboten.

Herbstimpressionen Wenn Gräser und Bäume sich langsam bunt färben und die Pilze aus dem Boden schießen, betritt der Hirsch die große Bühne. Die Rotwildbrunft im September gehört zu den Höhepunkten im Brook. In der Dämmerung liefern sie sich schreckenerregende Rangkämpfe. Krachen dann mächtige Geweihe aufeinander, während kraftvolle Brunftschreie Stärke demonstrieren, kom-

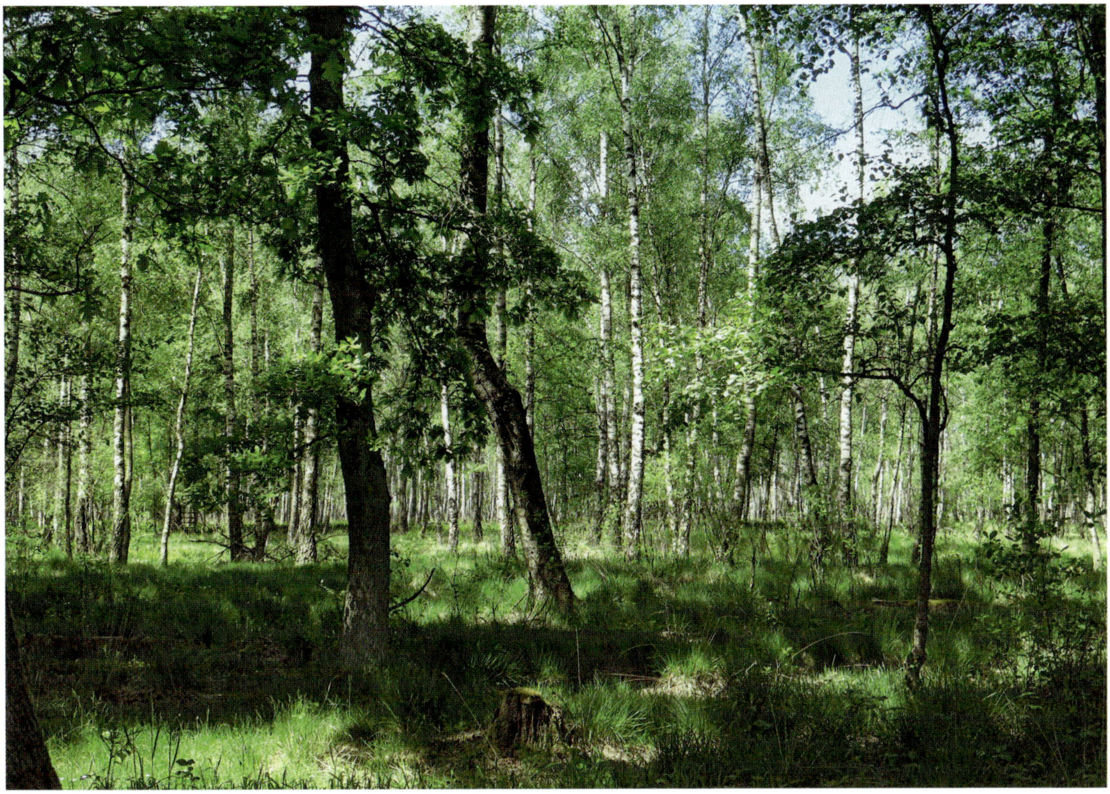

Der Duvenstedter Brook erfreut mit vielfältigen Eindrücken.

men Tierfreunde voll auf ihre Kosten. Wer sich ruhig und unauffällig verhält, kann das Schauspiel mit ein wenig Glück von einem der zahlreichen Beobachtungsstände aus bewundern. Noch mehr Geduld braucht es im November zur Brunft des Damwilds. Während das Rotwild oft auf die Wiesen tritt, versteckt sich das Damwild gern im Wald. Ein anderes Highlight sind die Starenschwärme. Die Vögel fliegen in Formationen, um sich vor Feinden zu schützen. Schon im Sommer bilden sie kleine Trupps, die sich zum Herbst hin zu riesigen Wolken verdichten. Bis zu 100 000 Vögel lassen sich dann wie auf ein geheimes Kommando an ihren Schlafplätzen nieder.

… und Winterbeobachtungen In der kalten Jahreszeit geht das Leben beinahe unbemerkt weiter. Tanzende Kraniche, Vogelschwärme oder röhrende Hirsche darf man jetzt nicht erwarten. Dafür auch keine Menschenmassen, denn die kommen erst zur Rückkehr der Kraniche oder zur Brunft der Hirsche in Scharen. Im Winter aber ist sogar das BrookHus geschlossen, und es kann sehr gut geschehen, dass man seine Runde zieht, ohne eine Menschenseele zu treffen oder ein anderes Wesen zu Gesicht zu bekommen. Die Spuren nachtaktiver Waldbewohner zeugen davon, dass die Vierbeiner gegenüber den Zweibeinern klar in der Überzahl sind, darunter Wildschweine und Rehe, Dachse und Marder, um nur einige der 38 Säugetierarten zu nennen, die im Duvenstedter Brook Unterschlupf finden. Das Wissen darum, dass sie hier sicher sind, reicht, um diese Tour zu genießen.

6

Die Hohe und die Reit

Naturschätzchen in den Vier- und Marschlanden

Leicht | 4 km | 5/5 Hm | 1 Std.

Tourencharakter
Kleines Naturparadies im Gemüsegarten von Hamburg

Ausgangs-/Endpunkt
Reitdeich

Anfahrt
Auto: Über Eiffestraße, Andreas-Meyer-Straße, Tatenberger Deich, Ochsenwerder Norderdeich
Bus & Bahn: Von Bergedorf Buslinie 222, Haltestelle Goseburg

Beste Jahreszeit
Frühling bis Herbst

Einkehr
Im Landhaus Voigt (Ochsenwerder Norderdeich) wird platt geschnackt und gut bürgerlich gegessen.

Zwei Altarme der Unterelbe, die Gose- und die Dove-Elbe, umarmen zwei Amphibienparadiese – die Hohe und die Reit. Auf der kurzen Wanderung durch die Tierschutzgebiete fühlen sich nicht nur Kinder wie verzaubert von kreuzenden Froschkönigen und Libellen, groß wie Elfen.

Wenn Kröten wandern Wo der **A Reitdeich** die Gose-Elbe überquert, gelangt man zu zwei reizenden Kleinoden. Die wissen auch Kamm- und Teichmolche, Laub-, Gras und Moorfrösche sowie Erdkröten zu schätzen. Sie wandern in so großer Zahl über die Hochwasserschutzanlage, dass die Straße vom 1. Februar bis 14. November für den motorisierten Verkehr gesperrt ist. Als noch Autos über den Reitdeich bretterten, töteten sie rund die Hälfte aller Amphibien. Frösche, Kröten und Molche benöti-

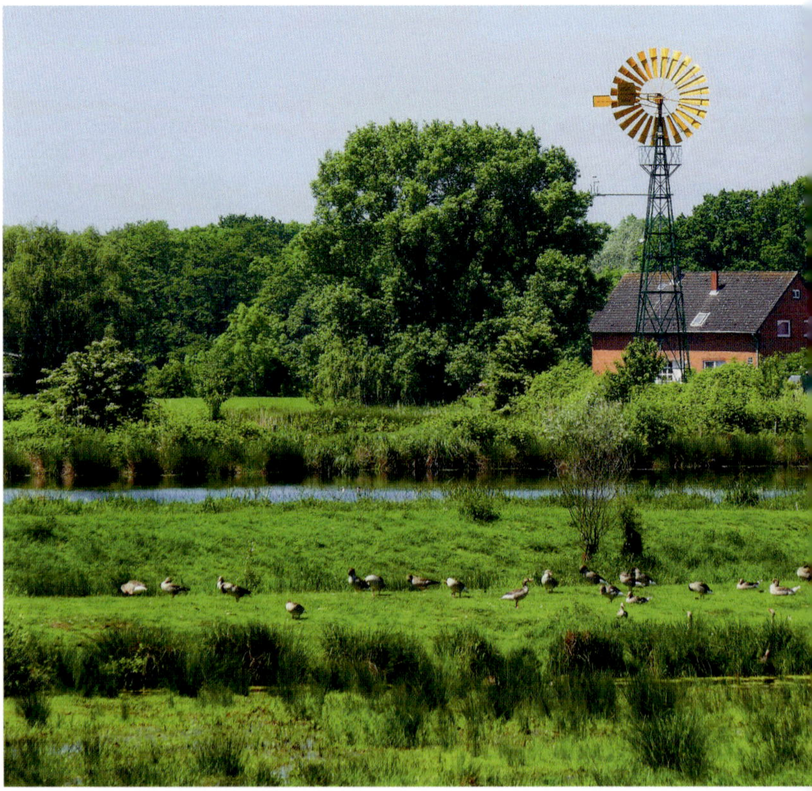

Extra für den Kammmolch wurde eine Windpumpe installiert.

Vier- und Marschlande

Der grüne und fruchtbare Südosten der Hansestadt ist für seinen Obst- und Gemüseanbau sowie für die Blumenzucht bekannt. Eine Einkaufstasche gehört daher in den Wanderrucksack. Nur rund einen Kilometer vom Reitdeich entfernt liegt die Demeter-Gärtnerei Sannmann.

gen im Jahresverlauf verschiedene Lebensräume. Solange die Temperaturen über fünf Grad liegen, sind sie ständig auf Wanderschaft. Alles, was sie brauchen, finden sie jenseits des Reitdeichs. Linker Hand bietet **❶ die Hohe**, eine ehemalige Elbinsel, hervorragende Laichplätze. Von Februar bis April hüpfen Paarungswillige in großer Zahl am Ufer der Gose-Elbe entlang. Den 15 Kilometer langen Altwasserarm der Unterelbe zeichnen gute Wasserqualität und ein reicher Fischbestand aus. Das Ziel der Amphibien sind aber die **❷ Teiche**, Tümpel, Weiher und Gräben, die nach etwa 750 Metern erreicht sind. Hier tummeln sich Steinbeißer und seltene Libellenarten, vor allem aber der Kammmolch. Extra seinetwegen wurde sogar eine Windpumpe installiert. Sie sichert eine zuverlässige Wasserversorgung in der Kinderstube. Manche Alttiere machen sich direkt nach dem Laichen schon wieder auf den Weg ins Sommerquartier. Da haben sie es nämlich gern trocken. Die Jungen folgen ihnen dann im Verlauf der Monate. Wenn die Kaulquappen ihre Metamorphose abgeschlossen haben, hüpfen und springen unzählige Jungfrösche durch die Gegend. Weil die Youngsters meist während oder nach einem Regen ein neues Zuhause suchen, dachte man früher, sie seien vom Himmel gefallen und sprach von Froschregen. Ihre erste eigene Bude finden die Fröschlein etwa auf den benachbarten Wiesen an der **❸ Dove-Elbe**. Der Nebenarm verbreitert sich hier zu einem künstlich geschaffenen See, der als Regattastrecke von Ruderern und Kanuten genutzt wird. Am gegenüberliegenden Ufer sind die Anlagen des Olympiastützpunkts Hamburg–Kiel gut zu erkennen. Als Ausgleichsmaßnahme wurde die Uferzone auf dieser Seite mit

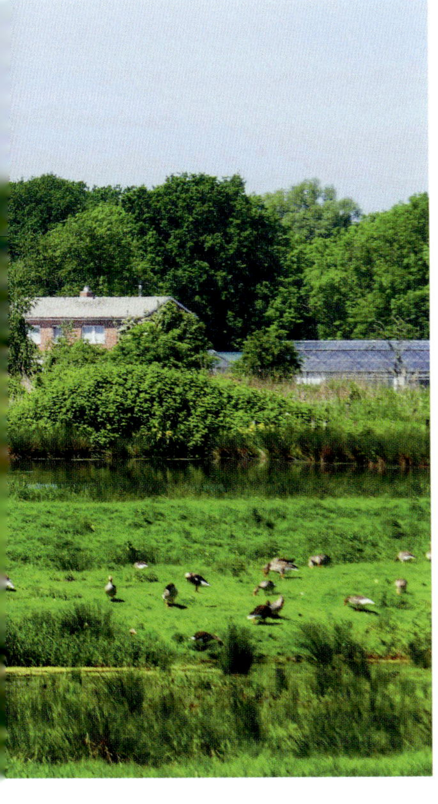

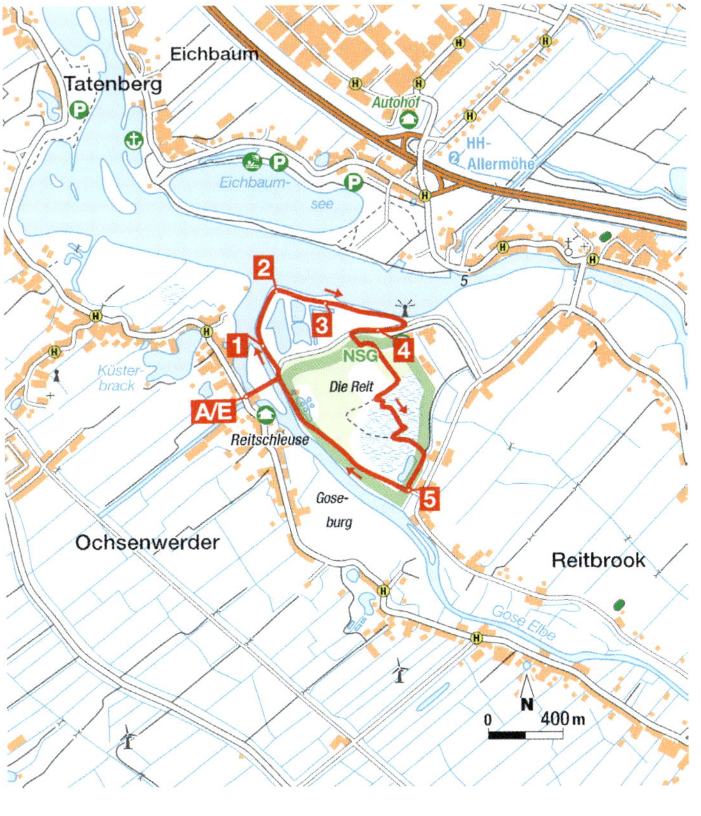

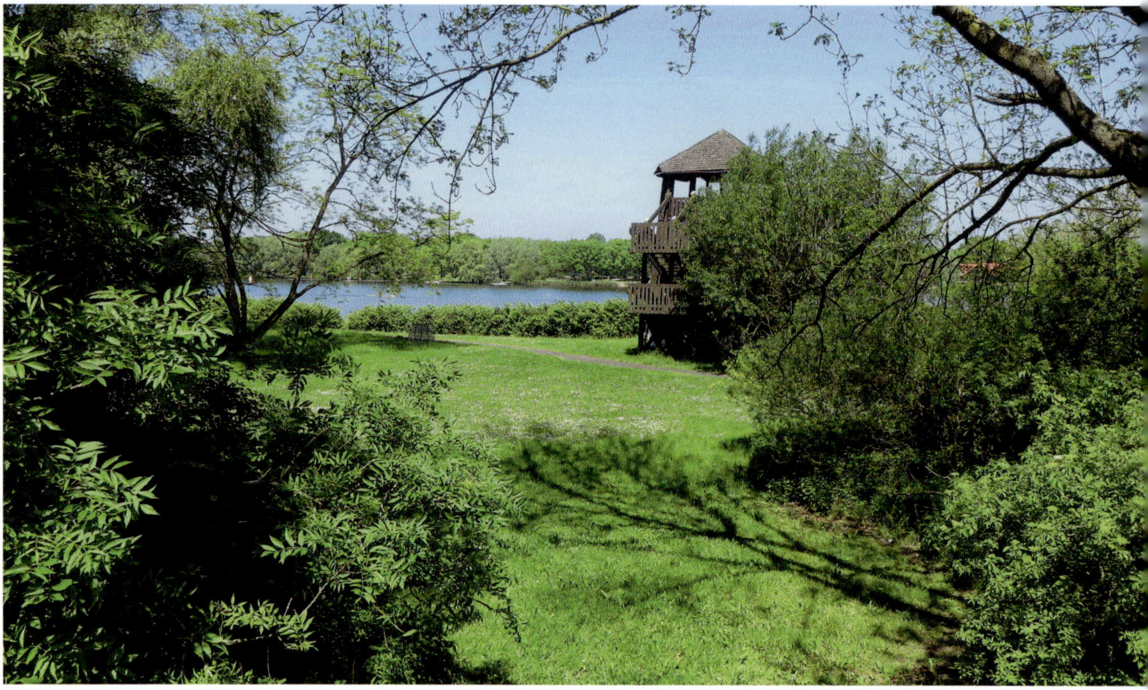

Aussichtsturm mit Blick auf den Olympiastützpunkt

Rechts: Norddeutscher Sommerdschungel

Röhrichtschilfgürteln beruhigt. Nach abermals rund 750 Metern erhebt sich ein hölzerner Aussichtsturm, der allerdings nicht verlässlich geöffnet ist. Hier stößt der Fußweg wieder auf einen asphaltierten Abschnitt des Reitdeichs. Nun geht es rechts und kurz danach noch einmal rechts mitten hinein in ❹ **die Reit**.

Märchenhafte Reit Der urwüchsige Bruchwald ist das perfekte Winterquartier für Amphibien. Als wechselwarme Tiere produzieren sie keine eigene Köperwärme. Sobald eine für sie kritische Temperatur erreicht ist, verfallen sie in Winterstarre. Dann brauchen sie Laubhaufen, Erdlöcher, Baumstümpfe und andere frostfreie Plätze. In dem kleinen Urwald aus Sümpfen, Birken, Silber-Weiden und Eschen mangelt es nicht an Verstecken. Das ist auch für gut 200 Vogelarten unermesslich wichtig. Mehr als 80 Arten brüten in der Reit. Außerdem fühlen sich in den Weichhölzern seltene Schmetterlinge wohl sowie vom Aussterben bedrohte Insekten und Libellen. 27 Tier- und Pflanzenarten, die in der Reit vorkommen, stehen auf der Roten Liste.

Ob man dem ersten oder zweiten Pfad nach links folgt, ist im Grunde egal. Die Wege sind etwa gleich lang und treffen sich bald wieder. Mit nur 90 Hektar Fläche erscheint die Reit ohnehin als viel zu klein. Bereits nach insgesamt 2,8 Kilometern ist die ❺ **Vogelforschungsstation des NABU** erreicht. Die Vogelschützer fangen von Juli bis November Kleinvögel, um sie zu vermessen und zu beringen. Eine Besichtigung der Station ist nur nach vorheriger Anmeldung möglich oder an einem der beliebten Familientage. Mehr Informationen gibt es unter www.nabu.de. Von der NABU-Station führt ein Fußweg zurück zum Reitdeich und zur Gose-Elbe. Der Ausgangs- und Ⓔ **Endpunkt** ist nach insgesamt 4,2 Kilometern wieder erreicht.

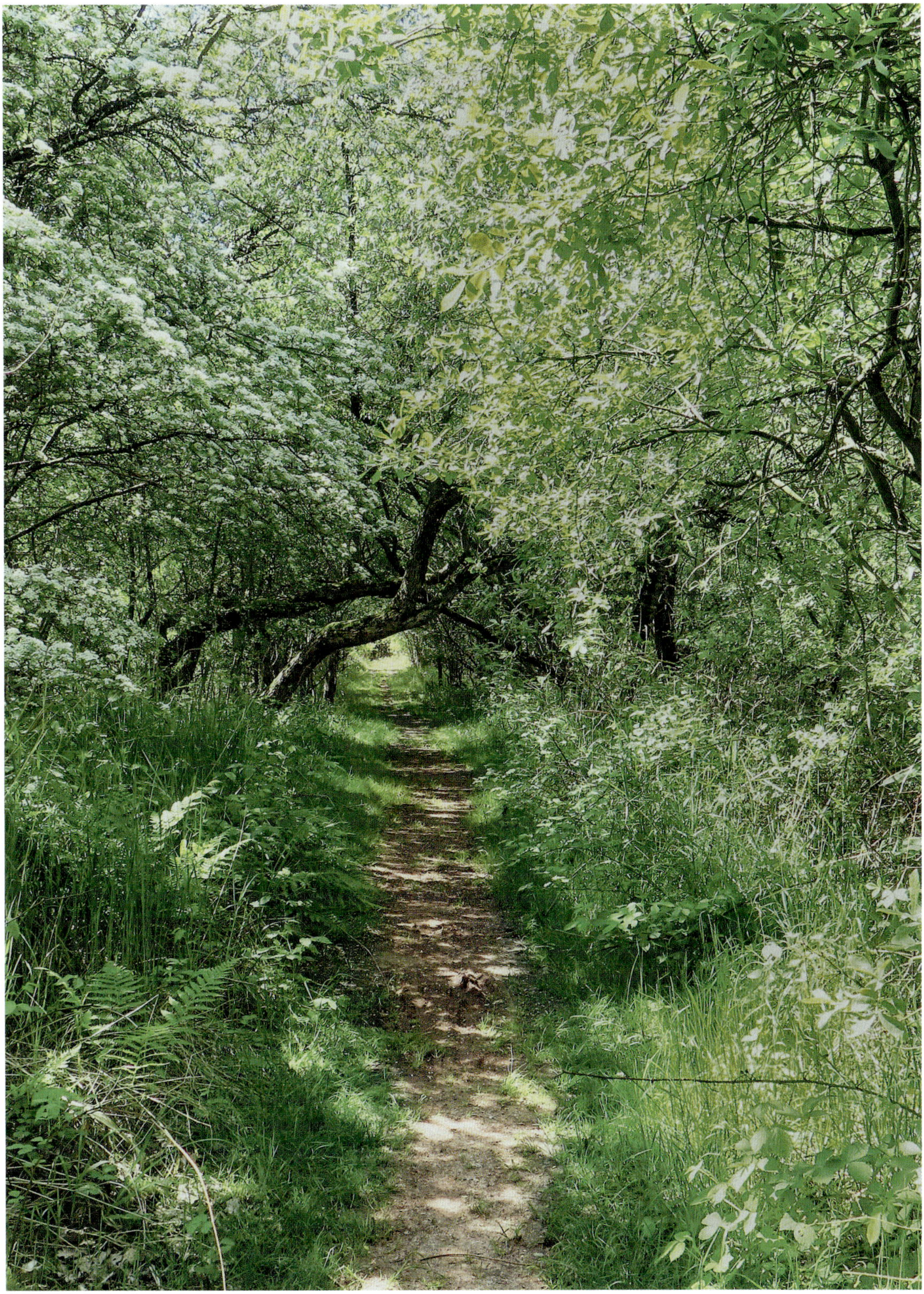

7 Das Heuckenlock

Urwald der Gezeiten

Leicht | 6,5 km | 4/3 Hm | 1.30 Std.

Tourencharakter
Auf dieser leichten Tour auf dem Deich und im Auenwald sind wasserfeste Schuhe unbedingt empfehlenswert.

Ausgangs-/Endpunkt
Moorwerder Hauptdeich

Anfahrt
Auto: A1 Ausfahrt Stillhorn, weiter über Stillhorner Hauptdeich
Bus & Bahn: Buslinie 351 Heuckenlock

Beste Jahreszeit
Zu jeder Jahreszeit schön, bei Sturm und Hochwasser ist das Heuckenlock gesperrt.

Einkehr
Nur zu den Öffnungszeiten des Elbe-Tideauenzentrums, Moorwerder Hauptdeich

Tideauenwälder sind selten geworden in Europa. Doch vor dem Wilhelmsburger Elbdeich hat ein kleiner Urwald überlebt. Das Heuckenlock wird zweimal pro Tag von Süßwasser überflutet und deckt ebenso oft sein Watt auf. Unter Vögeln und Amphibien gilt es als Fünf-Sterne-Buffet.

Eine Deichidylle Wer an der Ⓐ **Haltestelle Heuckenlock** aussteigt, steht mitten in der Marsch. Auf dem Deich grasen Schafe, und nur einige weit verstreute Reetdachkaten zeigen an, dass es menschliches Leben gibt in der platten Landschaft. Es ist beinahe wie im Urlaub. Bloß dass in Moorwerder hinterm Deich keine Nordseewellen rauschen, sondern der Wind an den Kronen mächtiger Flatterulmen zerrt. Von der ❶ **Deichkrone** kann man das Heuckenlock schon sehen. Es ist einer der letzten Tideauenwälder Europas. Oder eher ein Urwäldchen, nur drei Kilometer lang und 400 Meter breit. Und nicht einmal dieses kleine Gebiet darf zur Gänze erforscht werden. Wanderinnen und Wanderer müssen auf dem

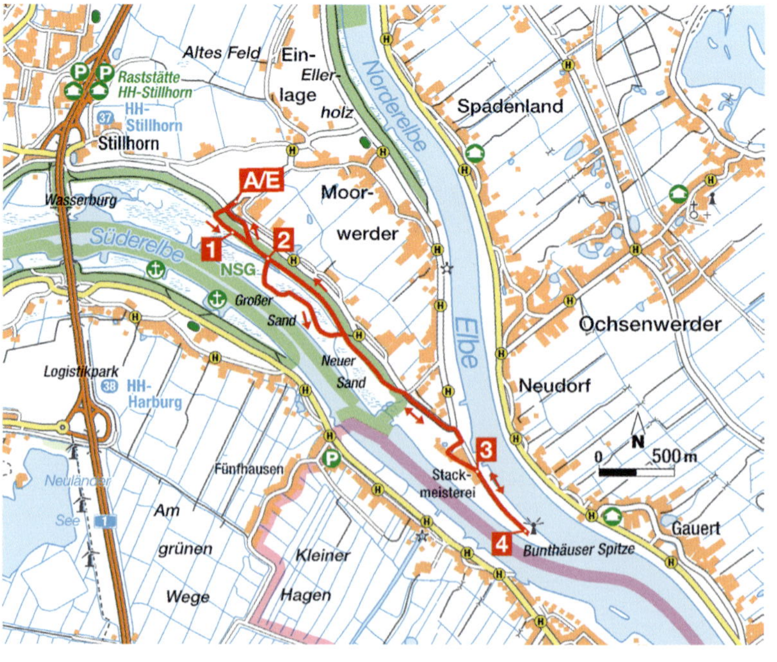

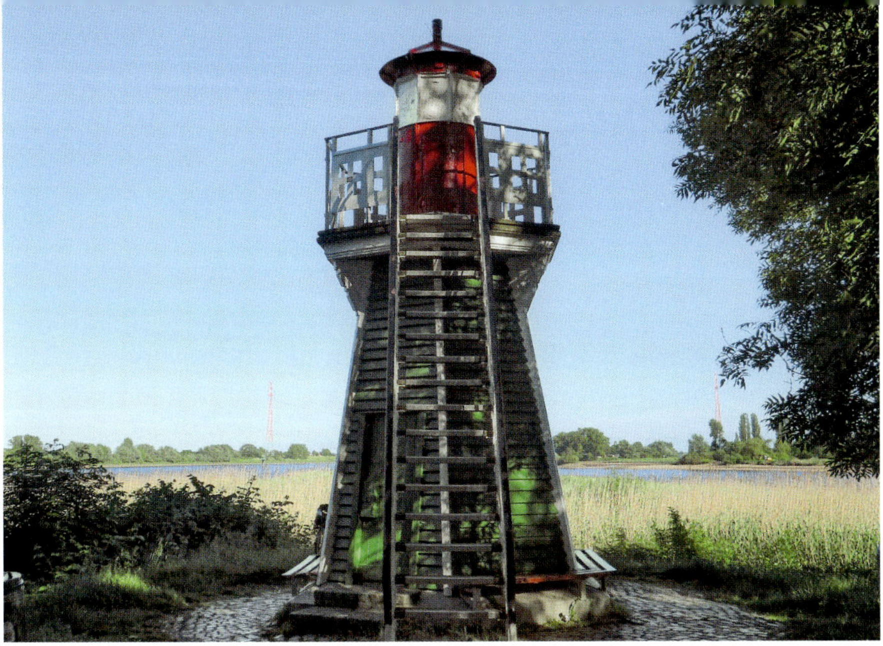

Am Leuchtfeuer Bunthäuser Spitze teilen sich Norder- und Süderelbe.

einzigen Pfad bleiben, der durch das Naturschutzgebiet führt. Dem Deich südwestwärts folgend, ist das Tor zum ❷ Heuckenlock nach etwa 400 Metern erreicht. Eine Brücke spannt sich über den namensgebenden Priel. Lock steht plattdeutsch für Loch, Heucken für den Name einer Fischerfamilie, die noch heute hier ansässig ist. Die Wasserwildnis gilt als artenreichstes Naturschutzgebiet der Stadt. Von den rund 700 Tier- und 400 Pflanzenarten finden manche nur noch hier geeignete Lebensbedingungen vor. Wälder, die täglich von Süßwasser überflutet werden, gibt es weltweit nur noch zwischen Geesthacht und Glückstadt, also an der Elbe. Sie bringt Nährstoffe aus weit entfernten Gegenden Osteuropas mit sich und tischt beim Gezeitenwechsel das Süßwasserwatt für die Tierwelt auf. Das führt zu besonderem Wachstum. Das Schilf kann im Heuckenlock bis zu fünf Metern hoch wachsen. Da der Urwald sich selbst überlassen bleibt, erreichen viele Bäume ein ungewöhnlich hohes Alter. Der älteste, eine über 400 Jahre alte Flatterulme, wurde leider vom Orkan Xaver im Jahr 2013 gefällt.

Hamburgs kleinster Leuchtturm Am Ende des Besucherpfads steht man wieder am Deich, dem man nun einen knappen Kilometer zur Südostspitze Moorfleets folgt. Dort befindet sich im alten Stackmeisterhaus das ❸ Elbe-Tideauenzentrum. Hinter dem Gebäude führt ein baumbestandener Dammweg zum ❹ Leuchtfeuer Bunthäuser Spitze. Der kleinste Leuchtturm Hamburgs liegt zwar nicht im Wald, sondern an dem Punkt, wo sich Norder- und Süderelbe teilen. Aber um die Besonderheit des Moorfleeter Binnendeltas zu erfassen, gehört der Besuch des Holzturms unbedingt dazu. Danach geht es auf dem Deich zurück zum Ausgangs- beziehungsweise Endpunkt am Ⓔ Moorwerder Hauptdeich.

Elbe-Tideauenzentrum

Am Wochenende und an Feiertagen lohnt die Ausstellung der Gesellschaft für ökologische Planung im alten Stackmeisterhaus. Sie konzentriert sich ganz auf den besonderen Natur- und Lebensraum der Süßwassertideauen und macht auch Kindern großen Spaß. Durch den Außenbereich darf man ebenso außerhalb der Öffnungszeiten stromern.

8 Die Harburger Berge

Gipfelsturm unter der Baumgrenze

Mittel 11,5 km 157/157 Hm 3 Std.

Tourencharakter
Reizvolle Steigungen, anspruchsvolle, wurzelige Pfade, oder anders gesagt: Ausnahmsweise lohnen sich Wanderschuhe.

Ausgangspunkt
S-Bahn Neuwiedenthal

Anfahrt
Auto: A1 Heimfeld, B73
Bus & Bahn: S-Bahn Neuwiedenthal

Beste Jahreszeit
Sommer, Herbst

Einkehr
Kleine Sennhütte aka Grando Sukredo und Kärntner Hütte

Die Harburger Berge bilden den nördlichen Teil des Höhenzugs Schwarze Berge, deren hohe Tannen in manchen Ecken tatsächlich an den Schwarzwald denken lassen. Zudem stehen Heideflächen und Hüttengaudi auf dem Programm und ausnahmsweise sogar 157 Höhenmeter.

Gipfel sammeln Der Einstieg zu dieser Tour erfolgt an der S-Bahn-Station **Ⓐ Neuwiedenthal**. Von dort führt der Rehrstieg zur Cuxhavener Straße. Auf der gegenüberliegenden Straßenseite geht es schräg links in den Scharpenbargsweg und im weiteren Verlauf immer gegen den Uhrzeigersinn. Das ist aus kulinarischen Gründen wichtig, denn nach dieser zünftigen Bergtour hat man sich eine anständige Jause verdient. Doch dazu später mehr. Jetzt heißt es erst einmal: im Frühtau zu Berge. Oder im Nachmittags-Niesel. Selbst dann entwickelt die für den Norden ungewohnte Landschaft mit Steilhängen und engen Trockentälern einen besonderen Zauber. Kurz nachdem die Asphaltierung en-

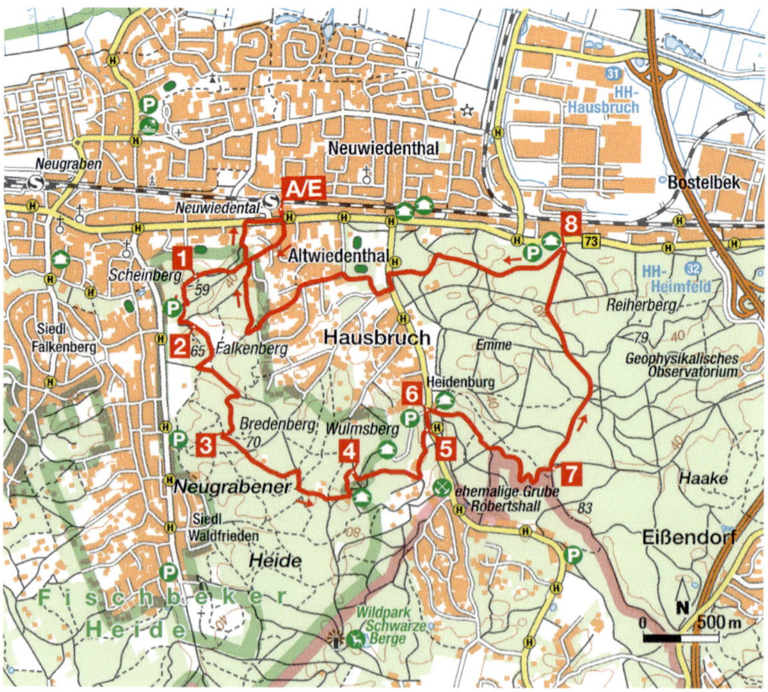

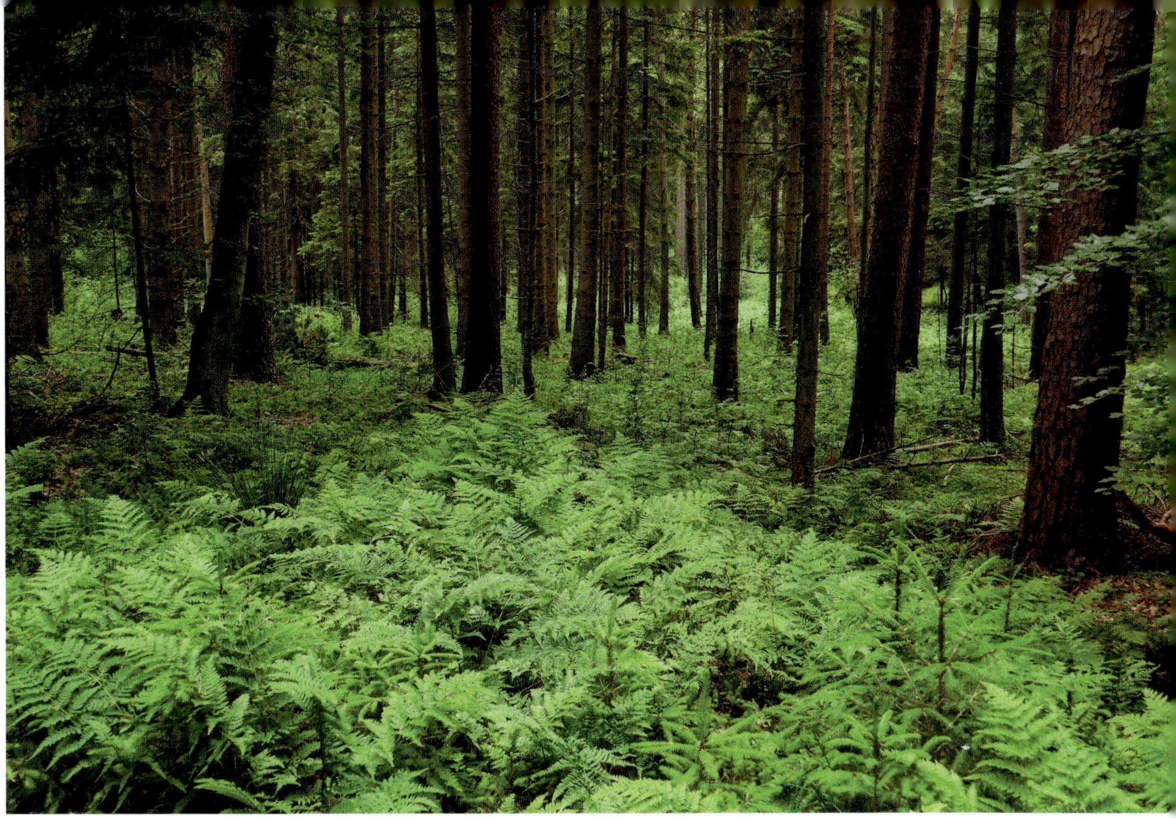

Meterhoch steht der Farn.

det, scheint das städtische Leben bereits weit entfernt, und es steht auch schon gleich der erste Gipfelsturm auf den 61 Meter hohen ❶ **Scheinberg** an. Der Wanderweg W1 ist mit einem gelben Pfeil markiert. Es gilt allerdings gut aufzupassen, damit man den gewundenen Pfad über Stock und Stein, den ❷ **Falkenberg** (65 Meter) und den folgenden ❸ **Bredenberg** (70 Meter) nicht verliert. Wer bisher dachte, dass Hamburg nur Flachlandwanderer erfreut, ist nach nunmehr 2,5 Kilometern eines Besseren belehrt.

Die Harburger Berge Der Höhenzug der Harburger Berge, dessen Löwenanteil zu Niedersachsen gehört, erweist sich für norddeutsche Verhältnisse als ausgesprochen zerklüftet. Auch wenn die höchsten Höhen der Endmoräne (siehe Kasten) auf dieser Wanderung nicht einmal ansatzweise erreicht werden, geht auch die heutige Tour durchaus in die Beine. Immer wieder ermöglichen kurze, knackige Aufstiege das anschließende Hochgefühl, es geschafft zu haben. Dann darf der Blick über hügelige Wälder schweifen, darunter Mischwälder, Buchenwälder und Nadelforste. Der Pfad verbreitert sich nun, ist ein kurzes Stück sogar asphaltiert und zieht sich dann an den Hängen des ❹ **Wulmsbergs** als Naturweg weiter. Was aus seinem Gipfel werden soll, stand bei Erscheinen dieses Buchs noch in den Sternen. Das hat hier gute Tradition.

Der Hasselbrack

Der höchste Punkt Hamburgs liegt auf 116 Metern. So sagt es die Inschrift einer Granitplatte auf dem Hasselbrack. Um ihn nicht zum Pilgerort zu machen, ist der Weg dorthin nicht ausgeschildert. Denn hier brütet der sehr seltene Raufußkauz. Wer nicht alles auf dem Silbertablett serviert bekommen muss, darf den Weg natürlich trotzdem suchen, genießen und das Geheimnis bewahren.

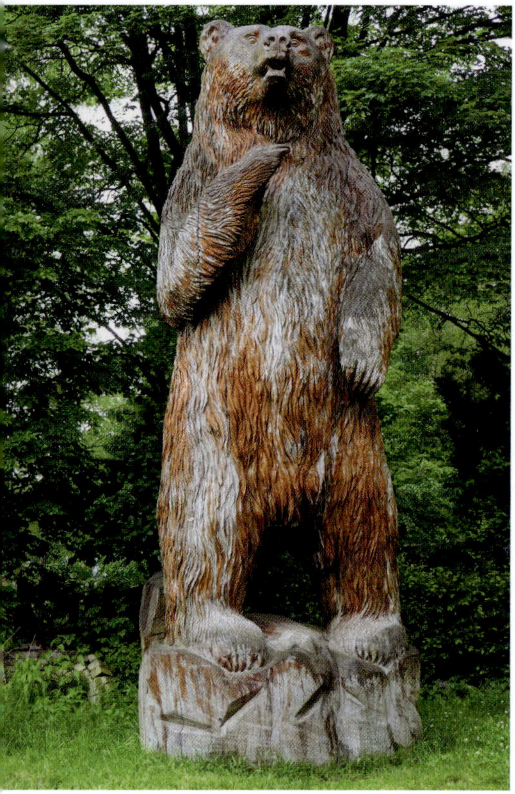

Der weltgrößte Holz-Grizzly

Rechts: Bei den Harburger Bergen handelt es sich um eine Endmoräne.

Zum Sennhüttenweg Der Wanderweg trifft wieder auf die Schotterpiste Wulmsberggrund und stößt nach wenigen hundert Metern auf den 5 **Ehestorfer Heuweg**. Links beim Wanderparkplatz windet sich eine Straße zum ehemaligen Hotel Sennhütte hinauf. Abstecher? Warum nicht! Schon 1881 lockte das charmante Haus im Schweizer Stil Wintersportfreunde nach Harburg. Gern rodelte man vom Hotel hinunter zur Cuxhavener Straße. In den 1960er-Jahren klotzte leider eine Versicherung ein maximal scheußliches Schulungszentrum an die einstmals romantische Stelle. Nachdem der Weiterbildungsbetrieb aufgegeben wurde, gab es noch ein paar Versuche, den seltsamen Bau mit Prachtblick bis zur Elbe als Hotel zu etablieren. Zuletzt stand das Gebäude einige Jahre leer. Leben rührt sich hingegen noch in der 6 **Kleinen Sennhütte** auf der gegenüberliegenden Straßenseite. Auf der Speisekarte des Restaurants Grando Sukredo im Schwarzwaldlook findet sich quasi alles, nur keine Gerichte, die man auf einer Sennhütte vermuten würde. Die riesenhaften Tierfiguren rundherum stammen vom Holzbildhauer Erich Gerer. Der gebürtige Österreicher kam 1975 nach Harburg und landete mit der größten Holzeule der Welt und dem größten Kettensägen-Grizzly gleich zweimal im Guinness-Buch der Rekorde. Während der 6,50 Meter hohe Bär noch zu bewundern ist, fiel die sieben Meter hohe Eule 2020 dem Zahn der Zeit zum Opfer. Im Rücken der Kleinen Sennhütte taucht der Sennhüttenweg in den Wald.

Einkehr in der Kärntner Hütte Der Sennhüttenweg mäandert über einen guten Kilometer bis zur 7 **Stadtscheide**, die die Grenze zu Niedersachsen markiert. Ihr linker Hand folgend geht es durch ein Gebiet, das Querfeldeinläufer und Mountainbiker besonders schätzen. Es kann auf diesem Abschnitt schon mal lebendiger zugehen, ziehen sich doch einige spannende Trails rund um den benachbarten Kaiserstuhl. Der kann es allerdings nicht mit seinem großen Bruder in Baden-Württemberg aufnehmen. Kaiserschmarrn hingegen schmeckt in Harburg vielleicht sogar noch leckerer. Die karamellisierte Köstlichkeit darf man dann auch gleich probieren, wenn der Weg nach 1,5 Kilometern auf einen Wanderparkplatz trifft, den ebenso die Gäste der 8 **Kärntner Hütte** nutzen. Das Lokal steht für einen witzigen Mix aus alpenländischer Gemütlichkeit und Hamburger Freundlichkeit sowie für österreichische Spezialitäten vom Wiener Schnitzel bis zur Brettljause. Gut, dass nach der Pause nur noch eine kurze Etappe zu bewältigen ist. Die gelben Pfeile des W1 leiten durch Wiedenthaler Trift, über den kreuzenden Ehestorfer Heuweg, vorbei am Sportplatz in den Talweg und gleich hinter dem letzten Haus rechts zum Opferberg. Er ist mit nur 46 Metern keine Hausforderung mehr für erfahrene Bergwanderer, zu denen man sich ja nun auch zählen darf, derweil man seine Schritte zum E **Bahnhof Neuwiedenthal** lenkt.

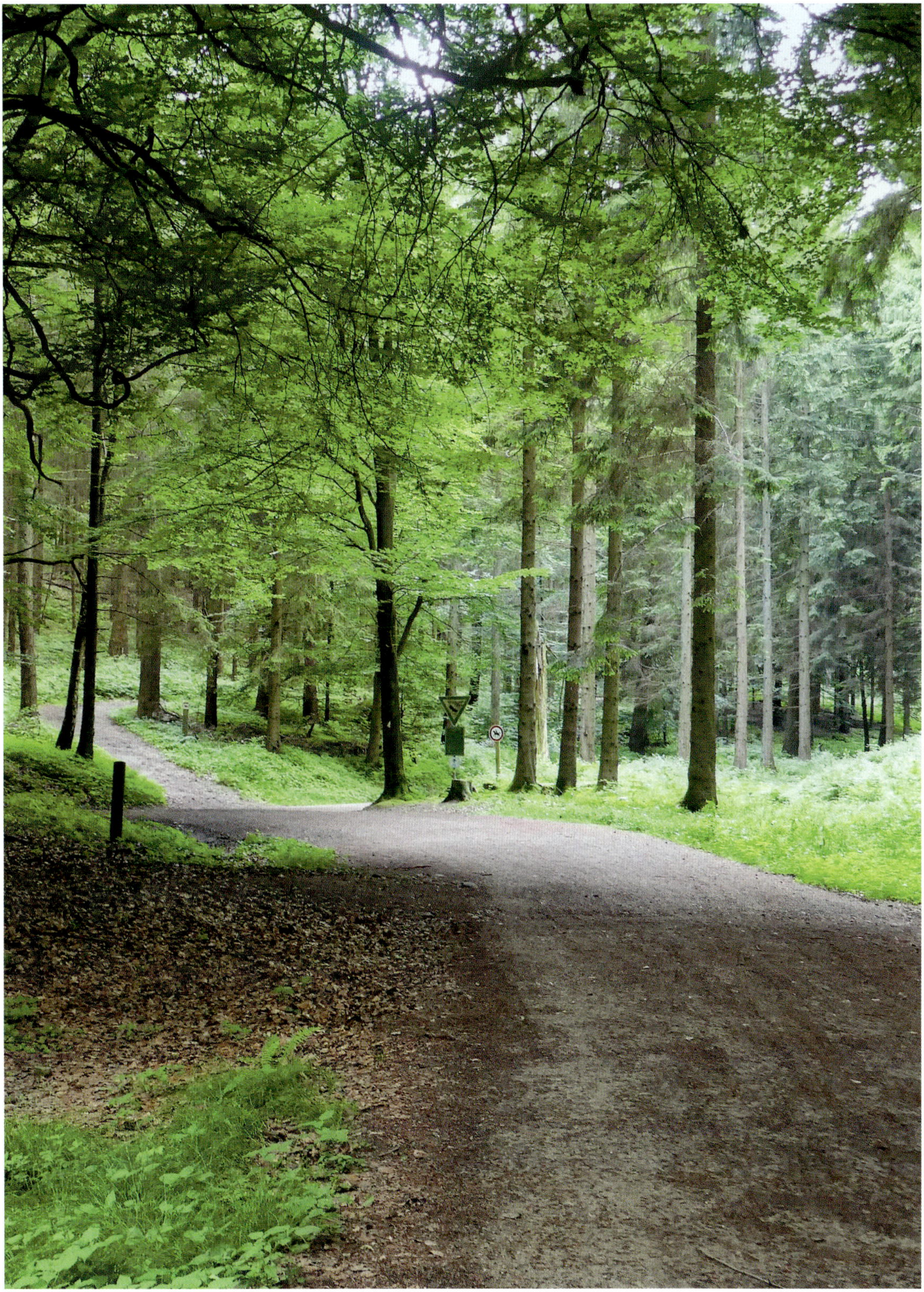

9 Das Fischbektal

Im Wald und auf der Heide

Mittel | 11 km | 115/110 Hm | 3 Std.

Tourencharakter
Im Wald und auf der Heide, da such' ich meine Freude? Passt!

Ausgangspunkt
S-Bahn Fischbek

Anfahrt
Auto: A1 Kornweide, B73 Cuxhavener Straße
Bus & Bahn: S-Bahn Fischbek

Beste Jahreszeit
Frühling, Spätsommer, Herbst

Einkehr
Besser eigenen Proviant mitbringen

Ließe man den Wald wachsen, wie er wollte, würde er die Fischbeker Heide im Nullkommanichts zuwuchern. Ausnahmsweise mag man hier menschliche Eingriffe tolerieren. Denn das Naturschutzgebiet ist wirklich hinreißend, und gerade der Übergang von Wald zu Heide macht den Reiz aus.

Kiefern und Eichen Am Ⓐ **S-Bahnhof Fischbek** ist die gleichnamige Heidefläche bereits ausgeschildert. Doch bis die lila Herrlichkeit beginnt, müssen noch knapp zwei Kilometer durch bewohntes Gebiet bewältigt werden; zunächst entlang der Bahnschienen und dann auf der Straße Scharlbarg bis zum gleichnamigen ❶ **Wanderparkplatz**. Gerade zur Heideblüte ist es dennoch die richtige Entscheidung, mit öffentlichen

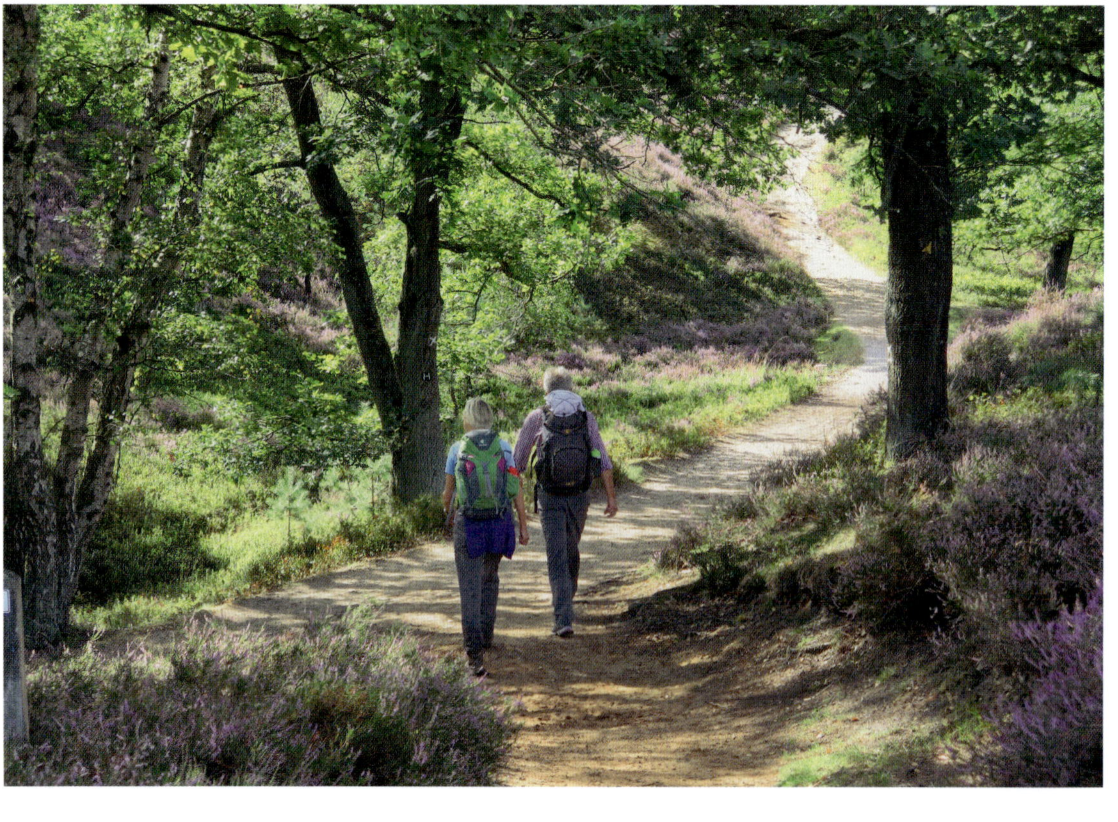

Verkehrsmitteln anzureisen. Denn dann stehen die Autos hier dicht an dicht. Aber keine Angst, nicht alle Ausflügler sind gekommen, um weit zu wandern. Viele wollen nur einige Fotos schießen oder wagen sich bloß bis zur nächsten Picknickbank oder auf einen der kürzeren Rundwege. Nimmt man die Heideschleife, läuft man der Menge immer wieder davon – zumindest bis zum nächsten Wanderparkplatz in Spaziergängernähe. Auf diesen einsameren Abschnitten sonnen sich die Zauneidechsen, und man hört Lerchen tirilieren. Hervorragend markiert schlängelt sich die Heideschleife im steten Auf und Ab über teils sandige, teils wurzeldurchsetzte Pfade zumeist am Waldrand entlang. Er ist von mächtigen Kiefern geprägt, die vor 100 Jahren gepflanzt wurden, als die Fischbeker Heide durch Übernutzung öde geworden war. Auch seltsam verschlungene Eichen erfreuen das Auge. Sogenannte Kratteichen sind das Ergebnis ständiger Stutzung. Ihre Triebe wurden regelmäßig abgehauen und als Brennholz oder Viehfutter verwendet. Das halten nur wenige Bäume aus, unter ihnen Birken und Wacholder, die man hier ebenfalls findet.

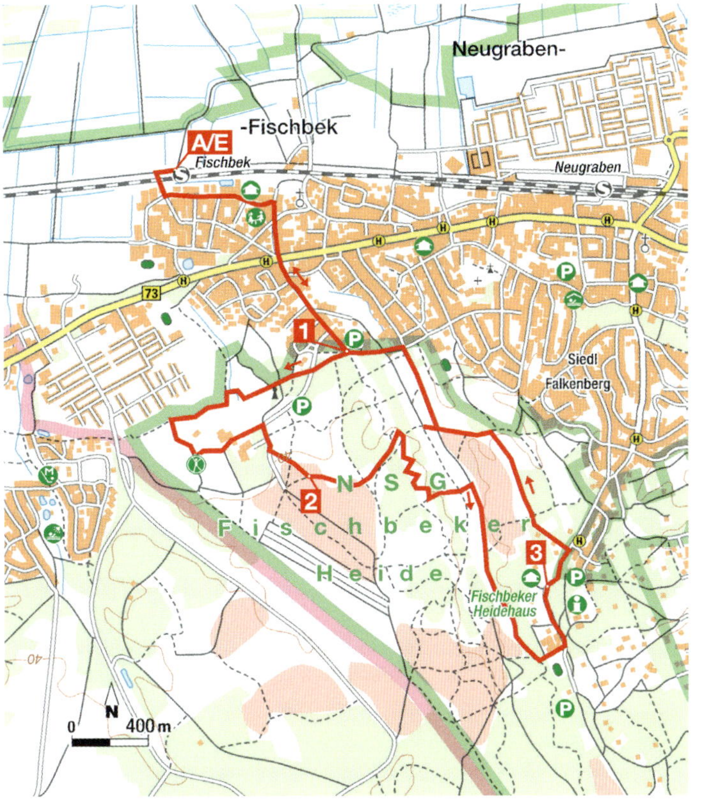

Durch die Besenheide Bald ist das ❷ **Segelfluggelände** erreicht. Rund um die drei Start- und Landebahnen wuchert wild die Besenheide. Das war nicht immer so. Als das mühselige »Plaggen« für die Heidebauern unwirtschaftlich wurde, verbuschte die Kulturlandschaft. Beim Plaggen wird verwurzelter Boden mitsamt Vegetation abgezogen, um vermischt mit Mist wieder aufgetragen zu werden. So wird der Boden ständig verjüngt und aufgewertet. Unter Leitung der Loki-Schmidt-Stiftung waren beinahe zwanzig Jahre und beträchtliche Pflegemaßnahmen nötig, um die Besenheide in ihren heutigen Zustand zu versetzen. Darum dankt es die Natur auch, wenn man nicht die älteren Trampelpfade nutzt, die sich durch die offene Landschaft ziehen, sondern auf der Heideschleife bleibt. Sie ist eine von zwölf neuen Rundwanderwegen, die den beliebten Heidschnuckenweg an den schönsten Stellen ergänzt.

Das Fischbektal Der im 16. Jahrhundert erstmals erwähnte Bach Vischbecke soll einst mit reichem Fischbestand gesegnet gewesen sein. Doch es ist lange her, dass er Wasser führte. Übermäßige Trinkwasserentnahme ließ ihn um 1900 austrocknen.

Links: Citywandern kann wunderbar sein.

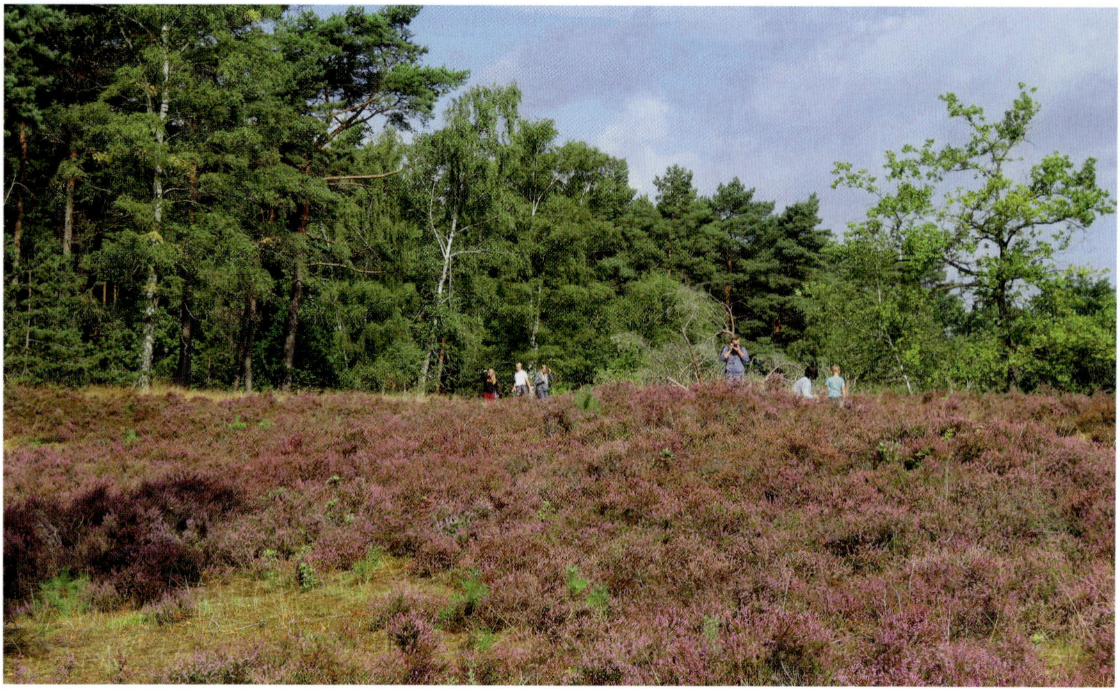

Manche Ausflügler kommen extra fürs schnelle Foto.

Rechts: Die Fischbeker Heide ist eines der größten Naturschutzgebiete Hamburgs.

Ein kleiner Teich am Wegesrand ist heute das einzige Gewässer im Fischbektal, das ein ganz eigenes Klima kennzeichnet: Hier ist es erheblich wärmer als im Rest der Stadt. Scheint die Sonne, ist man froh über die waldigen Abschnitte, denn die Heide selbst geizt mit Schatten. Nach einigen kurzen, knackigen Auf- und Abstiegen ist das schöne ❸ **Heidehaus** erreicht. Das Natur-Informationszentrum der Loki-Schmidt-Stiftung ist in einem reetgedeckten umgebauten Schafstall untergebracht. Die Ausstellung zur Kulturgeschichte der Region hat sonntags von 11 bis 17 Uhr geöffnet. Unter der Woche öffnet sie nur am Vormittag, sonnabends und montags gar nicht. Der Besuch ist kostenfrei.

Wer die volle Pracht der Heide erleben möchte, sollte besser später am Tag kommen. Denn gerade in der Nachmittagssonne, wenn das Informationszentrum geschlossen ist, leuchtet die Heide besonders intensiv. Noch mehr Glück braucht man, um die Heidschnuckenherde zu finden. Die friedfertigen Landschaftspfleger halten vorwitzige Gewächse kurz und treiben sich mit ihrer Schäferin meist in der Weite des Naturschutzgebiets herum. Für die prächtigen Aussichten, die sich auf den verbleibenden knapp zwei Kilometern bis zum Wanderparkplatz alle naslang bieten, ist aber kein spezielles Fortune notwendig. So endet diese Wanderung mit starken Erinnerungen. Die reichen aus, um die verbleibenden 1,8 Kilometer bis zum Ⓔ **S-Bahnhof Fischbek** zu überstehen, die zwar kein besonderes Erlebnis bereithalten, aber nun einmal absolviert werden müssen.

Die Heide blüht

Irgendwann zwischen dem 8. August und dem 9. September öffnet die Besenheide ihre zarten Blüten. Vielleicht auch ein wenig vorher oder etwas später, das ist abhängig von Wind und Wetter. Wer ganz sicher gehen will, befragt das Blütenbarometer auf www.lueneburger-heide.de. Ruhesuchende kommen aber besser außerhalb der Heideblüte.

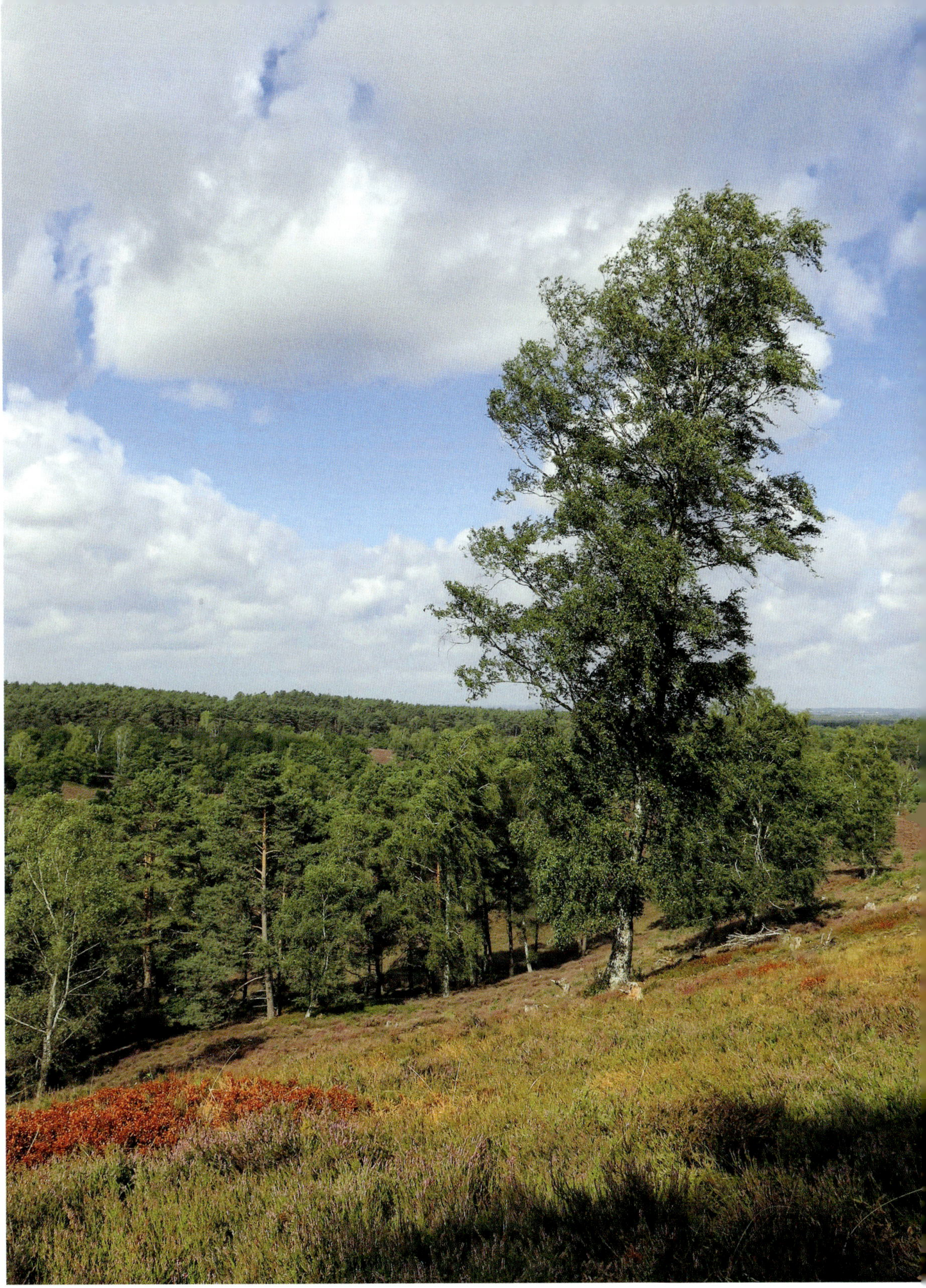

10

Klövensteen und Schnaakenmoor

Im Waldkinder-Garten

Leicht | 9 km | 9/9 Hm | 2 Std.

Tourencharakter
Die Waldwege und -pfade sind gut zu gehen und führen quer durch ein Wildgehege.

Ausgangs-/Endpunkt
S-Bahn Rissen

Anfahrt
Auto: Über B431 bis Sandmoorweg. Am Wildgehege sind ausreichend Parkplätze vorhanden.
Bus & Bahn: S1, S11 Rissen

Beste Jahreszeit
Immer ein Vergnügen

Einkehr
Kleine Waldschänke beim Wildgehege und Pony-Waldschänke beim Waldspielplatz

»Nur wer die Natur liebt, will sie auch schützen«, steht auf einer Informationstafel im Wildgehege Klövensteen. Kinder wissen das eigentlich sowieso. Trotzdem ist diese Tour ein echtes Highlight für die Kleinen. Und auch die Großen genießen den Forst Klövensteen.

Nachhaltiges Wildgehege Wenn auf dieser Tour sehr kleine Kinder mit von der Partie sind, empfiehlt sich ein Bollerwagen oder sogar die Anreise mit dem Auto. Größeren Kindern hilft die Aussicht auf Waschbären, Wildschweine, Widder und Co, um die Strecke vom Ⓐ **S-Bahnhof Rissen** zum ❶ **Wildgehege** klaglos zu meistern. Über Schöns Park und den Sandmoorweg ist es nach zwei Kilometern erreicht. Das Kinderparadies verdankt seine Existenz einem Rudel Rotwild aus dem Hirschpark. Bis 1960 lebte es noch mit einem Rudel Damwild zusammen in Blankenese. Aus Sicherheitsgründen mussten die beiden Hirscharten getrennt werden. So entwickelte sich der Forst Klövensteen zum Erholungswald und beliebten Ausflugsziel. Dabei folgte man von Anfang an dem Leitbild von Hans Carl von Carlowitz. Er gilt als Schöpfer des Begriffs Nachhaltigkeit. Sein schon vor 300 Jahren beschriebener Grundgedanke der Forstwirtschaft ist aktueller denn je. Das Paket, das wir den nachfolgen-

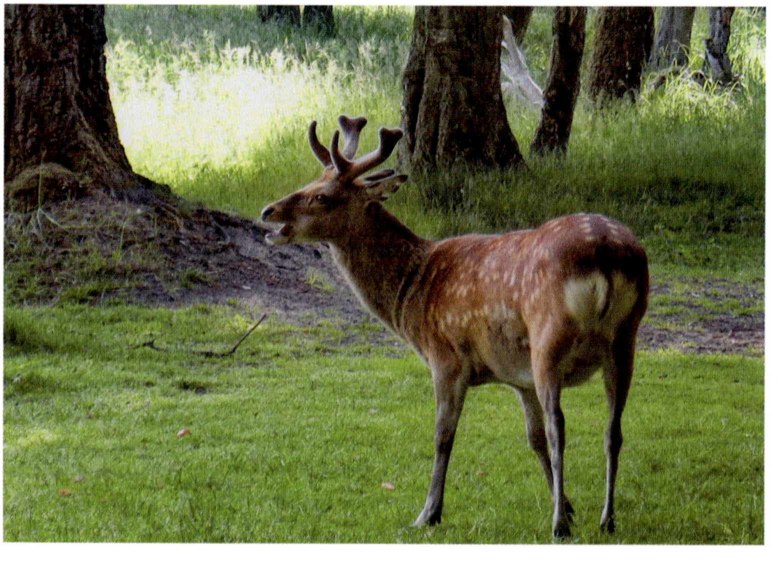

Im Wildgehege leben Rot-, Dam- und Sikahirsche.

Rechts: Nomen est omen: Im Schnaakenmoor kann Mückenschutz nicht schaden.

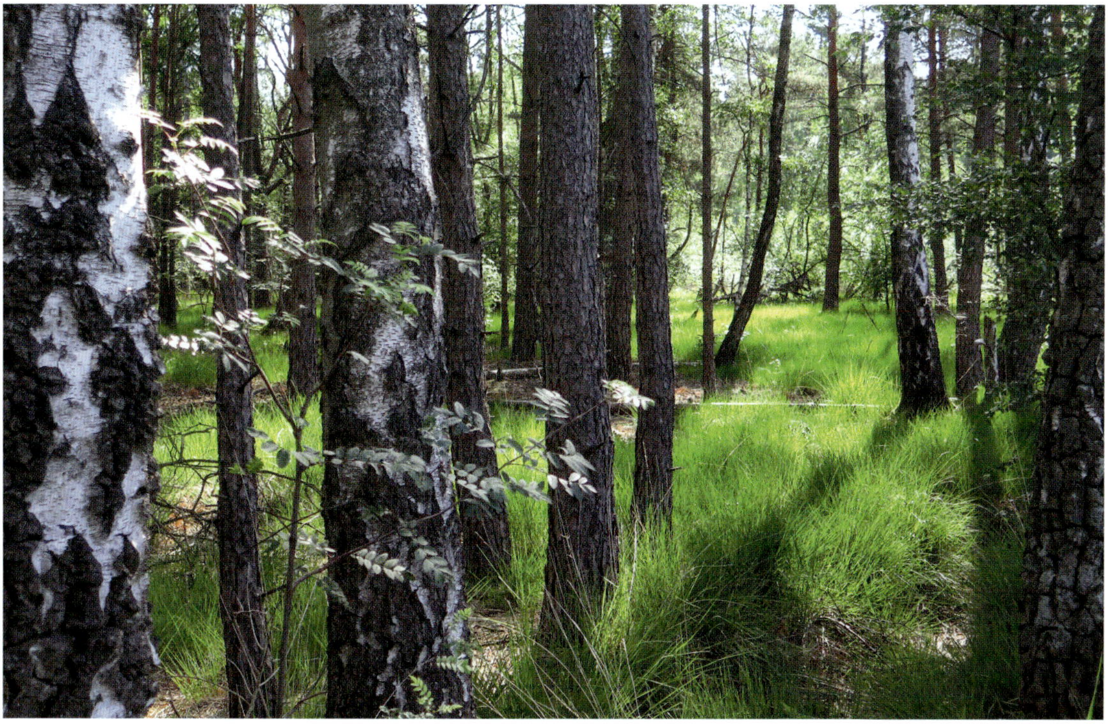

den Generationen geschnürt haben, wiegt schwer. Umso wichtiger erscheint es, Kindern die heimische Fauna und Flora näherzubringen. Das Wildgehege ist schon mal ein guter Anfang, der Eintritt frei. Dank Kinderspielplatz, niedlichen Frischlingen, jungen Eulen und Mufflons mit gewaltigen Hörnern kann der Aufenthalt auch länger ausfallen. Ohne nach links oder rechts zu schauen, braucht man nur wenige Minuten durch das Gehege bis zum Nebeneingang. Hinter dem Rotwildgehege steht man schon wieder auf dem Sandmoorweg.

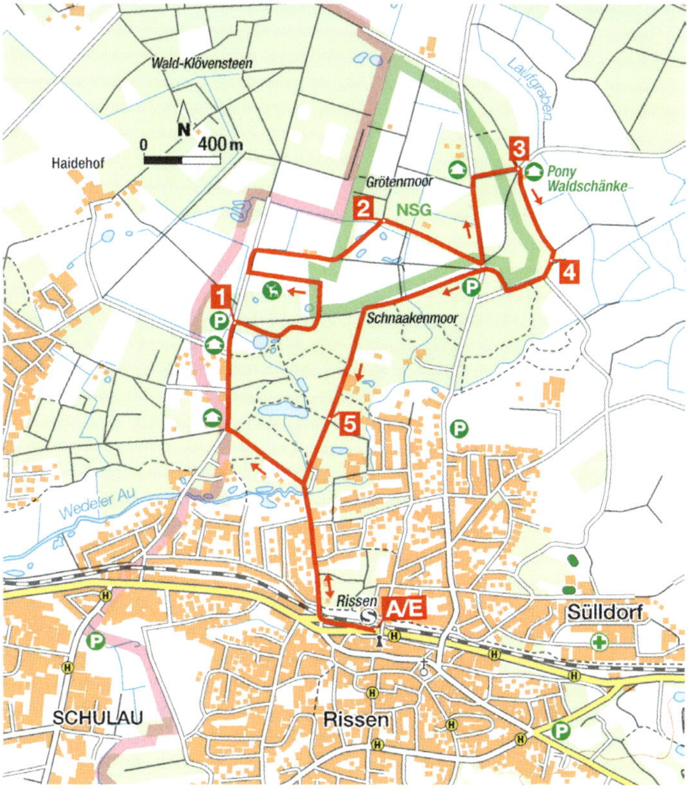

Das Schnaakenmoor Nach wenigen Hundert Metern zweigt rechter Hand der Feldweg 85 ab. Er umrundet das ❷ **Schnaakenmoor**. Rund 10 000 Jahre lang dehnte es sich ungehindert aus – in den 1930er-Jah-

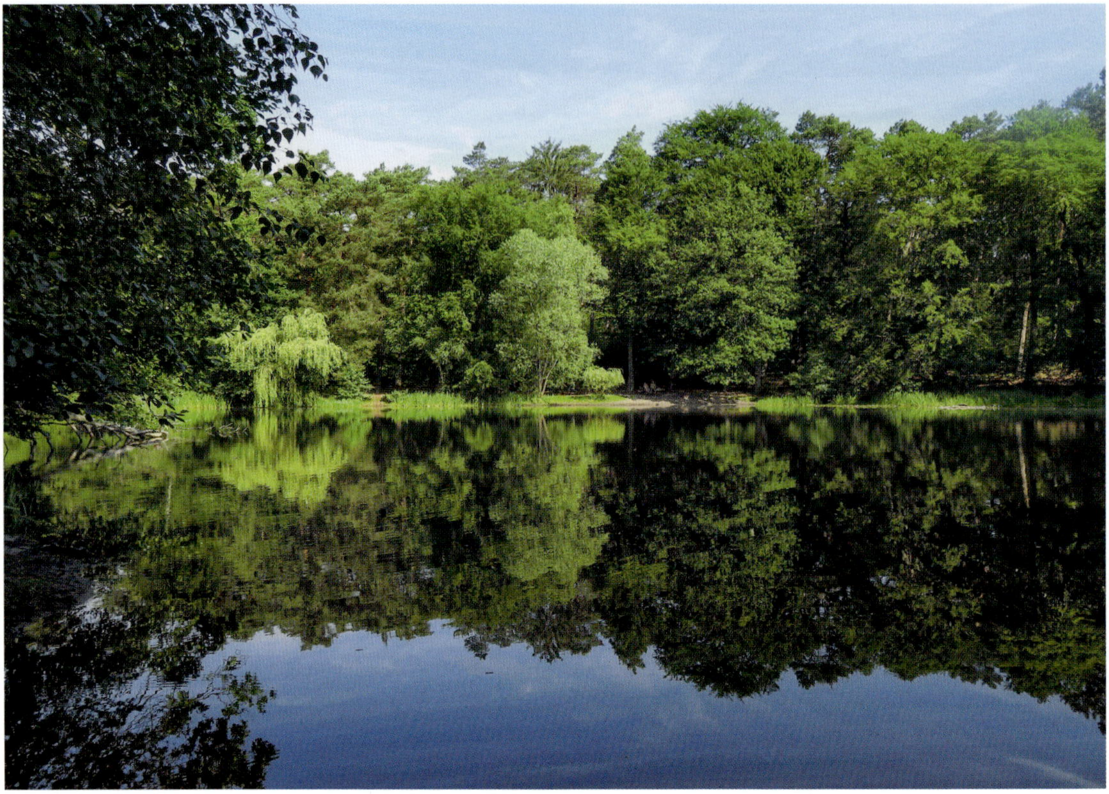

So malerisch zeigt sich der Rüdigerteich nur in regenreichen Sommern.

ren war es dann beinahe vollkommen zerstört. Ein letzter Rest steht seit 1979 unter Schutz. Der Weg stößt nach etwa 400 Metern auf ein geschlossenes Tor. Hier konnte man bis vor Kurzem noch quer durchs Moor spazieren. Doch nun ist der Pfad ganzjährig geschlossen, um Pflanzen und Tieren ein wenig Ruhe zu gönnen. Dank Wiedervernässung fühlen sich Kreuzottern und Kreuzkröten und andere stark gefährdete Arten inzwischen wieder pudelwohl in dem Biotop. Die Schnaken sowieso. Ein Mückenschutzmittel gehört also in den Wanderrucksack.

Die Lage des Moors mitten im Wald ist reizvoll, aber nicht natürlichen Ursprungs, sondern das Ergebnis von Aufforstungen im 19. Jahrhundert. Die mächtigen Sitka-Fichten wurden sogar erst nach dem Zweiten Weltkrieg gepflanzt, um den enormen Holzbedarf zu stillen. Um die Fichten steht es angesichts des Klimawandels besonders schlecht. Sie brauchen viel Wasser und vertragen heiße Sommer ebenso schlecht wie milde Winter. Dann explodieren die Schädlingspopulationen geradezu. Damit haben alle Bäume zu kämpfen, aber keine Art stirbt im Klövensteen derart rasant wie die Sitka-Fichte. Förster Nils Fischer musste im Sommer 2020 riesige Flächen roden lassen. Dabei sieht Fischer sich eigentlich als *skogvaktare*, Waldbewahrer, wie es auf schwedisch heißt. Seine Strategie lautet: Artenvielfalt, um den Wald resistenter zu machen. Da niemand weiß, welche Bäume den Klimawandel überstehen, verspricht er sich den größten Erfolg mit der Anpflanzung möglichst unterschiedlicher Vertreter: Eichen, Buchen, Birken, Lärchen, Ahorn, andere Fichtenarten. Ob es gelingt und welche der 65 000 Setzlinge, die als

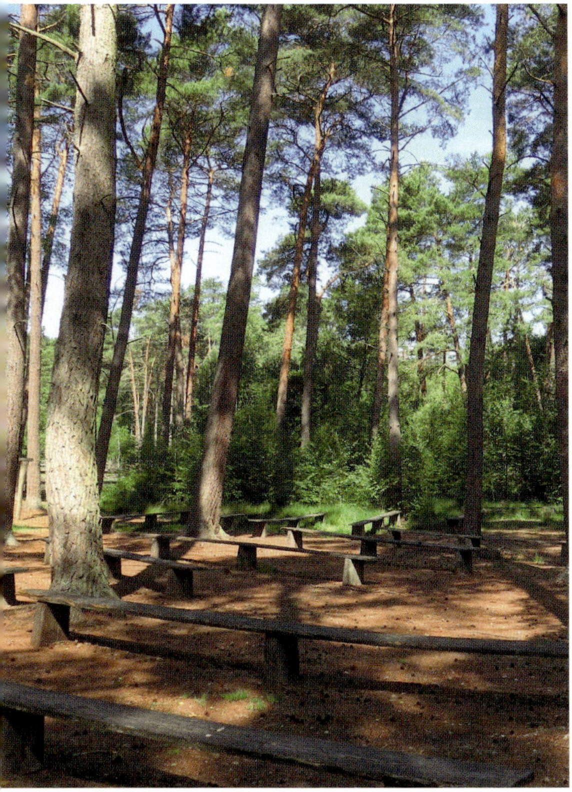

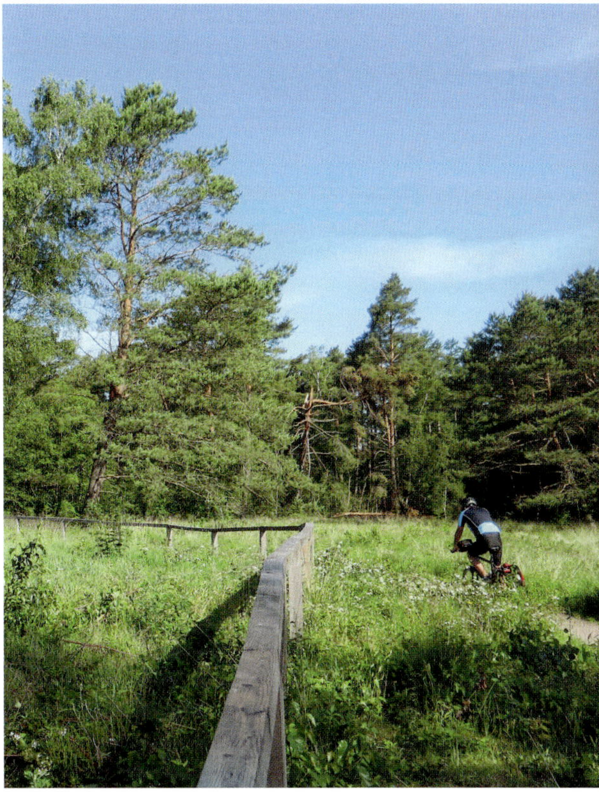

Links: Waldschule im Wildgehege

Rechts: Auch Radfahrer kommen im Klövensteen auf ihre Kosten.

Ersatz für die gefällten Nadelbäume gepflanzt wurden, überleben können, wird erst die nächste oder übernächste Generation erfahren.

Pony-Tränke und Rüdigerteiche Am Ende des Schnackenmoors geht es rechts auf den Klövensteenweg und nach circa 500 Metern noch einmal rechts. Der Feldweg leitet zur ❸ Pony-Schänke. Das traditionelle Ausflugslokal wird seit Frühjahr 2020 von den neuen Betreibern umfassend aufgemöbelt. Nach mittlerweile insgesamt fünf Kilometern ist eine Stärkung sehr willkommen, bevor man über Babenwisch und Feldweg 83 den Rückweg antritt. Wo er wieder auf den Klövensteenweg trifft, verrät Kinderlachen den versteckt liegenden ❹ Waldspielplatz. Jenseits führt der Feldweg 84 auf die noch nicht bewunderte Seite des Schnaakenmoors. Hier stehen einige sehr schöne Ruhebänke mit tollem Blick auf das geschützte Gebiet. Auch das Wildgehege wird nun noch einmal passiert. Aktuell bleibt der rückwärtige Eingang jedoch zumeist verschlossen. Einen Abstecher lohnen aber noch die ❺ Fischteiche. Gespeist von der Rüdigerau, umstanden von Bäumen und mit Seerosen bedeckt, bieten sie die malerische Kulisse für eine letzte Pause, bevor es über den Sandmoorweg wieder zurück zum Ausgangspunkt am Ⓔ S-Bahnhof Rissen geht.

Waldroute

Durch den Klövensteen führen auch schöne Fahrradwege. Empfehlenswert ist die mit einem Eichblatt markierte Waldroute. Sie verläuft als Rundkurs über 23 Kilometer vom S-Bahnhof Sülldorf. Die Ausflugskarte Radeln & Wandern Forst Klövensteen, Brütt Verlag, 1:200 000 hilft bei der Orientierung.

11

Waldpark Falkenstein

Der Elbhöhenweg in Blankenese

Mittel | 9 km | 138/138 Hm | 2.30 Std.

Tourencharakter
Auf den Elbhöhen gerät man durchaus ins Schwitzen, der Rückweg läuft dagegen wie geschmiert.

Ausgangs-/Endpunkt
Karstenstraße/Schinckelspark

Anfahrt
Auto: Elbchaussee, Blankeneser Landstraße. Allerdings sind kaum Parkplätze vorhanden. Besonders am Wochenende ist die Anreise mit Bahn und Bus deutlich entspannter.
Bus & Bahn: S1, S11 Blankenese, weiter Buslinien 189, 286 bis Karstenstraße

Beste Jahreszeit
Ganzjährig empfehlenswert

Einkehr
Mai–Oktober Café Lüküs Elbe-Camp. Pavillon Lütt Falkenstein, täglich ab 11 Uhr, bei Schietwetter ab 14 Uhr, bis kurz nach Sonnenuntergang

Bäume waren früher ein Privileg der wohlhabenden Stadtteile. In den Elbvororten pflanzte man gleich ganze Wälder. Der sozialdemokratische Bürgermeister Max Brauer setzte den Elbhöhenweg durch. Er führt kreuz und quer und auf und ab durch die alten Anwesen der Superreichen.

Blankenese für Anfänger Auf dieser Tour werden Parks gesammelt. Sie waren einst – oder sind es zum Teil bis heute – verschwenderische Anwesen. Der Ⓐ **Schinckels Park** beispielsweise geht zurück auf den Leibarzt des dänischen Königs Christian VII. Seinen Namen erhielt er später vom Bankier Max von Schinckel. Heute ist er öffentlich zugänglich und im Winter Schauplatz einer Sportart, die nur in Blankenese betrieben wird. Rüschen heißt das Rodeln mit Kreeken, speziellen Schlitten, die eine beachtliche Geschwindigkeit erreichen. Besonders auf der steilabfallenden Schinckels Wiese, die, das kann man sich sogar im Sommer gut vorstellen, bei Eis und Schnee wie eine Bobbahn wirkt. Unfälle und Knochenbrüche sind daher keine Seltenheit. Am unteren Ende des Parks geht

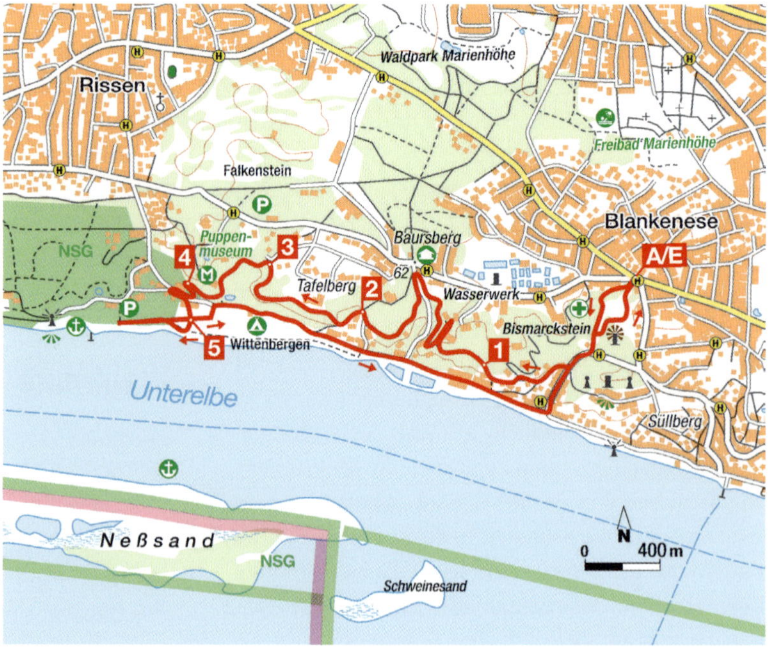

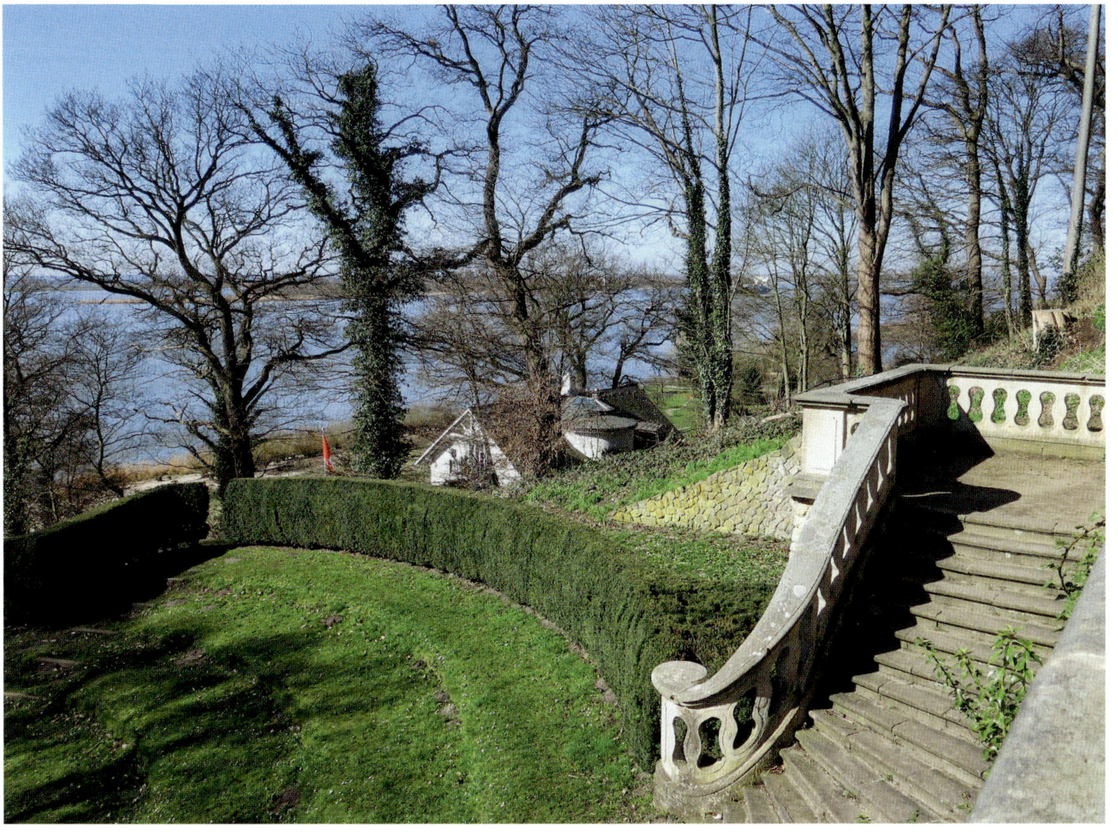

Im Sommer finden auf der kleinen Freilichtbühne Theateraufführungen statt.

es etwa 100 Meter den Falkentaler Weg entlang, bis zu einer Treppe, die rechter Hand wieder hinauf ins Grüne führt. Der ❶ **Römische Garten** ist hier bereits ausgeschildert. Der kleine Jugendstil-Park schmiegt sich jenseits einer Holzbrücke an den Elbhang und war ebenfalls einmal im Besitz einer Bankiersfamilie. Die Warburgs machten die Anlage in den 1920er-Jahren zum Treffpunkt der feinen Gesellschaft und schenkten sie 1951 schließlich der Stadt. Am Ende des breiten Sandwegs führt eine Treppe in bewaldete Höhen, durch die sich der Elbhöhenweg in Serpentinen nach Westen windet. Nach etwa 500 Metern leitet ein Pfad links hinunter zum asphaltierten Falkensteiner Weg. Gut 600 Meter geht es auf ihm wieder hinauf und dann linker Hand zurück in den Wald.

Bemerkenswerter Falkenstein Auf den kilometerlangen Pfaden, die sich durch den ❷ **Waldpark Falkenstein** ziehen, scheint zweierlei unvorstellbar. Zum einen, dass die Gegend einst einem einzigen Menschen gehörte. Und zum anderen, dass sie einer Sandwüste glich. Der superreiche Kaufmann Johan Cesar Godeffroy kaufte ab 1840 weit über 600 Hektar Land vor den Toren Hamburgs. Unter Seeleuten

Es war einmal in Wittenbergen

Als das rot-weiße Unterfeuer im Jahr 1900 den Betrieb aufnahm, reiste noch *tout Hambourg* am Sonntag mit dem Dampfer zum Badevergnügen an. Am Strand reihten sich Kabinen, Strandkörbe, Schießbuden und Karussells. Geblieben ist nur eine Gruppe Linden am westlichen Ende des Parkplatzes. Die markanten Bäume beschatteten die Sommerterrasse des ehemaligen Fährhauses.

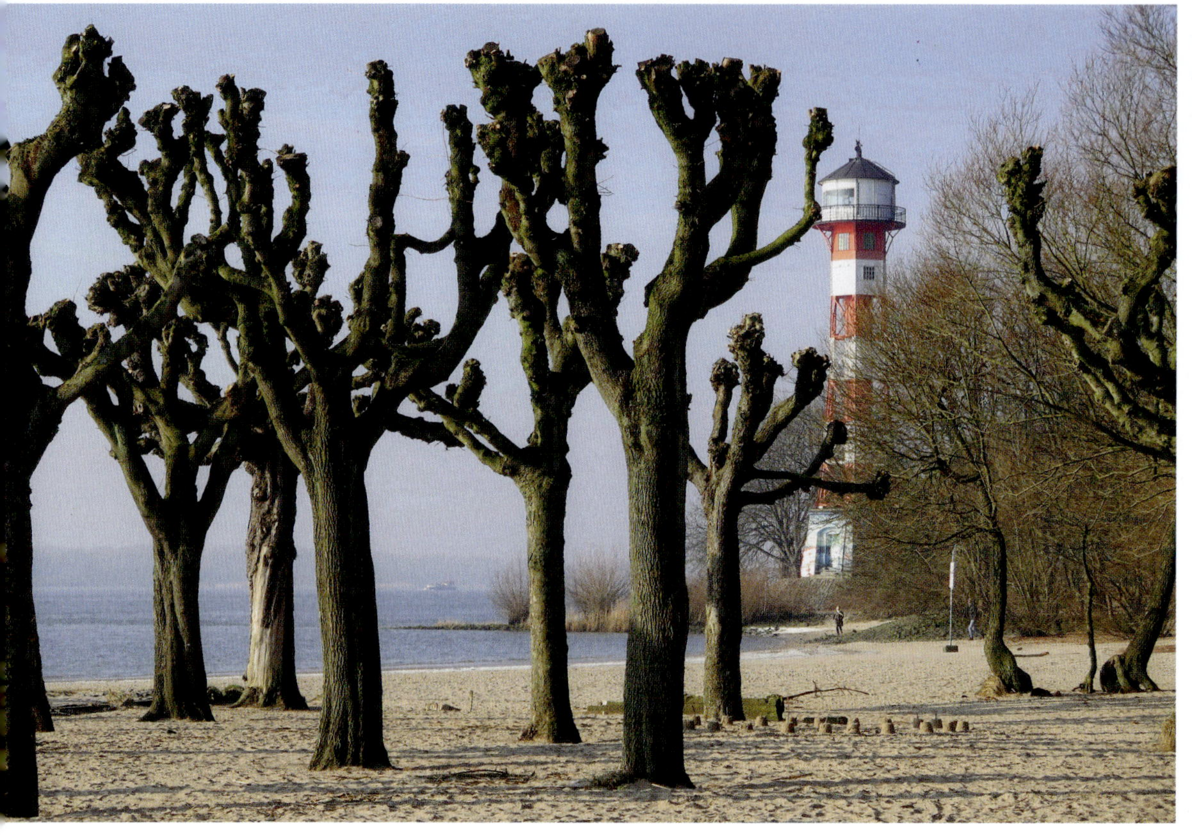

Links: Die Lindengruppe ist über 100 Jahre alt.

Rechts: Axel Springer stiftete den Sven-Simon-Park.

Rechts unten: Wittenbergen ist der letzte echte Naturstrand Hamburgs.

wurde Godeffroy auch »White Falcon« genannt. So kam das Gebiet zu seinem Namen. Bei der Aufforstung der Flächen setzte man besonders viele Douglasien. Das war nicht unumstritten, handelte es sich bei den nordamerikanischen Riesen doch um eine »ortsfremde« Baumart. Aber man muss schon zugeben, dass sie herrlich duften und sich ganz wunderbar ausnehmen zwischen Buchen, Eichen und Kiefern. Längst ist der Falkenstein zum Landschaftsschutzgebiet erklärt und dank traditioneller Forstwirtschaft ein Vorzeige-Mischwald. Wenn die Bäume den Blick auf die Elbe freigeben, hüpfen Hamburger Herzen vor Freude. Darum erscheint diese Wanderung in der kalten Jahreszeit mindestens genauso schön wie im Sommer. Als Godeffroys Imperium zerbrach, wurde das Land für 14 Pfennige pro Quadratmeter verkauft. Ein Angebot, das der Geldadel nicht ausschlagen konnte. Dabei sprangen Grundstücke heraus, so weitläufig, dass sie keinen Blick auf die alten Landsitze freigeben. Nur ab und zu blitzt die Ecke einer Villa durchs Grün. Wäre es nach Zementfabrikant Horst-Herbert Alsen gegangen, hätten die Grundstücke sicherlich noch größer ausfallen können. Denn nicht nur die dritte Ehefrau seines direkten Nachbarn war zuvor mit Alsen verheiratet gewesen, sondern auch die vierte. Bei dem heiratsfreudigen Nachbarn handelte es sich um Axel Cäsar Springer. In guter hanseatischer Tradition schenkte er den Löwenanteil seines ausgedehnten und in einen Park verwandelten Grundstücks später der Stadt. Die Gabe hat allerdings einen traurigen Hintergrund. Der heutige

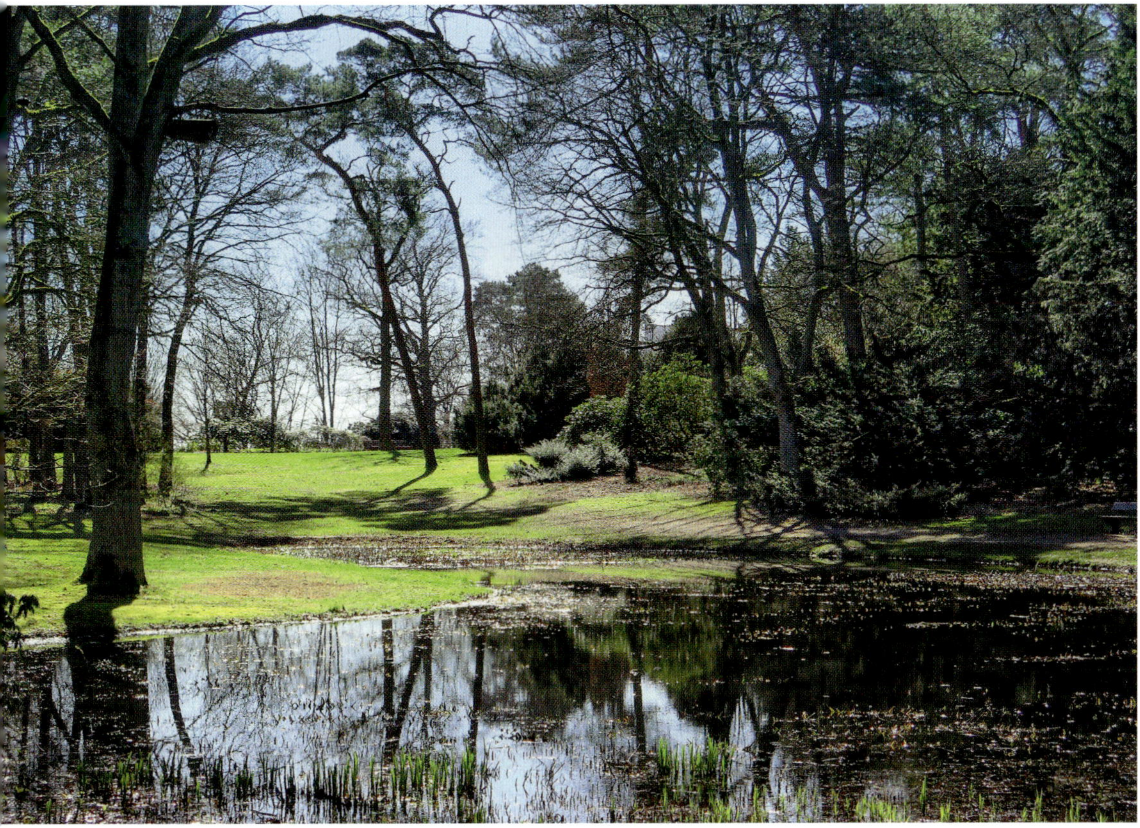

❸ Sven-Simon-Park ist dem Sohn Springers gewidmet. Axel Springer junior, als Fotograf bekannt unter dem Pseudonym Sven Simon, starb mit nur 38 Jahren.

Zum Naturstrand Das Konzept des Landschaftsparks ist nur noch in Grundzügen erhalten. Doch das ehemalige ❹ Landhaus Michaelsen hat nichts von seiner Faszination verloren. Die weiße Villa im Stil des Neuen Bauens beherbergt heute ein Puppenmuseum und punktet mit den vielleicht schönsten Ruhebänken Hamburgs. Der Blick kann grandios zum fernen Hafen schweifen. Unterhalb der natürlichen Balkone funkeln Elbe und Sandstrand um die Wette. Schnell runter also ins entspannte ❺ ElbeCamp am Strand von Wittenbergen. In den Sommermonaten offeriert hier das Café Lüküs Getränke und kleine Speisen. Und natürlich muss auch der letzte Naturstrand Hamburgs noch erkundet werden, bevor es auf denkbar einfache Weise zurückgeht. Immer geradeaus an der Elbe entlang ist nach gut zwei Kilometern wieder der Falkentaler Weg erreicht, der zum Ⓔ Schinckels Park leitet.

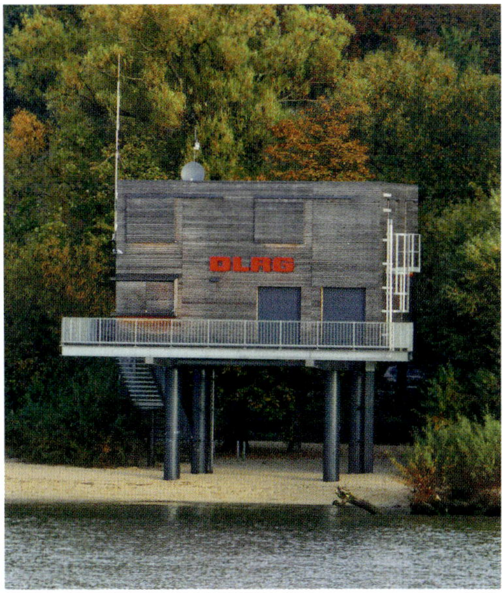

12

Im Volkspark

Auf geheimen Pfaden

Leicht | 8,5 km | 33/33 Hm | 2 Std.

Tourencharakter
Waldwanderung auf gut ausgeschilderten Wegen mit gärtnerischen Highlights und vielen Möglichkeiten zum Verlaufen und Verweilen

Ausgangs-/Endpunkt
S-Bahnhof Stellingen

Anfahrt
Auto: Besser nicht
Bus & Bahn: S3 Stellingen

Beste Jahreszeit
Später Sommer bis früher Herbst

Einkehr
Bio-Kiosk C'est si bon am Dahliengarten, Paulaner Biergarten an der Großen Wiese

Der Volkspark hat nicht »das wohl gepflegte zierliche Aussehen städtischer Parks …, in denen das Publikum sich fein manierlich auf den Wegen ergeht und ein blumenfröhliches Kind … den Parkwächter fürchten muss«, sagte Ferdinand Tutenberg. Und genau so sollte es sein.

Zum Tutenberg Der Weg von der Ⓐ **S-Bahn Stellingen** zum Volkspark ist kinderleicht. Schließlich müssen Fußballfans in jedem Zustand die Unterführung finden, die auf die andere Seite der Autobahn leitet, und dann entlang eines Grünstreifens zum Stadion gelangen. Jenseits der Schnackenburgallee trennen sich die Wege von Fans und Flaneuren. Letztere wenden sich nach links und folgen der Ausschilderung zum ❶ **Tutenberg**. Die Erleichterung, Großstadtlärm und Gewerbeödnis hinter sich zu lassen, wird nur noch vom Erstaunen über das urwüchsige, hügelige Landschaftsbild übertroffen. Es ist durch Kies- und Sandabbau entstanden, der hier noch bis in die 1930er-Jahre stattfand. Diesen Teil

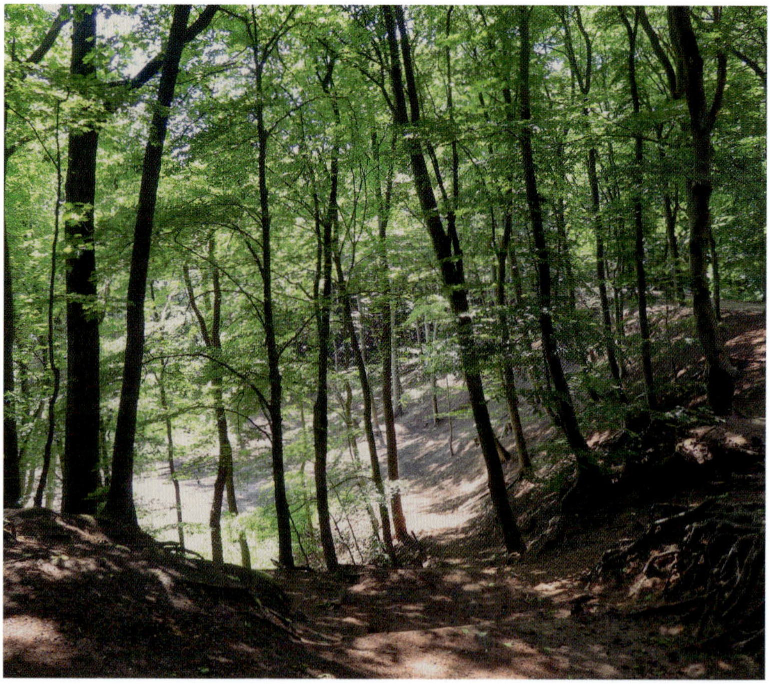

Großflächige Wälder mit Hügeln und Schluchten

Rechts: Seit 1920 dient der Schulgarten naturkundlicher Bildung.

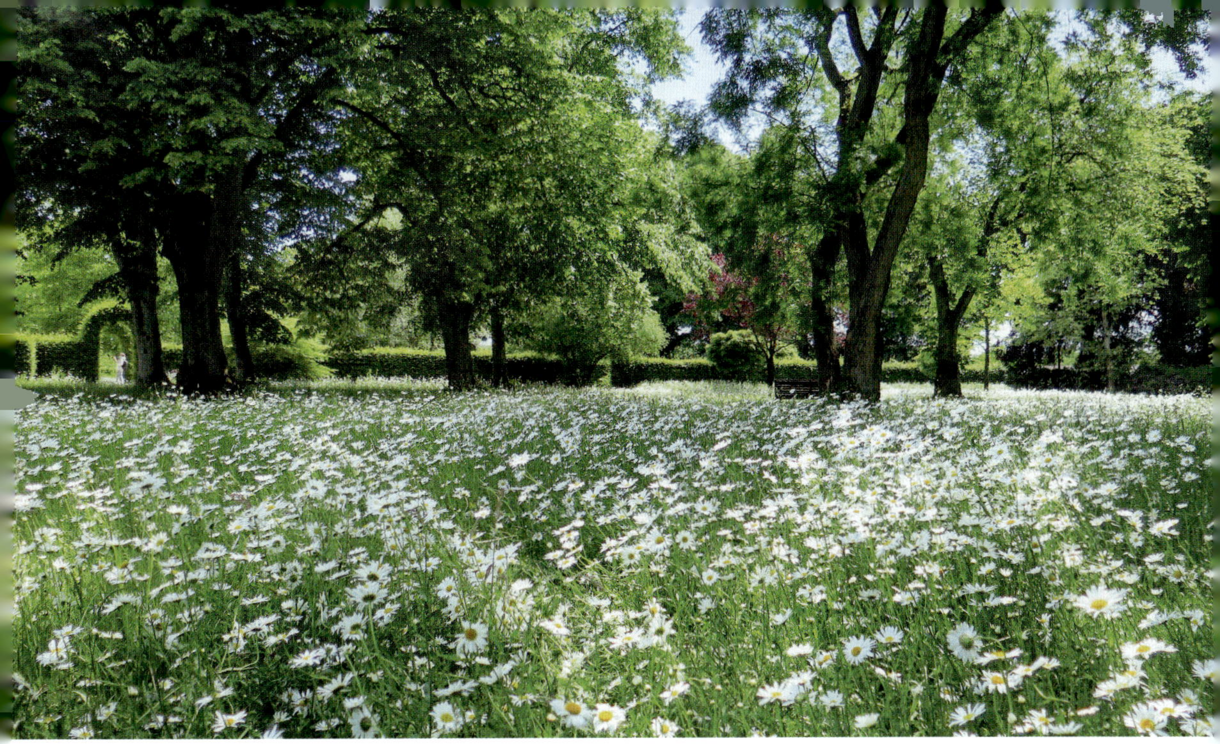

des Volksparks vollendete Gartendirektor Ferdinand Tutenberg erst 1932, fast zwanzig Jahre, nachdem er mit der Planung begonnen hatte. Der inzwischen nach ihm benannte achteckige Bergkegel war ursprünglich eine Gedächtnisstätte für im Ersten Weltkrieg gefallene Altonaer. Von der terrassierten Anlage mit romantischen Lindenlaubengängen reichte der Blick bis nach Winterhude. Heute liegt sie mitten im Wald. Selbst vom höchsten Punkt, der ❷ **Birkenhöhe**, ist kein Weitblick mehr möglich, wenn die Bäume Blätter tragen. Dabei war die Birkenhöhe einst ein trigonometrischer Punkt. Die hier durchgeführten Messungen waren gut genug, um Karl Friedrich Gauß als Daten zu dienen. Eine historische Fotografie auf dem Gipfel zeigt die öde Sandwüste, aus der die Birkenhöhe schwindelerregende 56 Meter hervorragte. Mit der Verwandlung in einen »Schönheitswald« realisierte Tutenberg eine

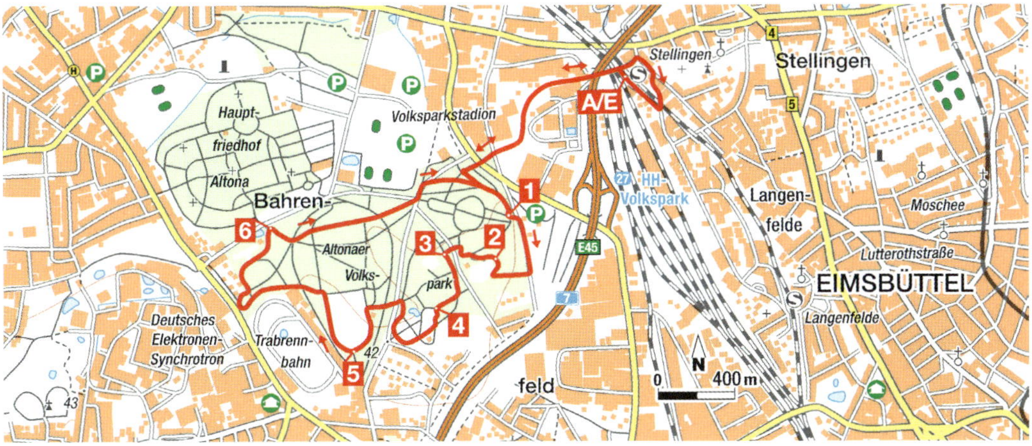

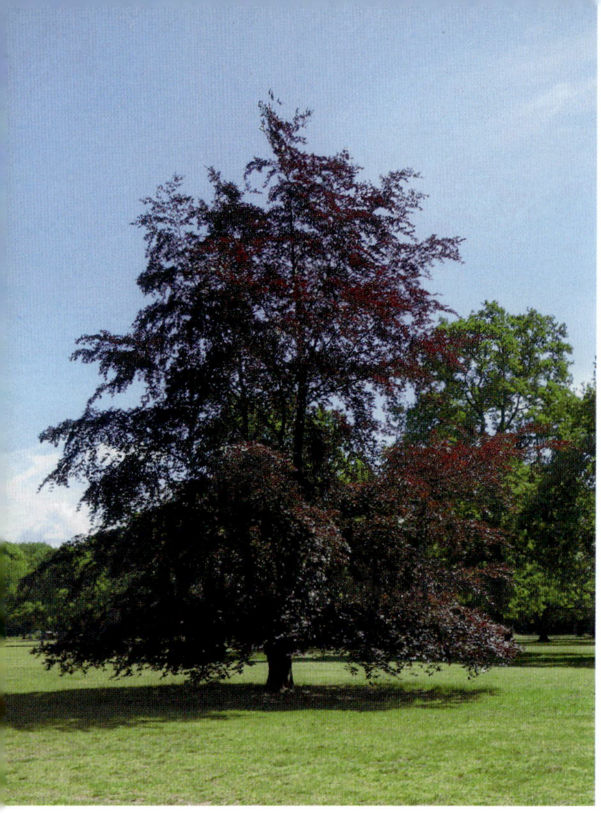

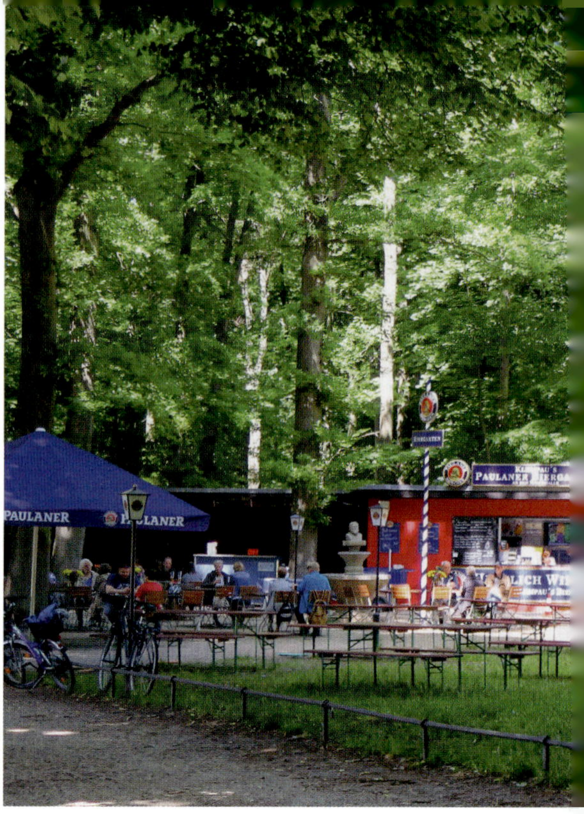

seiner letzten gärtnerischen Visionen. Kurz darauf ergriffen die Nazis die Macht, die bekanntlich nichts mit Schönheit am Hut hatten. Tutenberg wurde in den Ruhestand versetzt, weil er sich nicht mit der dann geplanten forstwirtschaftlichen Nutzung anfreunden mochte. Seitdem musste der Volkspark immer wieder aus wirtschaftlichen Interessen Federn lassen. Oder vielmehr Bäume. Nicht zuletzt durch den Bau des Volksparkstadions. Und doch hat er sich seinen Charakter bewahrt, wirkt weniger wie ein Park denn wie ein 200 Hektar großer Wald mit weit gestreuten Parkelementen. Gleich unterhalb der Birkenhöhe befindet sich ein kleines Heckentheater und daneben das niedersächsische ❸ **Bauernhaus**.

Parkinseln im Wald Niemand weiß genau zu sagen, warum die Stadt Altona ab 1889 große Grundstücke aufkaufte, ohne sie zunächst einer speziellen Nutzung zuzuführen. Einige ließ man aufforsten. Auf anderen hatten das schon die Vorbesitzer übernommen. 1895 gründete ein pensionierter Postschaffner ein Komitee zur Einrichtung eines Volksparks. Es dauerte aber noch 13 Jahre, bis die Stadt Altona zustimmte, und ein weiteres, bis im September 1914 die ersten Spaten in die Erde gestochen wurden. Im gleichen Jahr entstand auch das Bauernhaus. Allerdings lag es am anderen Ende Altonas, in der Fischers Allee in Sichtweite zur Elbchaussee. Dort fand nämlich eine Gartenbauausstellung statt. 1916 wurde das Bauernhaus dann in

Der Grüne Ring

Der Rückweg erfolgt auf einer Freizeitroute, die im Abstand von etwa zehn Kilometern zum Rathaus einmal rund um Hamburg verläuft – ausschließlich im Grünen. Die 100 Kilometer lange Tour eignet sich für Radfahrer wie Wanderer; für Letztere ist sie in acht Etappen aufgeteilt. Mehr Infos unter www.hamburg.de

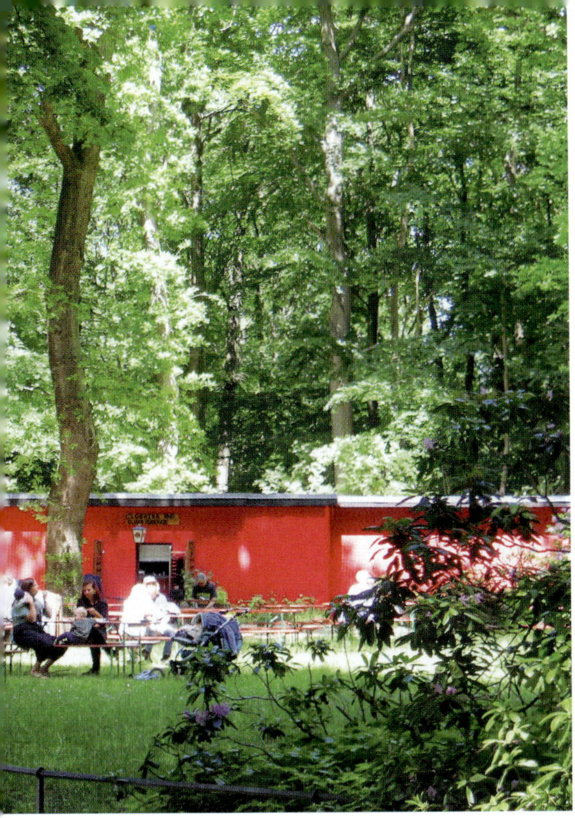

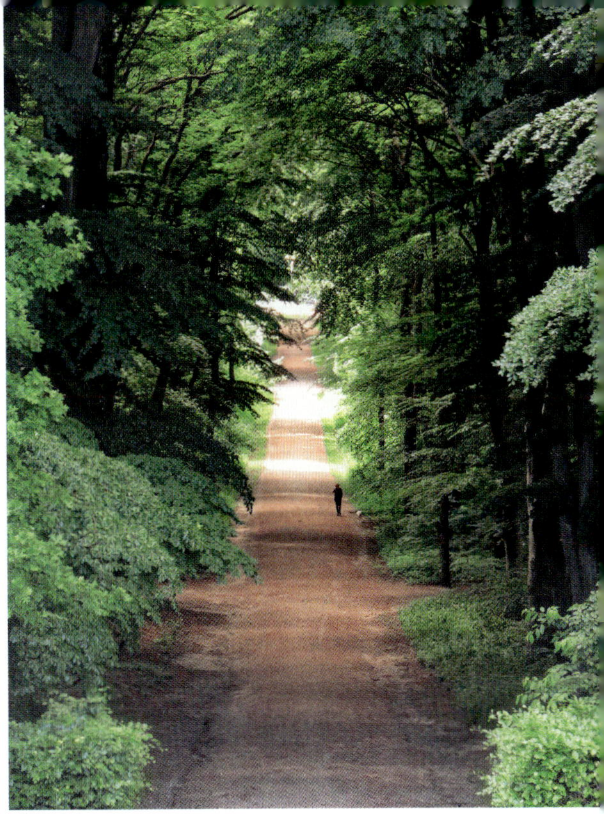

den Volkspark versetzt. Seitdem ist es ein beliebtes Ausflugsziel. Nur 1927 mussten die Altonaer auf Kaffee und Kuchen im lauschigen Garten verzichten: Das Bauernhaus war abgebrannt, wurde aber schnell wieder errichtet. Quert man vom Bauernhaus gesehen die Nansenstraße, erreicht man den ❹ **Schulgarten**. Ab 1918 entstanden hier Schaugärten für den naturkundlichen Unterricht. In erster Linie Schulkinder, aber auch Erwachsene, verfeinerten ihre gärtnerischen und künstlerischen Fähigkeiten in Blumengarten, Küchengarten, Arzneigarten, Alpinum, Arboretum, an künstlichen Mooren, Teichen und auf Obstwiesen. Um das angegliederte Versuchsfeld des Dahliengartens zu erreichen, geht es über die August-Kirch-Straße und um die ❺ **Große Spielwiese** herum. Sie ist mit viel Platz für Spiel, Sport und Biergarten sicherlich der meistfrequentierte Bereich des Volksparks. Und der Älteste. Gut 1000 Arbeitskräfte wurden angeheuert, um sie im Spätsommer 1914 freizuschlagen und sodann mit 200 Linden zu bepflanzen. Die Bäume stehen noch immer. Der ausgeschilderte ❻ **Dahliengarten** zählt zu den ältesten und bedeutendsten Anlagen Europas. 700 verschiedene Arten, mehr als 11 000 Blumen, leuchten in den streng geometrischen Beeten, die nach einer Grundsanierung wieder ganz den Vorstellungen Tutenbergs entsprechen. Klare Kanten waren dem großen Gärtner also nicht per se ein Gräuel, nur in der Hauptsache sollte der Volkspark so wild und natürlich wuchern, wie man ihn auf dem Rückweg erlebt. Die Markierung des Grünen Rings, eine grüne 11 auf weißem Grund, leitet zurück zum Ⓔ **S-Bahnhof Stellingen**. Da zudem auch keine besonderen Parkbereiche die Aufmerksamkeit fordern, kann man sich ganz auf die eigentlichen Highlights konzentrieren: verschlungene Pfade und Baumriesen, minzgrüne Farngewächse und Vogelgezwitscher.

Links: Solitäre schmücken die Große Spielwiese.

Mitte: Für Hanseaten ungewohnt zünftig: der Biergarten

Rechts: Breite Wege laufen auf den Tutenberg zu.

13 Flottbektal und Jenischpark

Ein Naturschutzgebiet im Gartendenkmal

Leicht 4 km 28/28 Hm 1 Std.

Tourencharakter
Lustwandeln durch einen englischen Landschaftspark, der mit weiten Wiesen, naturnahen Flächen, Wäldern und dem kleinsten Naturschutzgebiet Hamburgs zu den schönsten Gärten der Stadt gehört.

Ausgangs-/Endpunkt
S-Bahnhof Klein Flottbek

Anfahrt
Auto: Parkplätze sind in der Baron-Voght-Straße vorhanden – freie jedoch nicht garantiert.
Bus & Bahn: S1, S11 Klein Flottbek

Beste Jahreszeit
Ganzjährig

Einkehr
Jenisch-Haus, Gartenkiosk Schmidtchen, Restaurant To'n Peer Stall

Diese kurze Wanderung fühlt sich wie ein Spaziergang durch englische Ölgemälde an. So malerisch sind die saisonal ganz unterschiedlichen Ansichten im Jenischpark, dass man die Tour zu jeder Jahreszeit einmal auf den Flanierzettel setzen sollte.

Der Westerpark Auf dem Bahnsteig der Ⓐ **S-Bahn Klein Flottbek** befindet man sich bereits mitten drin in der Ideallandschaft des Caspar Voght, die aus vier nach den Himmelsrichtungen benannten Parks bestand. Sie bildeten das Mustergut, das Voght hier ab 1785 vor den Toren der Stadt Altona schuf. Zu der Idee, eine sogenannte *Ornamental Farm* zu betreiben, hatten den Kaufmann Englandreisen inspiriert. Seitdem konnte er Handelsgeschäfte offenbar nicht mehr mit seinem Gewissen vereinbaren. Stattdessen wollte er moderne Landwirtschaft mit Gartenbaukunst und sozialer Verantwortung kombinieren. Der Botanische Garten gegenüber des Bahnsteigs war einst der Norderpark des Guts. Verlässt man den Bahnhof auf der anderen Seite, gelangt man in den ❶ **Westerpark**. Hier

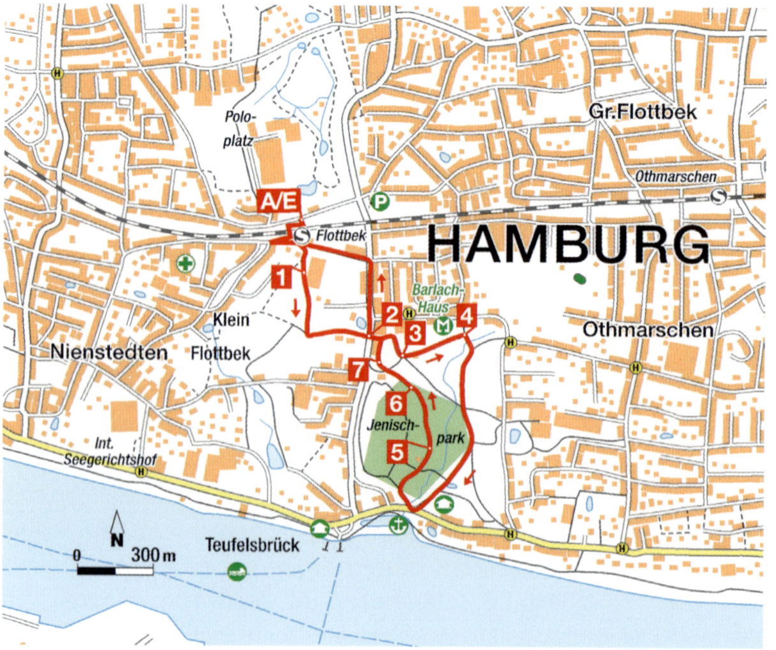

Der ehemalige Landsitz des Senators Jenisch ist das Herzstück des Parks.

wurde der Same gelegt für das größte zusammenhängende Baumschulgebiet in Europa. Dabei waren Baumschulen in Deutschland noch vollkommen unbekannt, als Caspar Voght den schottischen Gärtner James Booth an die Elbe lockte. Sein Sohn John pflanzte 1831 die erste Douglasie in Deutschland. Heute ist der nordamerikanische Baum rund um Hamburg kaum mehr wegzudenken. Noch bis in die 1990er-Jahre gab es im Westerpark eine Baumschule. Leider wurde der historische Baumbestand 1967 im großen Stil gefällt. Erst nach Verlegung der Baumschulquartiere begann die Renaturierung und topografische Wiederherstellung des Geländes. Vom Bahnhof dem markierten Hauptweg folgend, ist nach etwa einem Kilometer der Jenischpark erreicht.

Ein Park und drei Museen

Nicht nur Gartenkunst wird in Othmarschen großgeschrieben. Es befinden sich auch drei sehenswerte Museen im Jenischpark. Ob Hanseatische Wohnkultur im Jenisch-Haus, Skulpturen im Ernst-Barlach-Haus oder Gemälde und Grafiken im Eduard-Bargheer-Museum, alle Häuser lohnen den Besuch.

Geliebter Jenischpark Nach Querung der Baron-Voght-Straße öffnet sich ein schmiedeeisernes Tor in den ehemaligen Süder- und heutigen ❷ **Jenischpark**. Hamburgern gilt die Anlage als der schönste englische Landschaftsgarten der Stadt. Er ist zudem eines ihrer bedeutendsten Gartendenkmale. Senator Martin Jenisch kaufte Voghts Mustergut 1828, um es als Sommersitz zu nutzen. Das klassizistische Landhaus wurde 1834 fertiggestellt. Die Familie Jenisch pflegte die Anlage und veränderte sie nur in Nuancen. Nördlich des Jenisch-Hauses wurde etwa der ❸ **Pleasureground** angelegt. Viele Elemente sind verloren gegangen, aber zahlreiche Gehölze des Arboretums blieben erhalten, unter anderem beeindruckende Solitäreichen, Magnolien, Mammutbäume und der mit 150 Jahren älteste

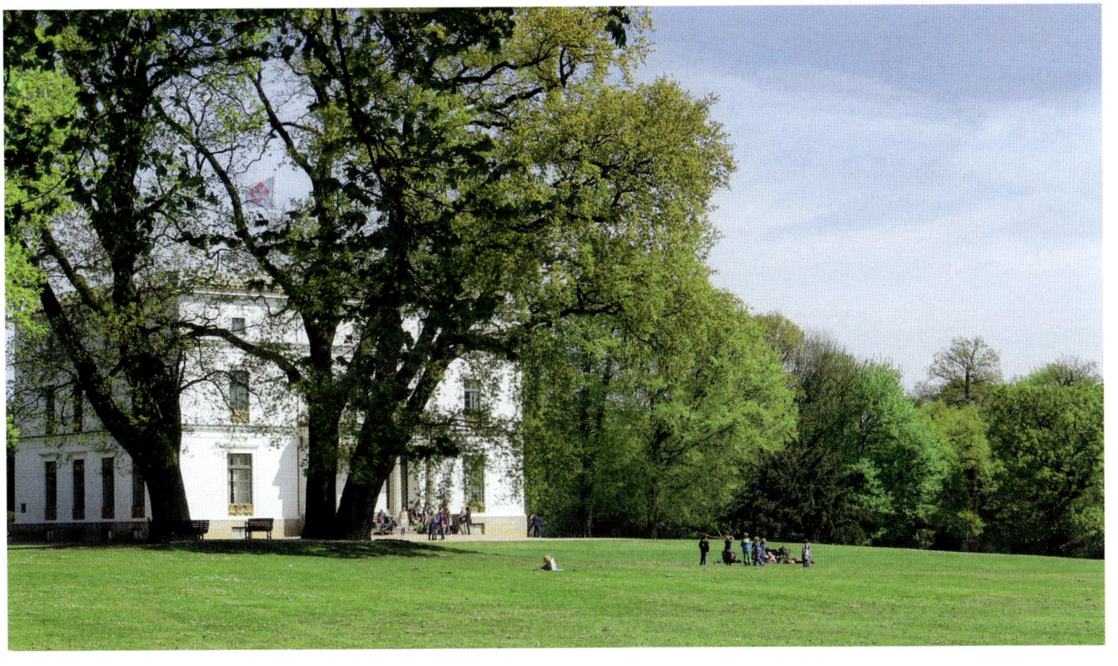

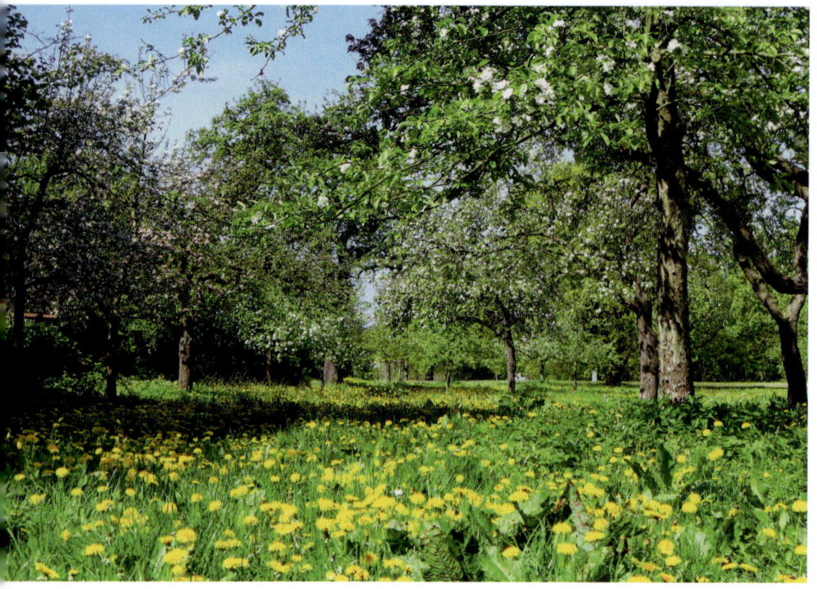

Ginkgo Hamburgs. Der Rundweg führt am Barlach-Haus vorbei zum Rückhaltebecken der ❹ **Flottbek**.

Artenreiches Flottbektal Der Bachlauf der Flottbek wird von Ebbe und Flut der Elbe geprägt. Bei Sturmflut überschwemmt das Wasser weite Teile der Feuchtwiesen. Als letzte tidebeeinflusste Talaue steht das Flottbektal im Süden unter Schutz. Das Naturschutzgebiet beginnt, wo sich rechter Hand eine kleine Brücke über die Flottbek spannt. Am nördlichen Ende des Naturschutzgebiets wachsen bis zu 80 Jahre alte Kopfweiden. Viele Bäume der undurchdringlichen Weichholzaue sind umgestürzt und treiben dennoch immer wieder aus. Ihre bizarren Formen richten der Tierwelt zahlreiche Verstecke und Nistmöglichkeiten ein. Auf der anderen Uferseite windet sich der Weg hinauf zur ❺ **Eierhütte**. Die kleine Holzhütte ist ein Nachbau des reetgedeckten Originals. Die Inschrift »AMICIS ET QVIETI« (den Freunden und der Ruhe) hatte Caspar Voght allen gewidmet, denen er sich freundschaftlich verbunden fühlte und für die er ganze Parkszenen anlegen ließ. Der Blick von der Eierhütte ist wirklich ganz besonders schön. Die Hütte selbst war Teil eines »Lehrpfads über den Ursprung der Baukunst aus der Natur«. Auf dem Geestrücken schlängelt sich der Pfad durch dichten Mischwald zur ❻ **Knüppelbrücke**. Zu Voghts Zeiten konnte man von der Brücke auf die durchfahrenden Heuwagen blicken. Zu Jenischs kamen illustre Gäste. Selbst königliche Kutschen aus Dänemark und Deutschland rollten zum ❼ **Jenisch-Haus**, das nun schon wieder in Sichtweite liegt. Von dort geht es zurück wie gekommen oder über Baron-Voght-Straße und Jürgensallee zum Ⓔ **S-Bahnhof Klein Flottbek**.

Oben: Frühling im Westerpark

Unten: Es lebt sich gut am Jenischpark.

Rechts: Die Flottbek windet sich zur Elbe.

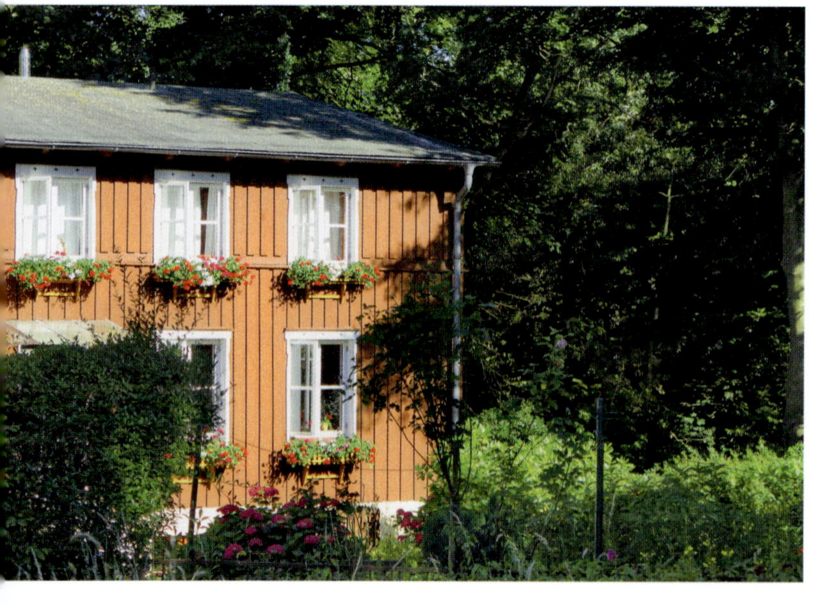

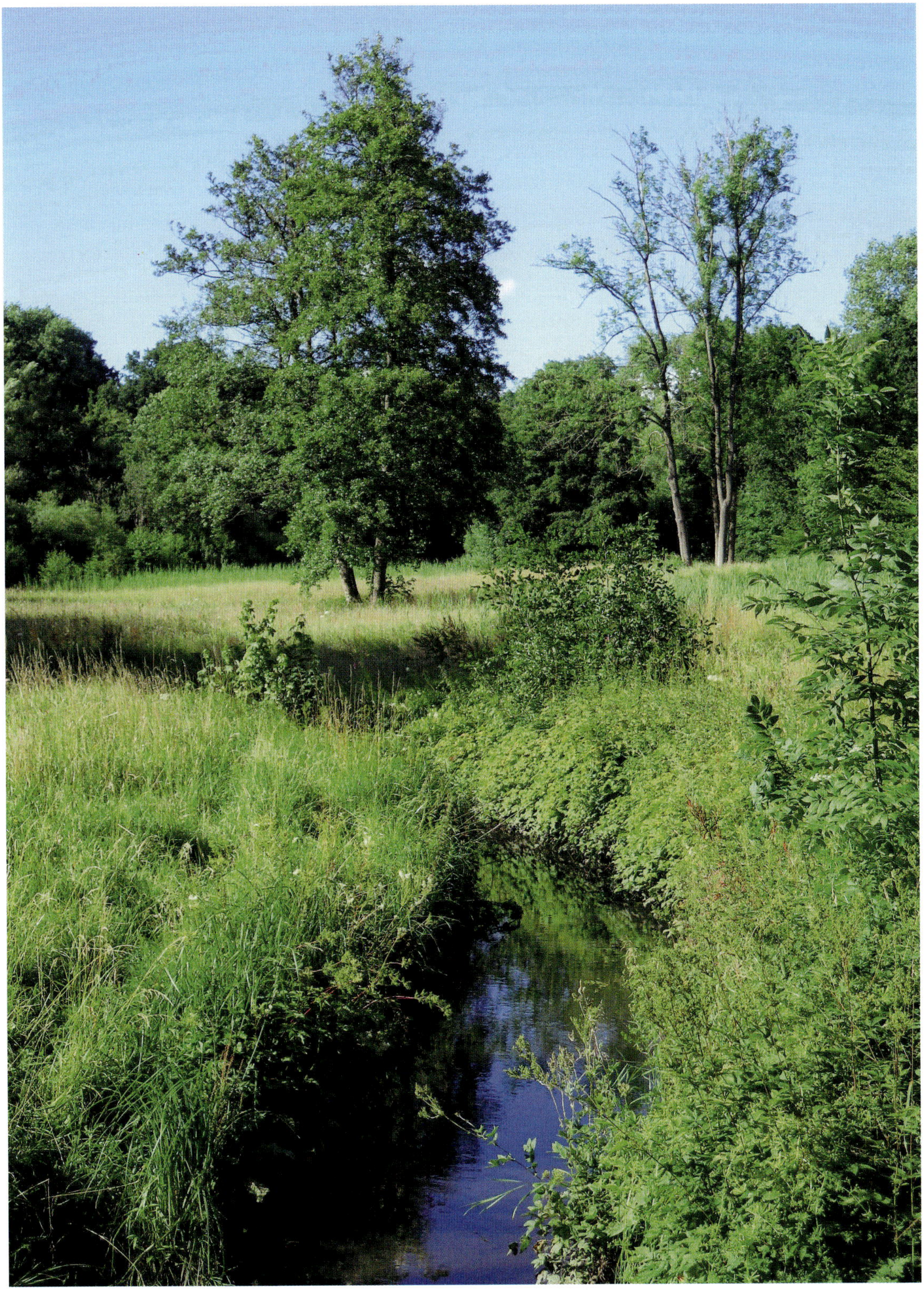

14

Im Niendorfer Gehege

Sommerfrische im Erholungswald

Leicht | 7,5 km | 13/14 Hm | 2 Std.

Tourencharakter
Leichte Rundwanderung auf gut erschlossenen Wegen durch historisches Waldgebiet und die angrenzende Feldmark

Ausgangs-/Endpunkt
U-Bahn Niendorf Markt

Anfahrt
Auto: Am Wochenende, in den Ferien und an Feiertagen können die ausgewiesenen Parkplätze in den Straßen Bondenwald und Niendorfer Gehege knapp werden.
Bus & Bahn: U2 Niendorf Markt

Beste Jahreszeit
Frühling bis Herbst

Einkehr
Waldcafé Corell, siehe Kasten

Als typischer Stadtwald dient das Niendorfer Gehege vielen Menschen als Freizeit- und Erholungsgebiet. Dennoch kann man auf einer Wanderung durch den alten Wald auch immer wieder Momente der Ruhe finden – wie einst die hanseatische Haute Volée in ihren Sommersitzen.

Der Bondenwald Von der U-Bahn Ⓐ **Niendorf Markt** geht es die Fußgängerzone Tibarg hinunter bis zur Kollaustraße. Nach Querung lohnt ein Blick in die ❶ **Kirche** am Markt. Die achteckige Schönheit von 1770 zählt zu den wichtigsten Barockbauten Hamburgs. Auf dem anliegenden Alten Niendorfer Friedhof gibt es einige beeindruckende Mausoleen und besondere Familiengruften zu bestaunen. Sie tragen Namen wie Amsinck, Godeffroy, von Schinckel oder Berenberg-Gossler. Allererste Hamburger Prominenz also. Denn im Niendorfer Bauernwald lebte es sich schon im 19. Jahrhundert gut. Die »Bondenwald Klausel« sorgte dafür, dass es auch so blieb. Darin wurden die Eigentümer großer Grundstücke verpflichtet, den Wald nicht zu roden beziehungsweise Ausgleichsflächen für ihre repräsentativen Villen zu schaffen. Zur Straße ❷ **Bondenwald** führt vom Parkplatz der Kirche ein direkter Fußweg. Nach Querung wird das beliebte Wildgehege nach nur wenigen Schritten und insgesamt 1,5 Kilometern erreicht.

Baumgiganten im Niendorfer Gehege Beim Wildgehege befinden sich die ehemalige Revierförsterei und ein Parkplatz. Wer mit dem Auto anreist, steigt hier bei der Rundwanderung ein. Von einer kleinen Aussichtsplattform lässt sich das Damwild beobachten, bevor es in westlicher Richtung zunächst entlang des Geheges und dann durch den Wald geht. Als historisches Waldgebiet punktet das Niendorfer Gehege mit über 200 Jahre alten Buchen und Eichen. Wenn die Straße ❸ **Niendorfer Gehege** kreuzt, hält man sich rechts. Nach etwa 400 Metern versprechen das ❹ **Waldcafé Corell** Erfrischung und Stärkung und der benachbarte Pony-Hof ein weiteres Highlight für kleine Wanderinnen und Wanderer. Am Ende des sandigen Parkplatzes taucht der Weg wieder in den Wald ein. Er umrundet großzügig eine Pferdekoppel und stößt auf der anderen Seite auf den ❺ **Kollauwanderweg**.

Waldcafé Corell

Das rote finnische Blockhaus mit begrüntem Dach ist nicht umsonst seit 40 Jahren ein beliebtes Ausflugsziel. Auf der lauschigen Sommerterrasse kann man der Sonne beim Untergehen zusehen. Der urgemütliche Gastraum und die Wildspezialitäten auf der Karte sind besonders im Herbst und Winter zu empfehlen. Reservierung unter www.waldcafe-corell.de

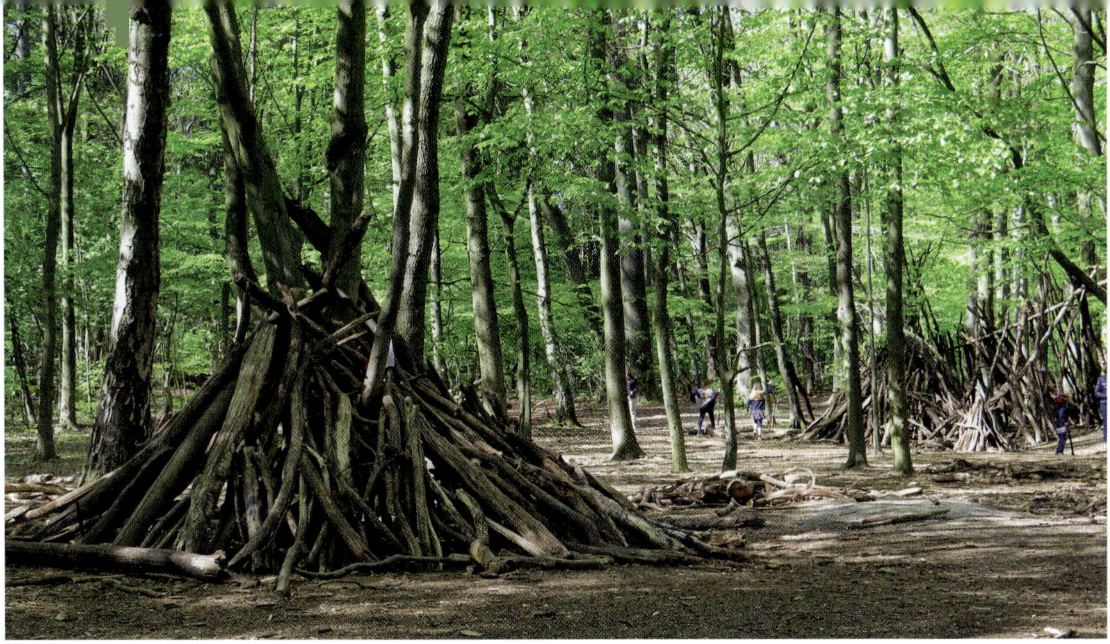

Durch die Feldmark Der Wanderweg folgt dem Lauf der Kollau, einem Bach, der in Schnelsen entspringt und in Groß Borstel in die Tapenbek mündet. Links des Weges schrebern Kleingärtner, auf der rechten Seite öffnen sich weite Felder, Äcker, Wiesen und Pferdekoppeln. Wenn der Wind günstig steht, fühlt man sich wie auf dem Land. Steht er ungünstig, erinnert Verkehrslärm an die Stadt. Trifft der Wanderweg nach insgesamt knapp fünf Kilometern auf die Vogt-Kölln-Straße, geht es nach der Querung wieder nordwärts in den Wald hinein. Nach etwa 600 Metern taucht rechter Hand die **6 Mutzenbecher-Villa** auf. Viele Jahre ließ die städtische Immobilienverwaltung SAGA die Sommerfrische von 1910 verfallen. Nach langem Ringen konnten Denkmalschutzamt, gemeinnützige Vereine und Initiativen die Villa 2020 endlich retten. Die Jugendstilschönheit links liegenlassend geht es noch einmal 500 Meter durch den Wald bis zur Straße Bondenwald. Hier ist entweder der Parkplatz erreicht oder der bereits bekannte Abzweig zurück zur **E U-Bahn Niendorf Markt**.

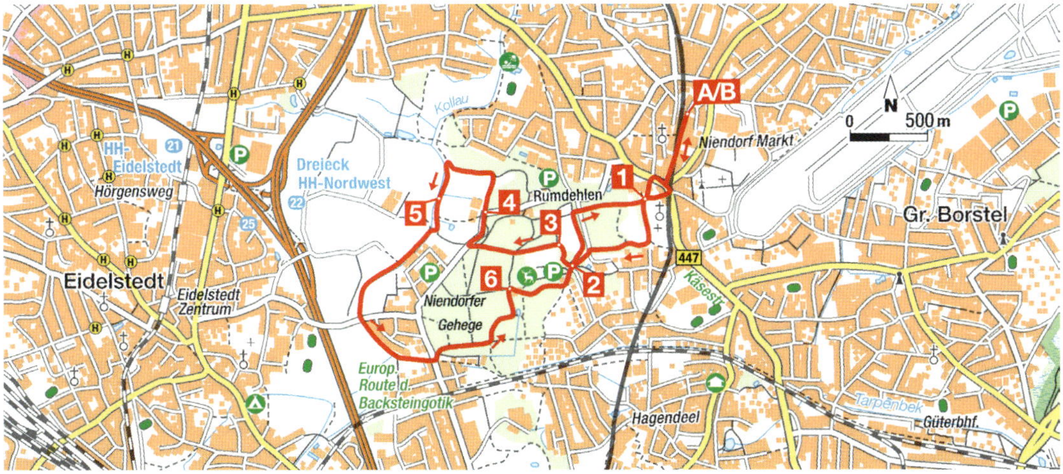

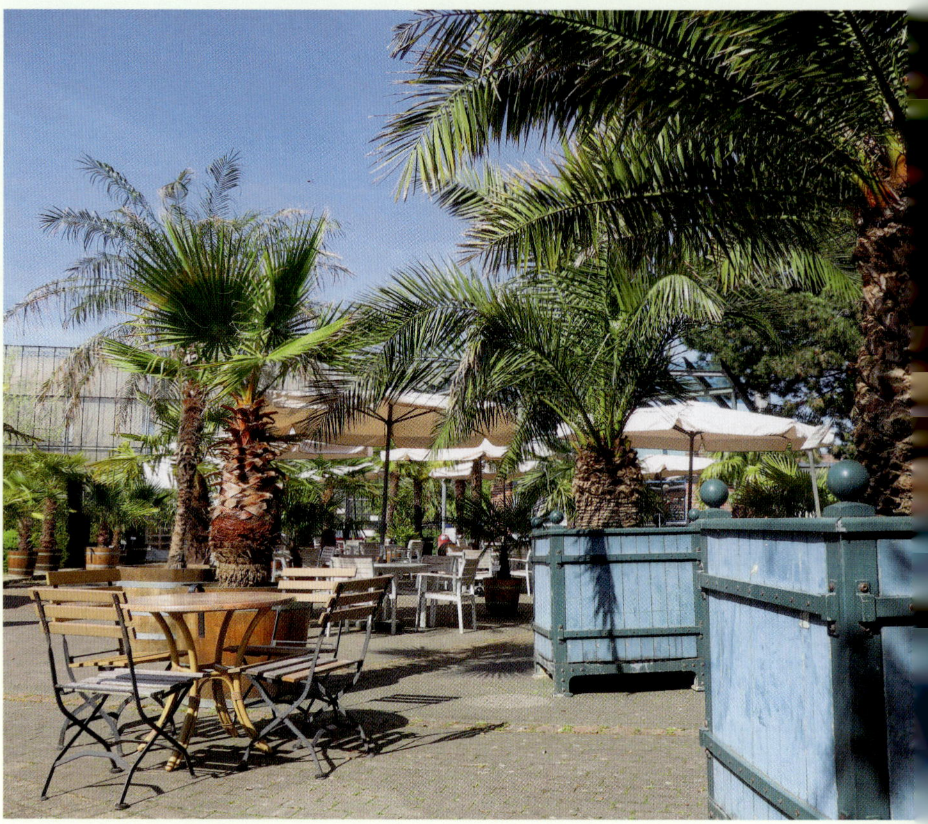

Andere Länder haben auch schöne Wälder

Hamburgs Botanische Gärten

Als sich die Hansestadt 1821 endlich entschloss, einen Botanischen Garten anzulegen, hinkte man dem Zeitgeist hoffnungslos hinterher. Der älteste Botanische Garten weltweit, der sich noch heute an seinem Ursprungsort befindet, war beinahe 300 Jahre zuvor in Padua gegründet worden. Und nahe Dubrovnik entstand bereits 1492 ein auf Gehölzen beruhender Botanischer Garten, ein Arboretum. Doch der späte Start ist das einzig Negative, was man über die Botanischen Gärten in Hamburg sagen kann. Im Hier und Heute sind die Anlagen viel mehr als bloßer Ersatz für echte Natur.

Alter Botanischer Garten

Bevor Prof. Dr. Georg Johann Christian Lehmann zwischen Dammtor und Jungiusstraße den Alten Botanischen Garten anlegen ließ, wanderten noch Aale durch den Stadtgraben von der Elbe an die Alster. Als Graben und Wallanlagen durch moderne Kriegsführung nutzlos geworden waren, verwandelte man ihn in einen

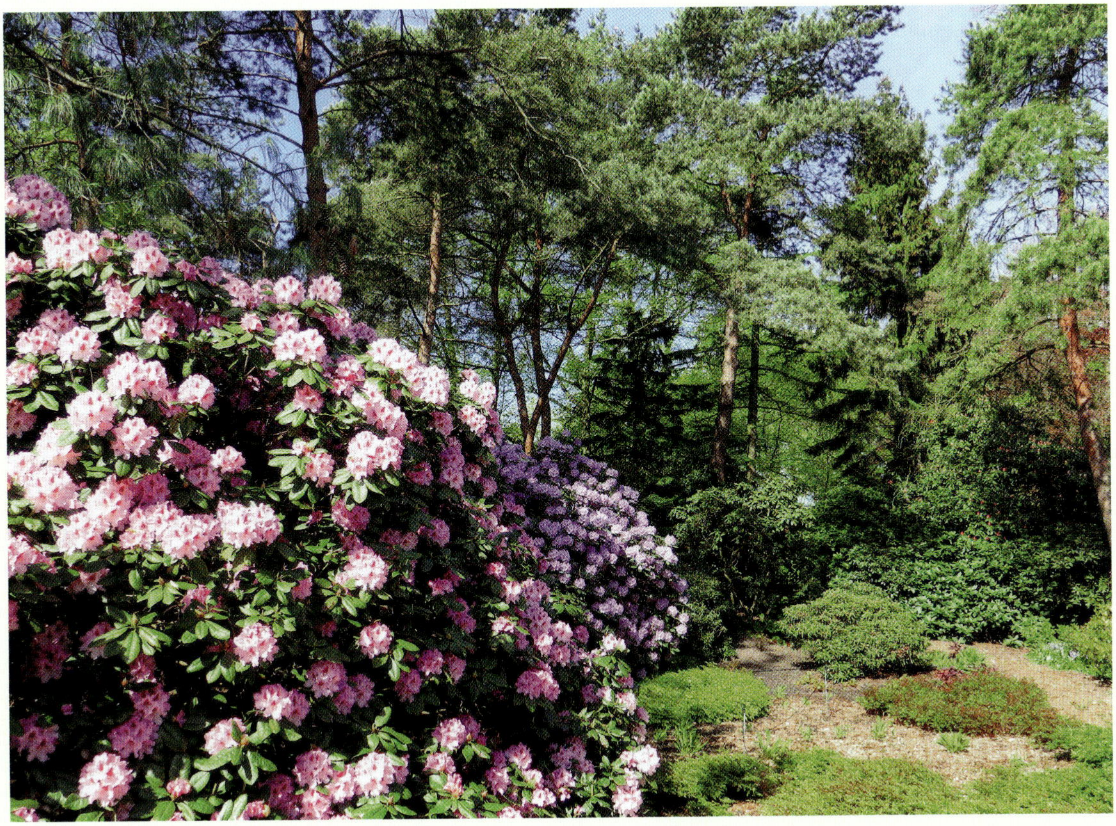

Landschaftsgarten, in dem Stadtmenschen Flora und Fauna erleben sollten. Gleich neben Brehms Zoologischem Garten entstand ein zunächst privat betriebener Botanischer Garten, der sich schnell zu einer führenden wissenschaftlichen Institution und einem beliebten Naherholungsgebiet mauserte. Zwar waren Hunde, Kinderwagen und das Sitzen auf Rasenflächen verboten. Auch war es nicht gestattet, »daselbst Taback zu rauchen«. Aber immerhin konnten Interessierte »zu jeder Zeit und ohne Einlaßkarte den Garten besuchen, wenn sie sich dieserwegen bey dem botantischen Gärtner Herrn Inspector Ohlendorff melden«. Das Inspektorenhaus mit kleinem Hörsaal und massenhaft Gewächshäusern wurde wie fast alles im heutigen Park Planten un Blomen im Zweiten Weltkrieg zerstört. Doch der erste von Lehmann gepflanzte Baum, eine Platane, hat überlebt. Genau wie einige Sumpfzypressen und ein Maulbeerbaum links des Wasserlaufs der idealisierten japanischen Flusslandschaft. Hier wurden in den 1980er-Jahren österreichische Schwarzkiefern und kleine Bergkiefern als Ersatz für japanische Kiefern gepflanzt. Gipfelatmosphäre herrscht auch im Alpinum. Ursprünglich war die künstliche Berglandschaft 16 Gebirgen Europas und Asiens nachempfunden. Heute ist sie stark mit Gehölzen eingewachsen. Doch die Miniaturlandschaft lädt noch immer ein, sich für kurze Momente in verschlungenen Pfaden zu verlieren. Unter www.botanischerverein.de findet man einen Rundgang mit Entdeckerstationen, eine lädt in die Schaugewächshäuser ein.

Links: Pflanzen aus aller Welt und das Café Schmidtchen

Rechts: Der neue Botanische Garten wurde 2012 in Loki-Schmidt-Garten umbenannt.

Mittelmeerterrassen

Im Rahmen der Internationalen Gartenausstellung 1963 entstanden die Schaugewächshäuser des Botanischen Gartens auf 2.800 Quadratmetern. Ein Rundgang durch Subtropen und Wüste, Farnhaus und Kakteenhaus gehörte fast 60 Jahre lang zu den schönsten kostenfreien Ausflugszielen der Stadt. Besonders das Tropenhaus mit dem gewaltigen Regenwald ist beeindruckend. Die 13 Meter hohe Glaskonstruktion ist eine architektonische Besonderheit, da sie ganz ohne tragende Elemente auskommt. Kein Wunder also, dass die aktuelle umfangreiche Sanierung noch lange, lange dauern kann. Bis es soweit ist, trösten die vorgelagerten Mittelmeerterrassen aus geschichtetem Schiefer. Der speichert noch den schwächsten Sonnenstrahl. Auch das also ein ideales Umfeld für südländische Pflanzen und Seelen.

Neuer Botanischer Garten

Der eigentliche Botanische Garten zog aus Platzgründen 1973 nach Klein Flottbek. Es ist das vielleicht größte Rätsel Hamburgs, warum es in dem Park, der seit 2012 nach seiner prominentesten und allseits verehrten Förderin benannt wurde, niemals zu Massenaufläufen kommt. Dabei kann man im Loki-Schmidt-Garten in einer Stunde die ganze Welt entdecken. Der Rundweg führt durch Bambusalleen und unter kaukasischen Koniferen in norddeutsche Mischwälder, weiter über alpine Regionen bis zu den Mammutbäumen Nordamerikas. Das ist zu jeder Jahreszeit ein wunderbares Erlebnis. Und wo Loki draufsteht, ist der Eintritt selbstverständlich frei.

Botanischer Sondergarten

Im Osten von Hamburg, tendenziell seltener als Ausflugsziel auf dem Zettel, lädt eine kleine Oase zum Verweilen ein. Gewächshäuser, Bananenstauden und der Taschentuchbaum sind die Anreise nach Wandsbek wert. Eintritt? Natürlich nicht.

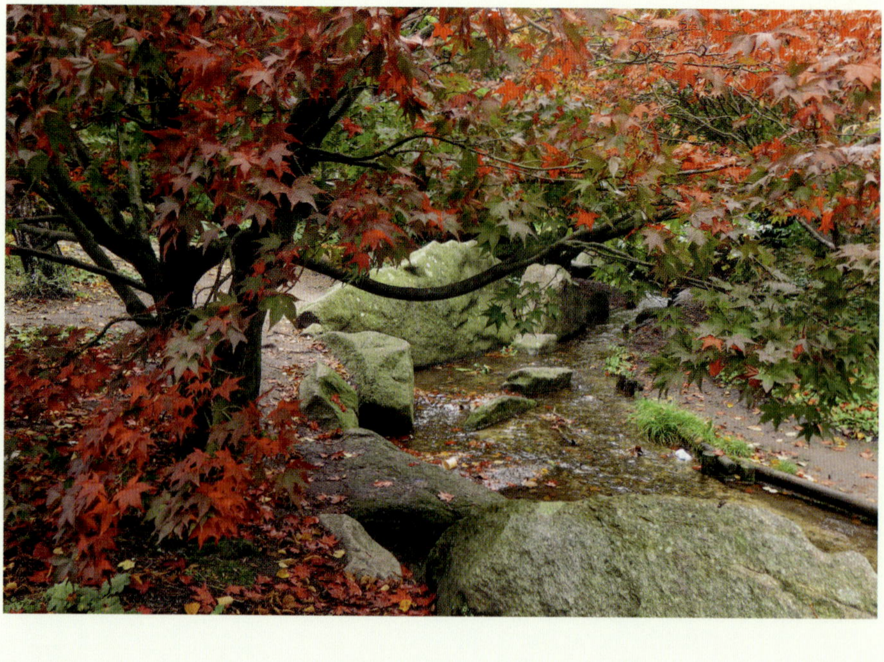

Der Alte Botanische Garten ist heute in den Park Planten un Blomen integriert.

Rechts: Die Mittelmeerterrassen gehören zu den wärmsten Plätzen der Stadt.

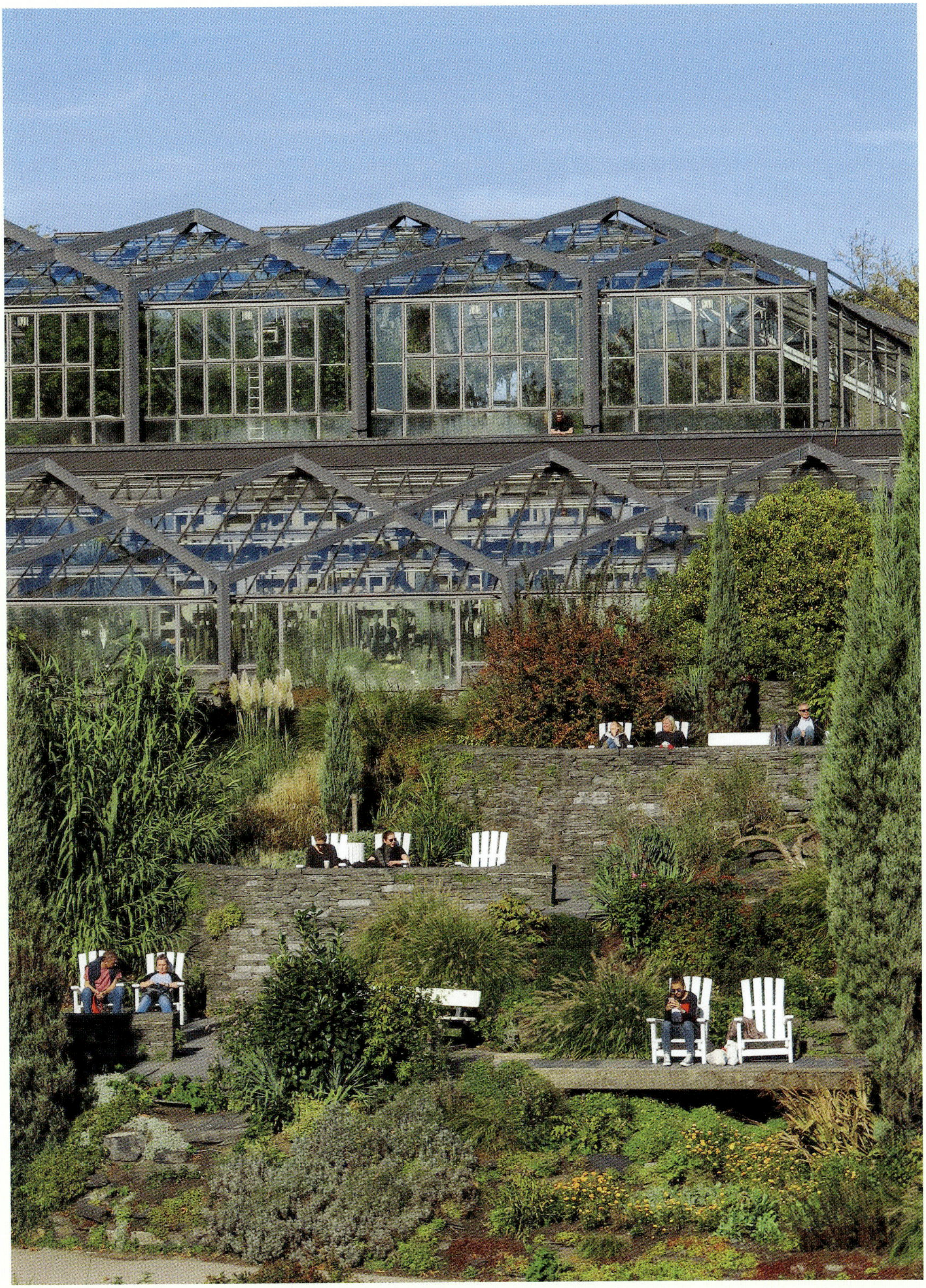

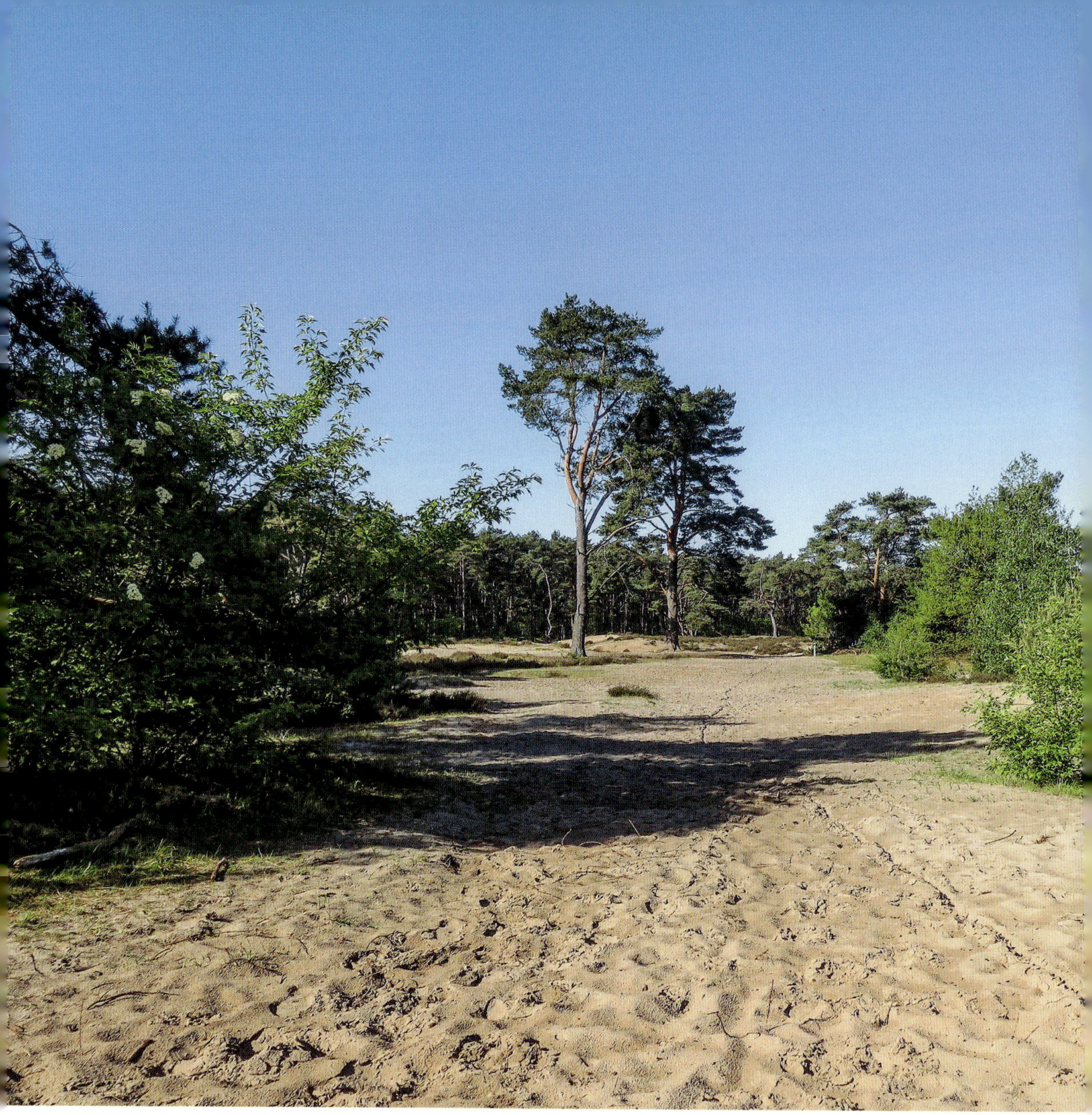

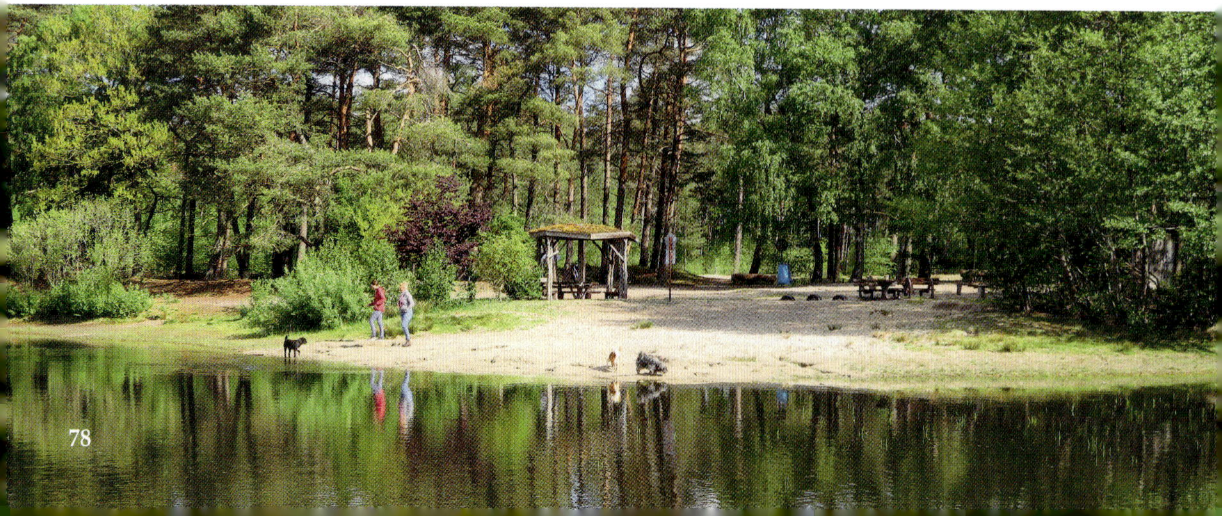

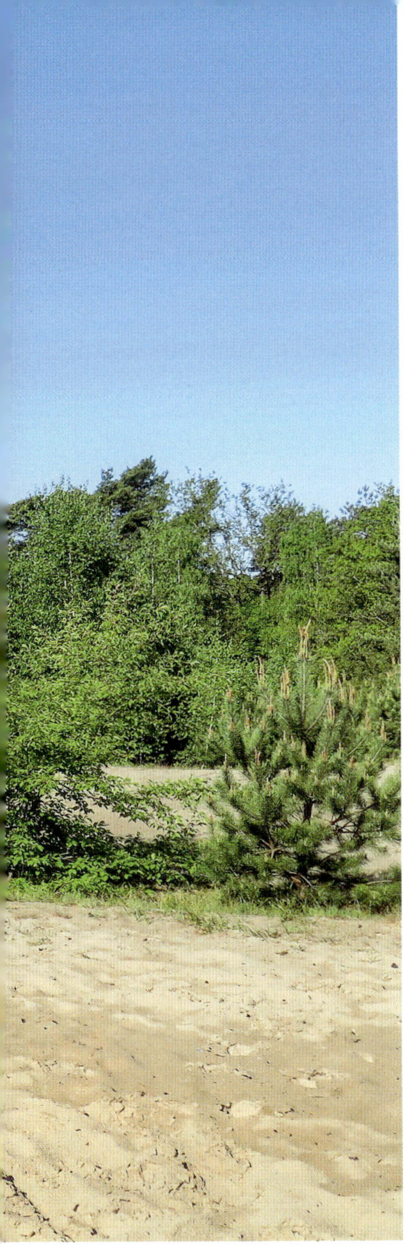

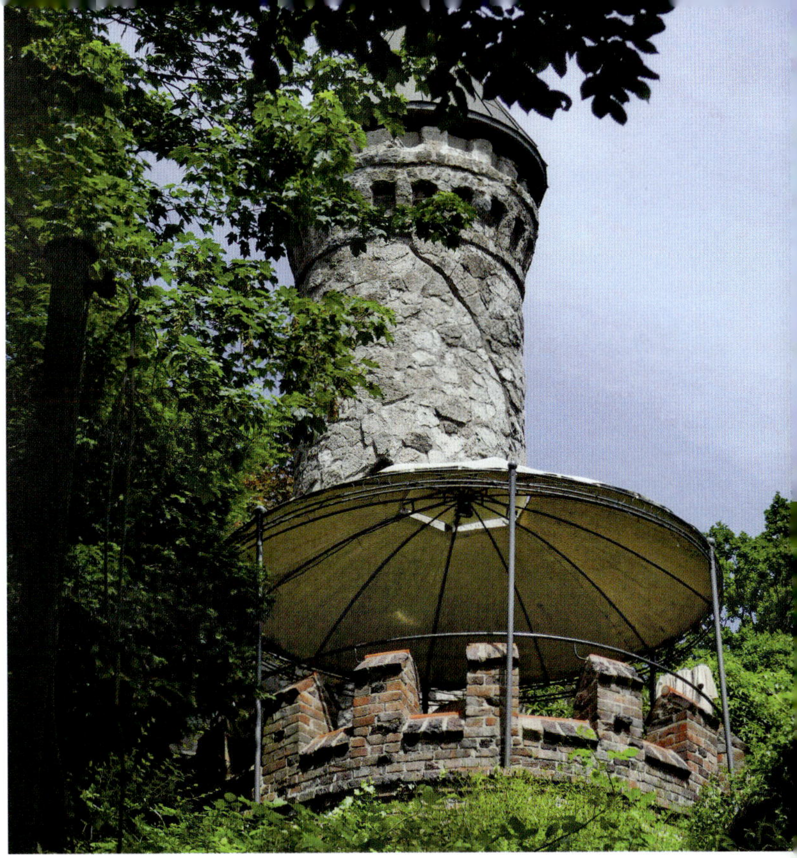

Die Umgebung von Hamburg

Skandinavien im Pocket-Format – die Holmer Sandberge (o.li.). Der Alsterwanderweg führt an Burg Henneberg vorbei und durch viele Waldoasen (o.re.). Wegweiser zum Langen Otto in der Hahnheide (u.re.). Und noch einmal die Holmer Sandberge im Landkreis Pinneberg (u.li.).

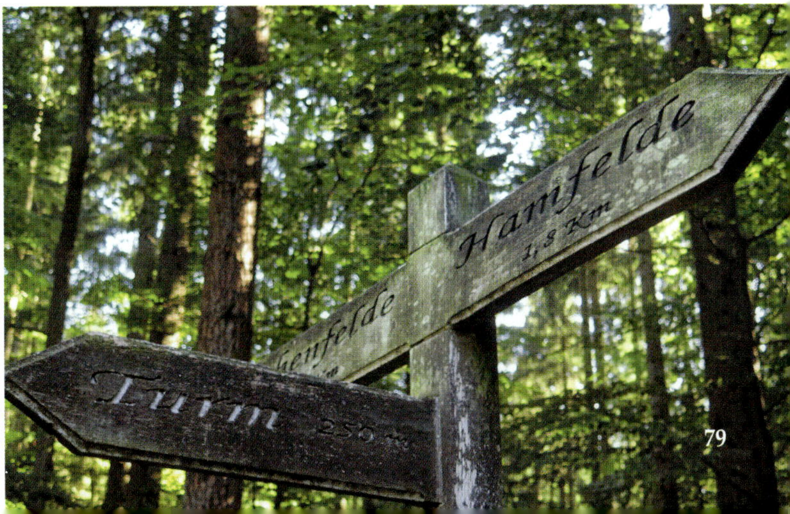

15

Haseldorfer Binnenelbe

Klein-Amazonien hinterm Deich

Leicht 10,5 km 12/11 Hm 2.30 Std.

Tourencharakter
Müheloser Spaziergang auf dem Deich und über Verteidigungswege

Ausgangs-/Endpunkt
Hafen Haseldorf

Anfahrt
Auto: Über B4, B431 bis Haseldorf, weiter über Hafenstraße
Bus & Bahn: Es ist kompliziert: S1 bis Wedel, von dort fährt einmal pro Stunde die Buslinie 598 bis Haseldorf-Scholenfleth, weiter über Hafenstraße 1 km zu Fuß bis zum Hafen

Beste Jahreszeit
Immer, wenn es windstill und der Himmel blau ist

Einkehr
Von Ostern bis Oktober Fisch-Imbiss Haseldörper Rööckerkist im Hafen

Auf dieser Tour geht es ausnahmsweise nicht in dichten Wald, sondern in die freie Marsch. Im Naturschutzgebiet »Haseldorfer Binnenelbe mit Elbvorland« darf man nur an wenigen Stellen einen Blick darauf wagen, wie Auenwälder die Süßwasserwatten allmählich zurückerobern.

Vielfältiges Ästuar Die Tour startet im **A Hafen** von Haseldorf. Er liegt mitten in der kleinsten holsteinischen Marsch und einem der größten Naturschutzgebiete Schleswig-Holsteins. Die Besonderheit der »Haseldorfer Binnenelbe mit Elbvorland« fällt sofort ins Auge, wenn man den **1 Deich** erklimmt. Wo üblicherweise freie Sicht auf Wasser und Ozeanriesen herrscht und Deichkenner höchstens (Salz)wiesen erwarten, tut sich vielfältiges Grünland auf, und Bäume säumen die Ufer. In diesem Bereich der Elbmündung sind die Tiden noch wirksam. Großflächig haben sich Süßwasserwatten erhalten. Durchs Elbvorland verlaufen Priele mit dichtem Schilfbestand, Hochstaudenfluren und Weichholzauen. Ästuare, also der Flut ausgesetzte Flussmündungen, zählen zu den vom Aussterben bedrohten Lebensräumen. Unter den vier deutschen

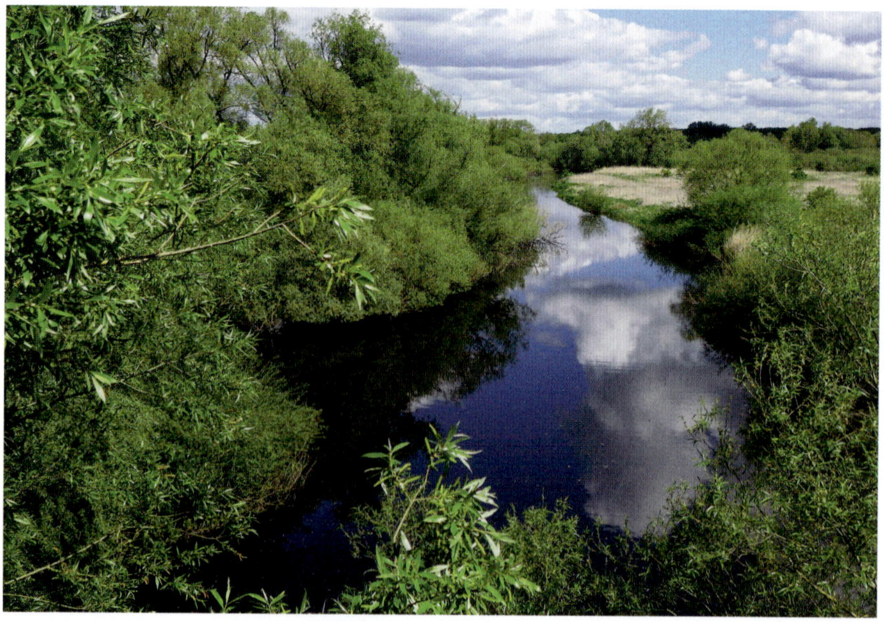

Das Bauernloch, ein Abschnitt der Haseldorfer Binnenelbe

Rechts: Wollige Wanderer am Deich

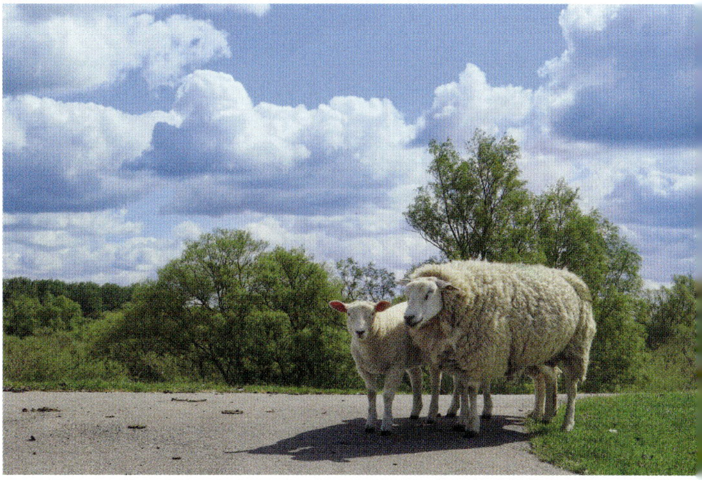

Ästuaren ist die Tideelbe das größte. Das Naturschutzgebiet erstreckt sich auf einer Länge von etwa 15 Kilometern von Wedel zur Pinnaumündung. Noch hat die Natur Deichbau und landwirtschaftliche Übernutzung nicht gänzlich verwunden. Viele Felder und Plantagen befinden sich in der Sukzessionsphase. Erst seit 1984 kann sich die typische Ästuarlandschaft wieder entwickeln. Daher darf das Naturschutzgebiet weiträumig nicht betreten werden. Doch der acht Meter hohe Deich funktioniert wie ein Lehrpfad. Er wird beidseitig von Deichverteidigungswegen begleitet. Auf dem Hinweg geht es Richtung Hamburg – und zwar butendeichs. Hier ist der Weg deutlich holpriger als auf der Innenseite. Das ist schlecht für Radfahrer und umso besser für Wanderer und Schafe. Als Zielmarke kann der größte Strommast Europas gelten. Wo sich seine Leitungen zum Zwilling auf der Elbinsel Lühesand spannen, ist die ❷ **Hetlinger Schanze** erreicht.

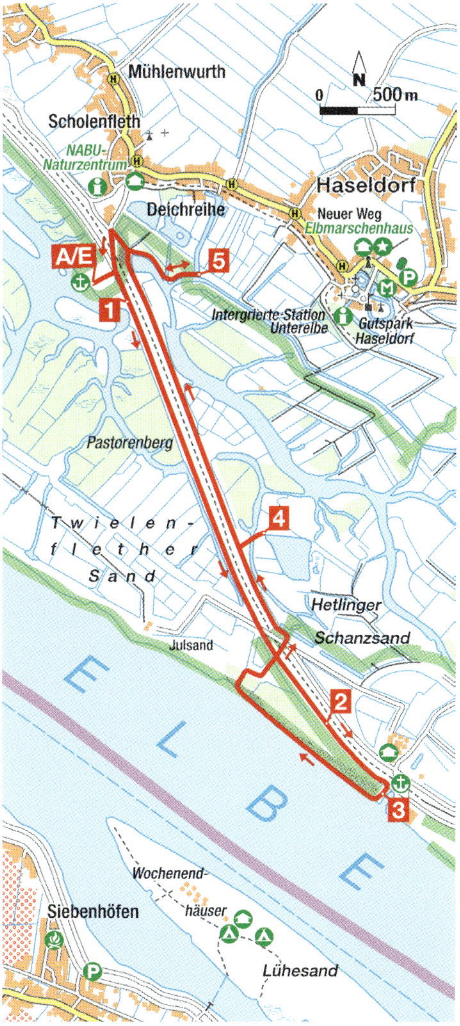

Dschungel-Streifzug Aus dramaturgischen Gründen empfiehlt sich, den ersten Abzweig zum Ufer rechts liegen zu lassen und erst 1,5 Kilometer später beim ❸ **Wassersportverein Hetlingen** auf dem ausgewiesenen Trampelpfad an die Elbe zu stapfen. Bis 1865 war der feinsandige, bis zu 200 Meter breite Strand ein Privatvergnügen des dänischen Königs. Heute nutzt ihn die Allgemeinheit als beliebtes Ausflugsziel. Naturschützer sind davon nicht gänzlich begeistert. Ausflügler werden dringend gebeten, die ausgewiesenen Bereiche nicht zu verlassen. Die freien Sandflächen sind ein wichtiger Lebensraum für Sandkäfer, Sandwespe und solitär lebende Wildbienen. In den Randbereichen brüten Regenpfeifer und Seeschwalben – solange ihre Nester nicht zertreten und die Ruhezonen auch beachtet werden. Trampelpfade in den empfindlichen Dünen erzählen, dass längst nicht alle Menschen darauf Rücksicht nehmen. Dabei ist es ganz einfach und zudem auf einer Karte am Strandeingang nachzuvollziehen. Spazieren ist beinahe nur am Strand erlaubt. Wieder kann der Strommast als Wegmarke dienen. Nach einem guten Kilometer am Ufersaum führt unterhalb des weiß-rot-geringelten Monstrums ein Pfad in einen bezaubernden Au-

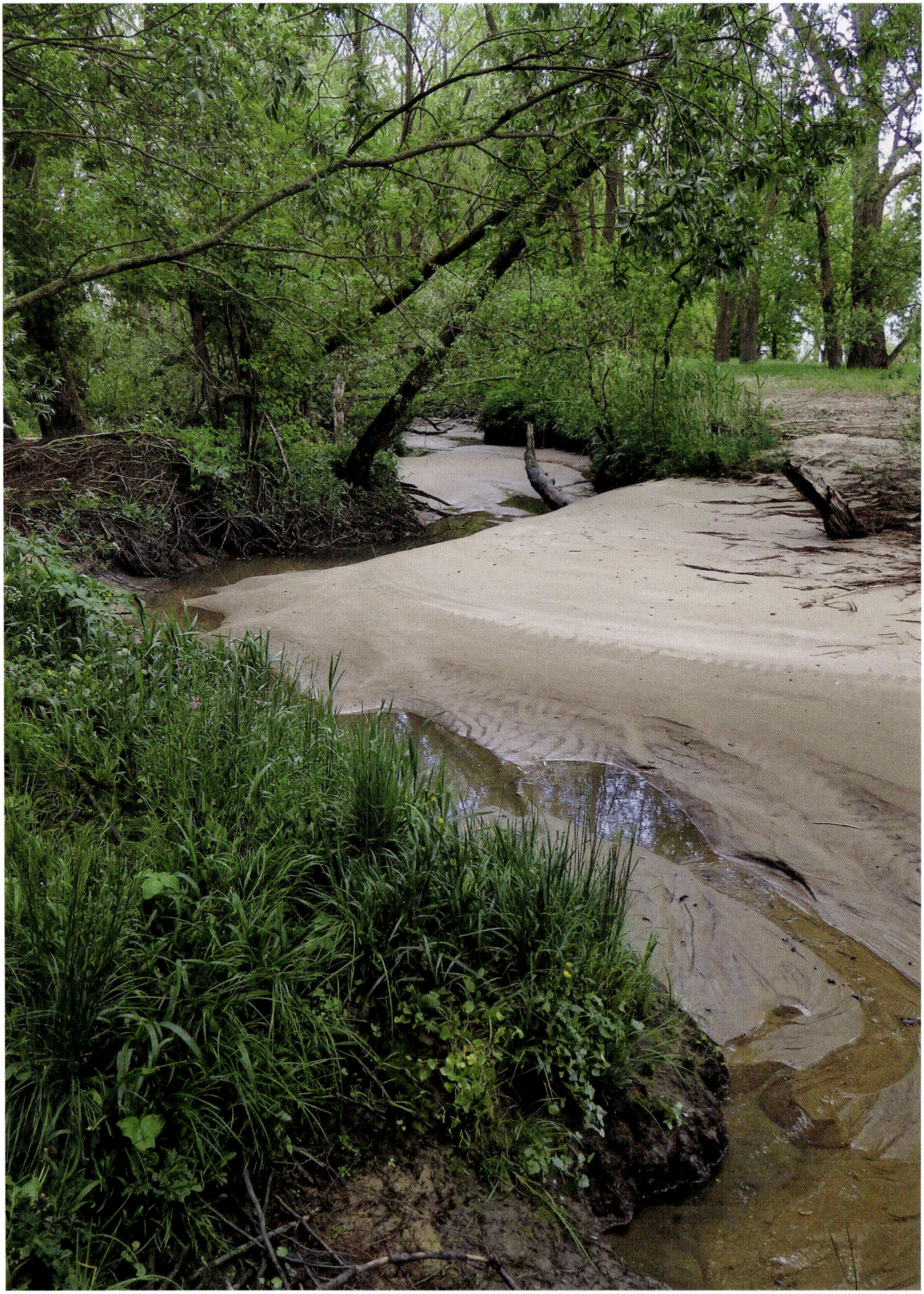

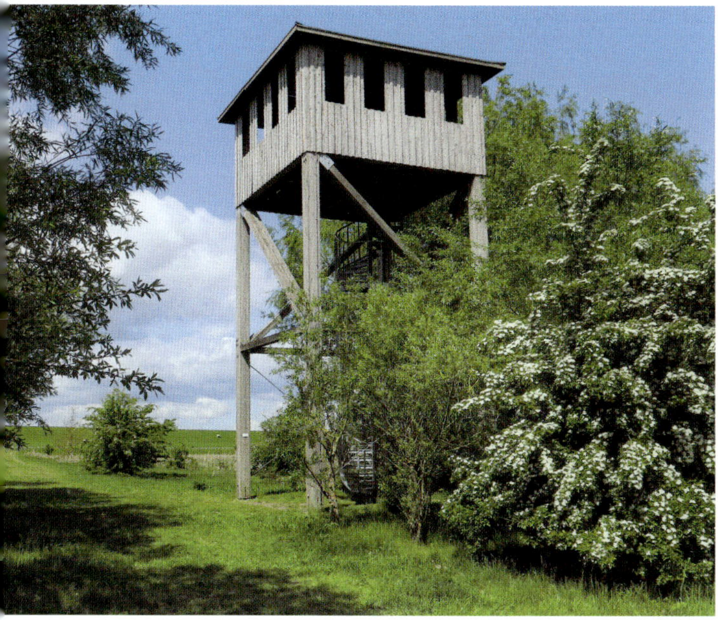 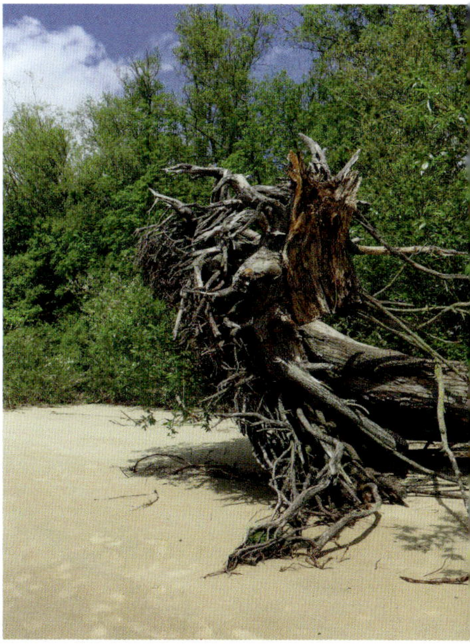

wald mit Weiden-Tunneln, Prielen und sehr seltenen Pflanzen wie der Elbe-Schmiele. Der kleine Dschungel wird regelmäßig von Hochwasser überflutet. Dabei kommt das Elbwasser unter den Bäumen so weit zur Ruhe, dass sich hier große Mengen Sand ablagern, was dem Wald eine exotische Anmutung verleiht.

Links: Der Schanzenturm ist ein interessanter Platz, um Vögel zu beobachten.

Rechts: Entwurzelter Riese am Elbstrand

Linke Seite: Durch regelmäßige Überflutung lagert sich Sand im Wald ab.

Ins Vogelparadies Der Pfad leitet zurück zum Deich. Das Land dahinter ist durch den Deichbau von der Tide abgetrennt. Im ehemaligen Prielsystem sind stehende Gewässer mit feuchtem Grünland entstanden. In Schilfmeeren, Weidengebüschen und Hochstauden brüten Bekassine, Uferschnepfe, Braun- und Blaukehlchen, Wachtelkönig, Tüpfelsumpfhuhn, Rohrdommel, Zwerg- und Singschwan, Eisvogel, Rohrweihe, Wanderfalke, Neuntöter, Schilfrohrsänger, Bart- und Beutelmeise, Kiebitz, Rotschenkel, Sandregenpfeifer, Graugans, Löffel-, Reiher-, Schnatter-, Krick-, Spieß-, Pfeif- und Stockente. Unter anderem! Selbst Seeadler haben sich angesiedelt. Und auch für Zehntausende Rast- und Zugvögel, allen voran Wildgänse, ist das Gebiet in jedem Frühjahr und Herbst ein wichtiger Ankerplatz. Vom ❹ **Schanzenturm** lässt sich das Vogelparadies überblicken. Der zubringende Pfad knickt etwa einen Kilometer jenseits des Strandes rechter Hand ab. Folgt man nach der Abzweigung wieder dem Deichweg, lernt man einen weiteren Vogel kennen, der sich in der Haseldorfer Marsch niedergelassen hat. Die Nester der Kormorane in den weiß bekleckten Bäumen sind nicht zu übersehen. Ein Fernglas wünscht man sich dennoch. Die schwarzen Vögel nisten in einiger Entfernung in einem vor Menschen schützten Bereich. Das ist ihnen vermutlich auch ganz angenehm so. Lange wurden die zu Unrecht als »Fischfresser« verunglimpften Vögel gejagt. Um die Jahrhundertwende galten sie in Schleswig-Holstein als ausgestorben. Erst 1982 gründeten Kormorane aufgrund verbesserter Schutzbestimmungen wieder eine Kolonie im Norden. Mittlerweile gelten sie nicht mehr als gefährdet.

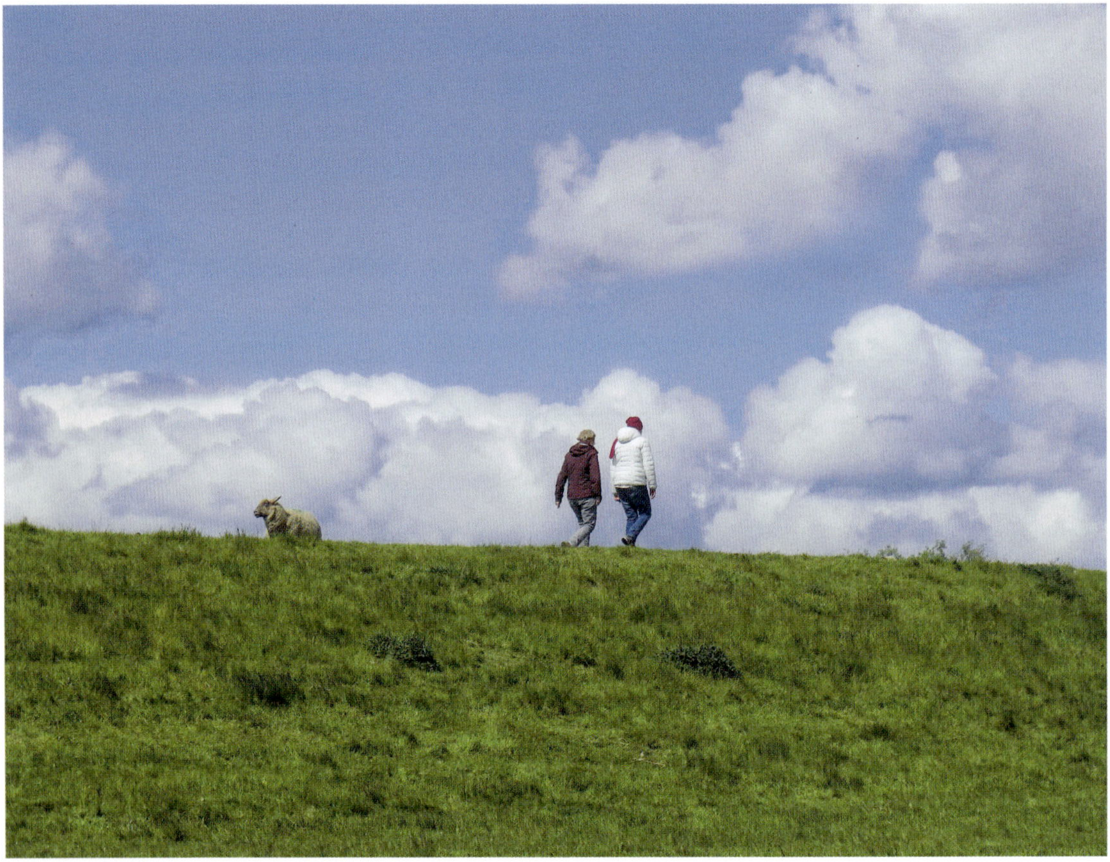

Den Deich teilen sich Wanderer mit Schafen.

Rechts: Im Schutzgebiet gilt es, unbedingt auf den Wegen zu bleiben.

Ins Schlaraffenland Mehr über alle schutzwürdigen Pflanzen, Tiere und Lebensräume dieser Tour erfährt man im NABU-Naturzentrum Scholenfleth. Die Ausstellung befindet sich ganz in der Nähe des Ausgangspunkts am Hafen. Doch kurz bevor der erreicht ist, lohnt noch ein weiterer kleiner Abstecher. Auf Höhe des reetgedeckten Sanitärhäuschens weist ein hölzerner Wegweiser zum 5 **Obstgarten Alter Sorten**. Der etwa 700 Meter lange Pfad windet sich entlang der Binnenelbe bis zu einem Zauntritt. Darüber geklettert, findet man sich in einer der größten öffentlichen Obstsammlungen Deutschlands wieder. 498 knorrige, moosbewachsene Bäume, behütet nur von Schafen, tragen Früchte, die es vielfach kaum mehr irgendwo zu kaufen gibt. 125 Apfel-, 37 Birnen-, 25 Pflaumen- und sieben Kirschsorten öffnen hier ab Mai ihre Blüten. Die Früchte dürfen übrigens gern für den eigenen Genuss geerntet werden. Pflanzschilder an den Bäumen verraten, wann der beste Zeitpunkt zur Ernte gekommen ist. Den Anfang machen die Kirschen im Juni, aber auch schon erste Apfelsorten, während die spätesten bis in den November reifen. So kann man den letzten Kilometer zum E **Hafen** gut gestärkt antreten.

Und noch ein Vogelkiek

Am Rande des Haseldorfer Schlossparks befindet sich eine der größten Graureiherkolonien Norddeutschlands. Ab und zu gesellen sich Störche dazu, und auch Uhus haben schon zwischen den eleganten Graureihern gebrütet. Birdwatcher sollten auf diese Tour unbedingt ein Fernglas mitnehmen!

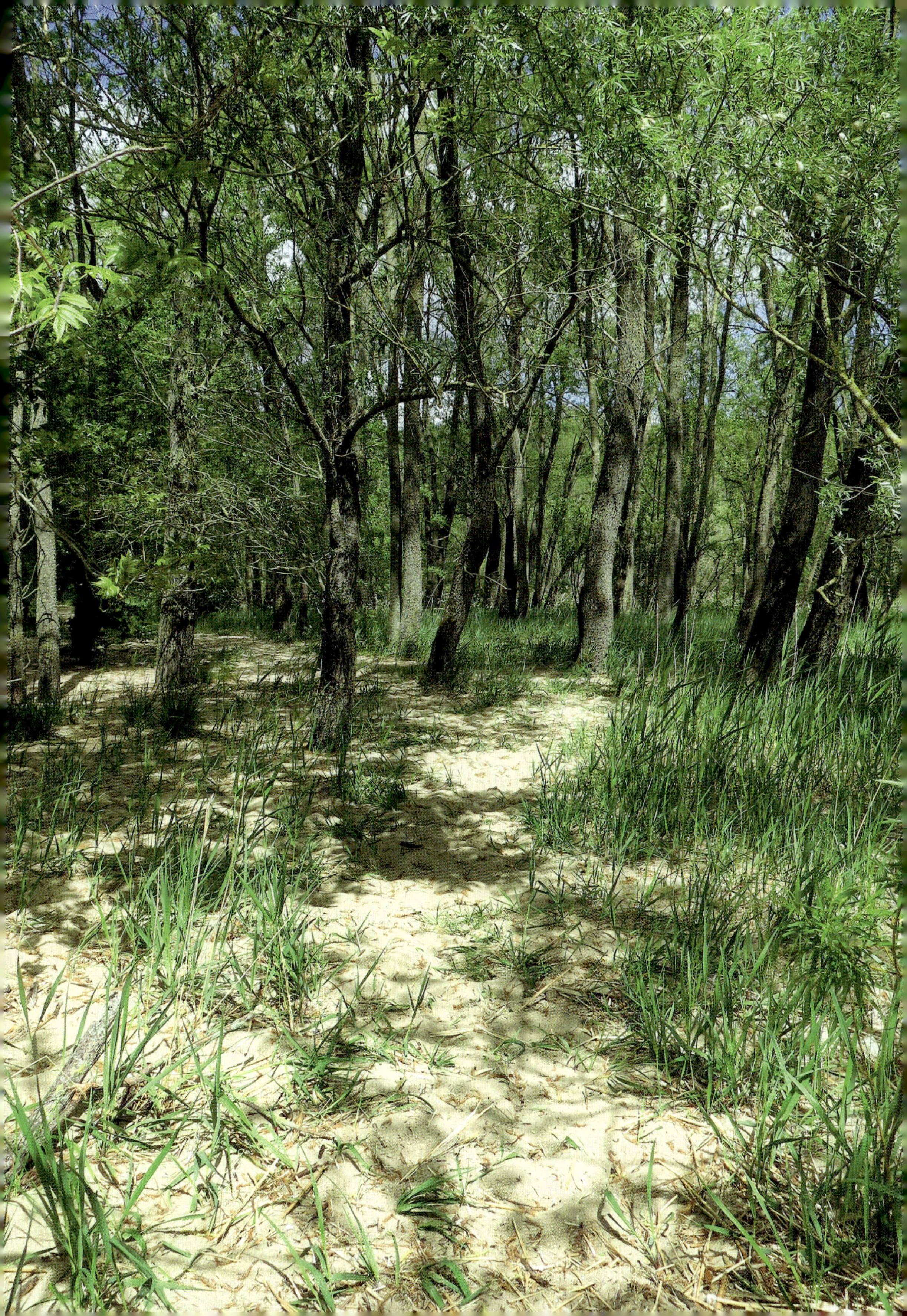

16

Holmer Sandberge

Der Duft von Dünenwäldern

Leicht | 5 km | 4/4 Hm | 1.15 Std.

Tourencharakter
Einfache Wegführung, gut gepflegte Pfade und Naturwege

Ausgangs-/Endpunkt
Parkplatz Eggernkamp

Anfahrt
Auto: Über A23 Pinneberg-Süd, weiter über Rellinger Straße, Thesdorfer Weg, Wedeler Chaussee, Pinneberger Straße
Bus & Bahn: S1 bis Wedel, Buslinie 389 Fährenkamp

Beste Jahreszeit
Frühling, wenn die Birken hellgrün leuchten

Einkehr
Keine

Was duftet wie Dänemark, sieht aus wie Skandinavien im Taschenformat und macht Liebhaber nordeuropäischer Landschaften glücklich? Na klar – die Holmer Sandberge im Kreis Pinneberg zwischen Appen, Holm und Wedel mit ihren entspannten Rundwegen.

Uralte Dünen Die Tour startet am Ⓐ **Parkplatz Eggernkamp**. Dort leitet ein sandiger Pfad direkt ins größte ❶ **Binnendünengebiet** Schleswig-Holsteins. Die Dünen entstanden am Ende der letzten Eiszeit. Als die Gletscher zu schmelzen begannen, brachten Schmelzwasserströme große Mengen Sand ins Elbe-Urstromtal. Stürme wehten den Sand in Jahrhunderten parallel zum Fluss zu hohen Dünen auf, auf denen Wälder Fuß fassten. Im Mittelalter wurden jedoch viele von ihnen abgeholzt, um Weide- und Ackerflächen zu erhalten. Dadurch geriet der Sand in Bewegung, was nun auch wieder nicht im Sinne der umliegenden Bauern war. In den 1920er-Jahren begann die massive Aufforstung der Binnendünen mit Kiefern. Ihr würziger Duft versetzt in der Kombination mit der offe-

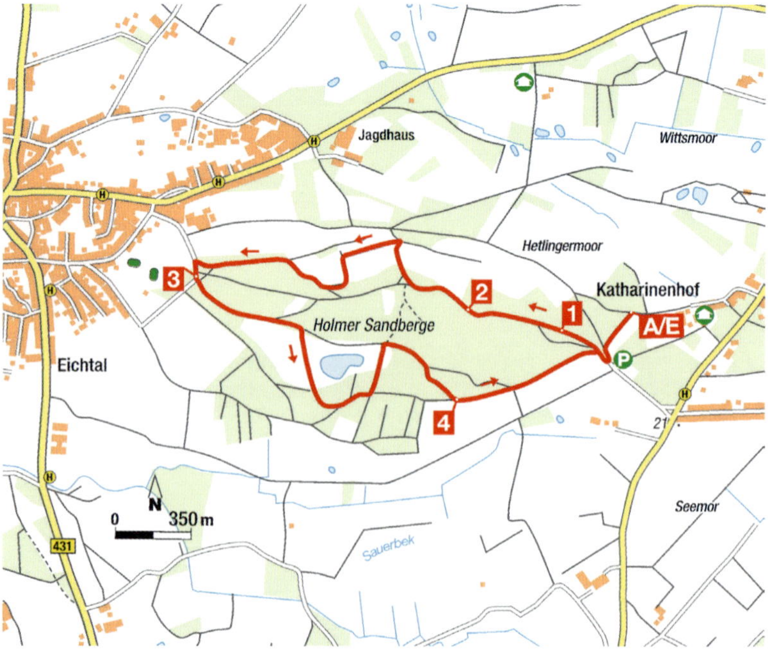

nen Sandfläche gedanklich an die dänische Nordseeküste. Besonders an warmen Tagen fehlt eigentlich nur noch das Meer, um sich wie im Urlaub zu fühlen. Die Sandfläche wurde in Holm erst 2005 wieder freigelegt. Dafür waren großflächige Rodungen und ein Abtrag der Humusschicht nötig. Inzwischen haben sich Gräser und Heiden angesiedelt, die wiederum Sandlaufkäfern und Sandbienen einen hervorragenden Lebensraum bieten. Auch die knallgrüne Zauneidechse schätzt die Sonnenplätzchen der Sandberge. Zum Erhalt der offenen Landschaft müssen junge Sprösslinge regelmäßig aus dem Boden gezogen werden. Ein blauer Pfeil markiert den ❷ **Rundweg**, der rechts in den umgebenden Wald führt.

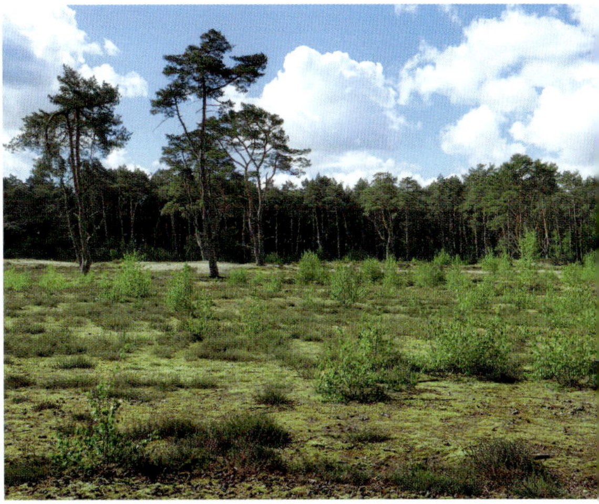

Wald im Wandel Der Pfad windet sich durch Kiefernforst. Die anspruchslosen Kiefern benötigen nur wenig Wasser und wachsen auch auf nährstoffarmen Böden. Doch sie sind anfällig für Schädlinge, Sturmschäden und fackeln im Fall eines Waldbrands wie Zunder. Wie in vielen norddeutschen Wäldern hat sich hier die Spätblühende Traubenkirsche breitgemacht. Die nordamerikanische Gehölzart wurde bis in die 1950er-Jahre forstwirtschaftlich gesetzt. Heute wird sie als schädliche, invasive Art eingeschätzt, die einheimische Baumarten behindert. In den Niederlanden bezeichnet man sie gar als *bospest* – Waldpest. Es ist ihr aber nicht so leicht beizukommen. Zudem lieben Vögel ihre schwarzglänzenden Beeren und sorgen so für die ständige Verbreitung der Samen. Für die Stileichen übernehmen das die Eichelhä-

Um die ursprüngliche Landschaft wiederherzustellen, waren enorme Rodungen nötig.

In der Ausgleichspflanzung stehen vornehmlich junge Birken.

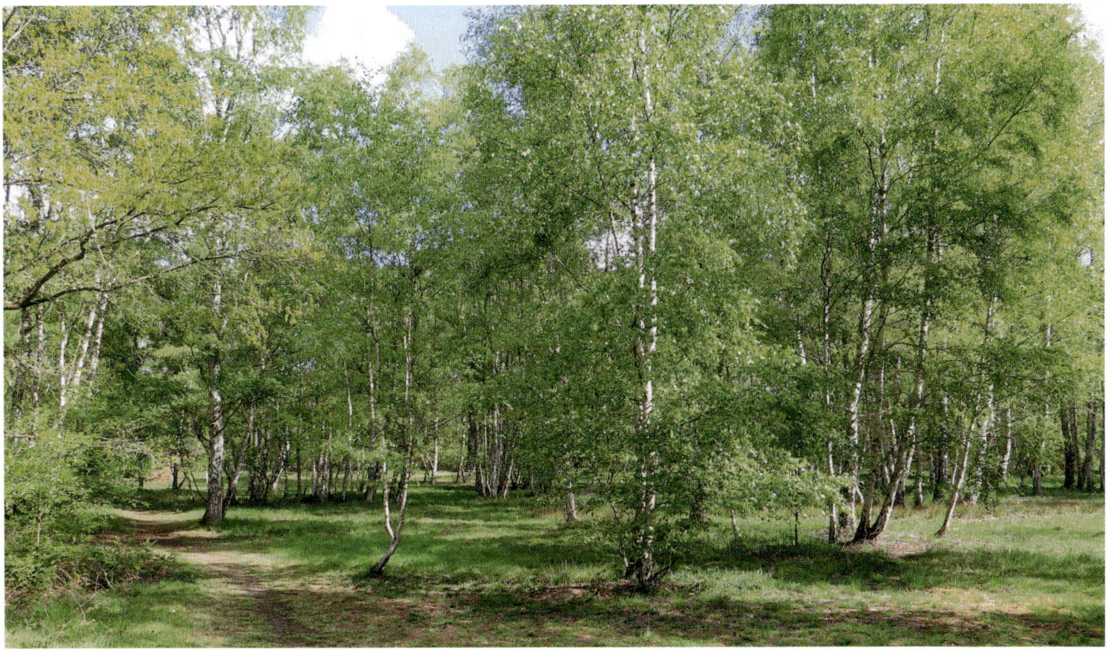

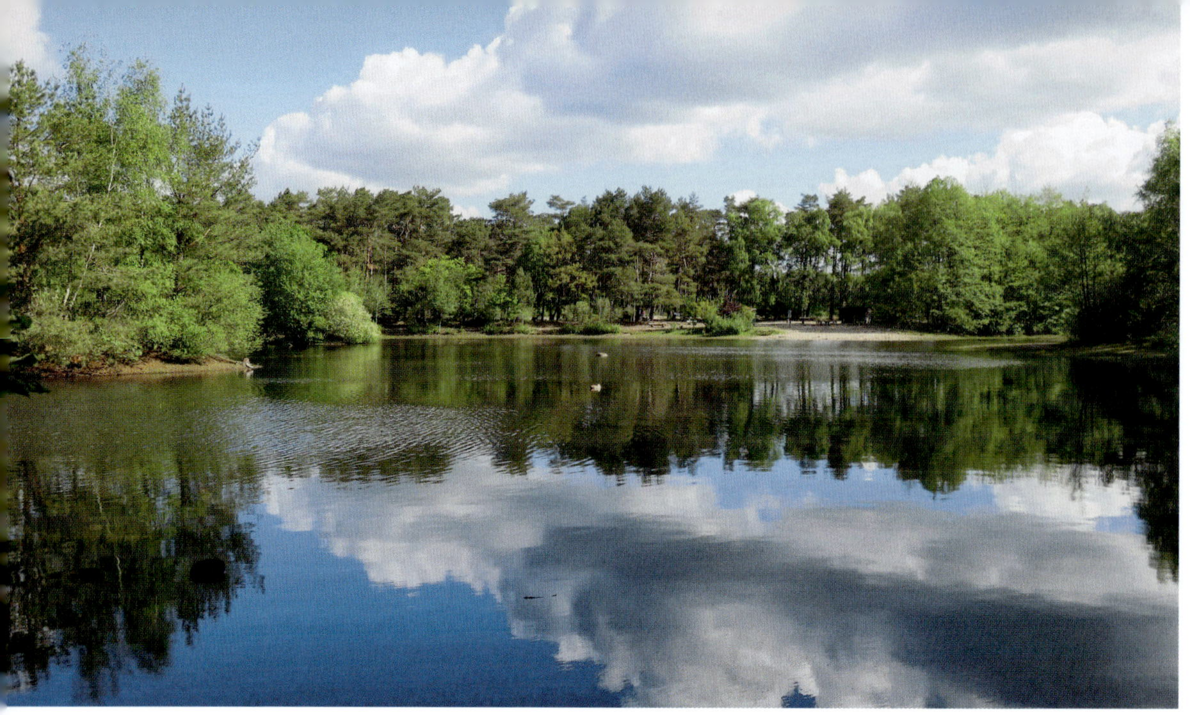

Der Löschteich punktet mit Sandstrand und Insel.

Rechts: Kiefern sind anspruchslos, aber auch anfällig.

her. Die hellbraunen »Gärtner des Waldes« mit der schillernden blauen Flügelfeder vergraben Eicheln als Wintervorrat. Genau wie für Stileichen eignet sich auch für Birken der lichte Waldbestand in den Holmer Sandbergen ideal. Beide Arten brauchen viel Sonne. In Mischwäldern nehmen ihnen häufig stark belaubte Bäume wie die Buche das Licht. Am Scheitelpunkt trifft der Rundweg auf den ❸ Katastrophenweg. Er trägt den dramatischen Namen, weil er zum Löschteich führt. Hier stoßen Radfahrer dazu und andere Ausflügler, die zumeist den Teich ansteuern. Mit einer Insel, kleinen Sandstränden und von Seerosen bedeckt, wirkt das Gewässer idyllisch. Es ist aber nicht natürlichen Ursprungs. In den 1970er-Jahren wurde hier Sand zum Straßenbau entnommen. Die Grube füllte sich mit Regenwasser, da eine Lehmschicht das Versickern im Boden verhinderte. Baden ist hier nicht erlaubt. Ein schmaler Pfad führt um den Teich herum. Blickt man vom Ufer zum Picknickplatz, wähnt man sich in Norwegen. Und gleich darauf, zurück auf dem Weg, wie in Astrid Lindgrens Birkenlund. In der ❹ Ausgleichspflanzung wurden so viele Bäume gesetzt, wie auf der Sandfläche gerodet wurden, vornehmlich junge Birken und Stileichen. Anders als die Kiefern gehören sie in die Gegend. Noch ist die Pflanzung mit ihren 70 000 Bäumchen eingezäunt, um sie vor Rehen zu schützen. Aber irgendwann, wenn sich die Stärksten durchgesetzt haben, wird ein gesunder, widerstandsfähiger Wald entstanden sein. Bis zum Ⓔ Parkplatz sind es jetzt nur noch 500 Meter. Die kann man gleich hinter sich bringen oder erst noch einen Abstecher in die Dünen unternehmen. Um den Duft der Kiefern tief einzuatmen und sich von der Sonne wärmen zu lassen wie eine Zauneidechse.

Arboretum

Der Kreis Pinneberg gilt als größtes zusammenhängendes Baumschulgebiet der Welt. Man kennt sich also aus. Dementsprechend spannend ist ein Besuch im Arboretum Ellerhoop-Thiensen. Seit der Eröffnung 1943 ist die Dendrologie zu einer umfassenden Gartenschau gewachsen. Bäume nehmen aber noch immer eine zentrale Rolle ein.

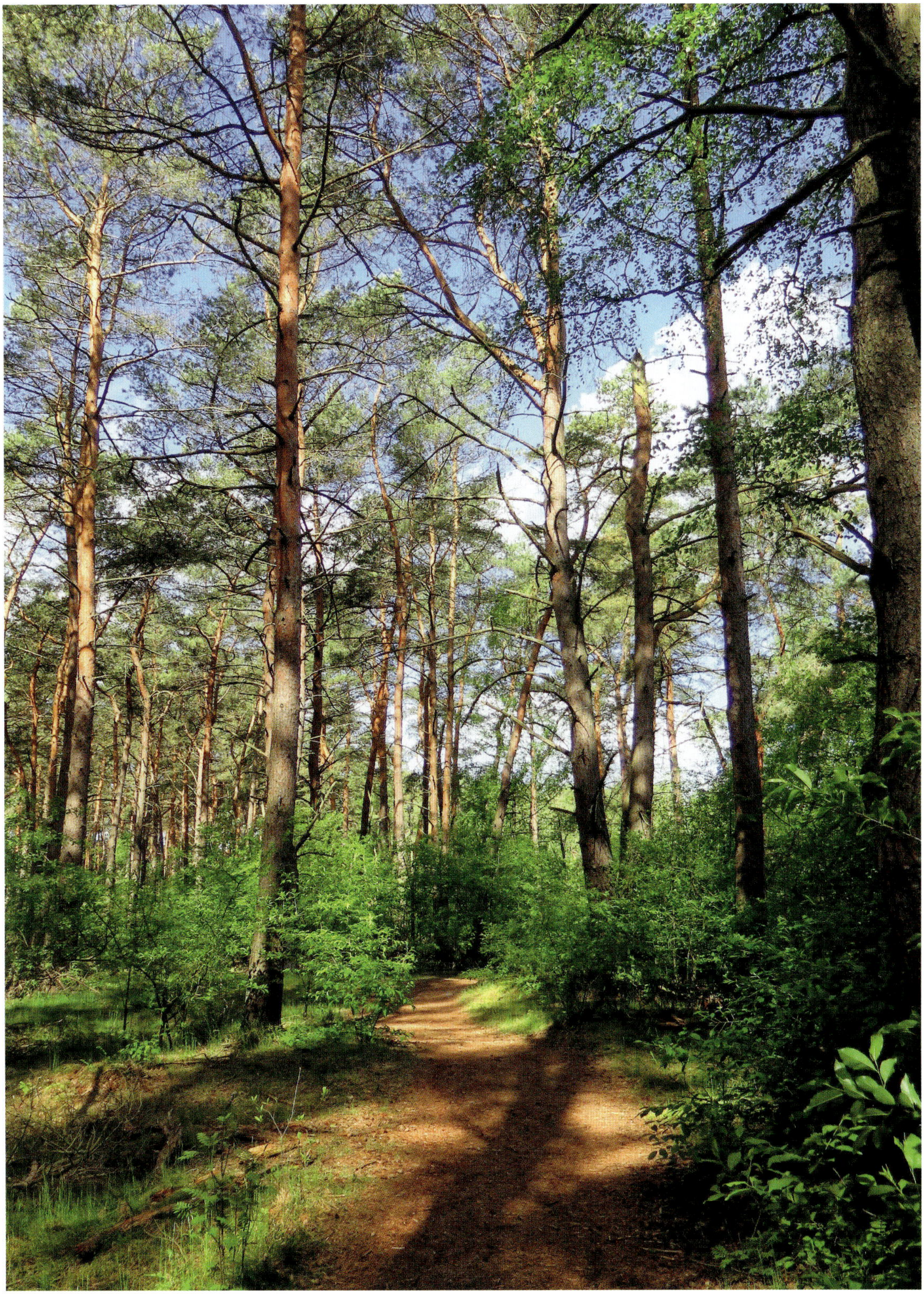

17 Alsterwanderweg

Bruchwälder und Baumriesen am Alsterlauf

Mittel | 16 km | 22/13 Hm | 4 Std.

Tourencharakter
Vielfältige Streckenwanderung auf gut begehbaren Wegen, meist dicht am Alsterufer, mit einem gelben Pfeil markiert

Ausgangs-/Endpunkt
Alter Heidkrug in Kayhude/S-Bahn Poppenbüttel

Anfahrt
Auto: Funktioniert bei dieser Tour nicht
Bus & Bahn: U1 Ochsenzoll, weiter mit Buslinie 7550

Beste Jahreszeit
Frühling

Einkehr
Rader Schule in Rade, Gut Wulksfelde in Wulksfelde, Quellenhof im Quellental und diverse andere

Für diese Tour geht es mit den Öffentlichen nach Schleswig-Holstein und dann zu Fuß in die Stadt zurück – immer an der Alster entlang. Der Alsterwanderweg führt auf 37 Kilometern von Kayhude an die Elbe. Der hier beschriebene nördliche Abschnitt endet bereits nach 16 Kilometern in Poppenbüttel.

Jenseits der Alsterquelle Warum der Alsterwanderweg nicht an der Alsterquelle in Henstedt-Rhen beginnt, sondern zehn Kilometer westlich bei

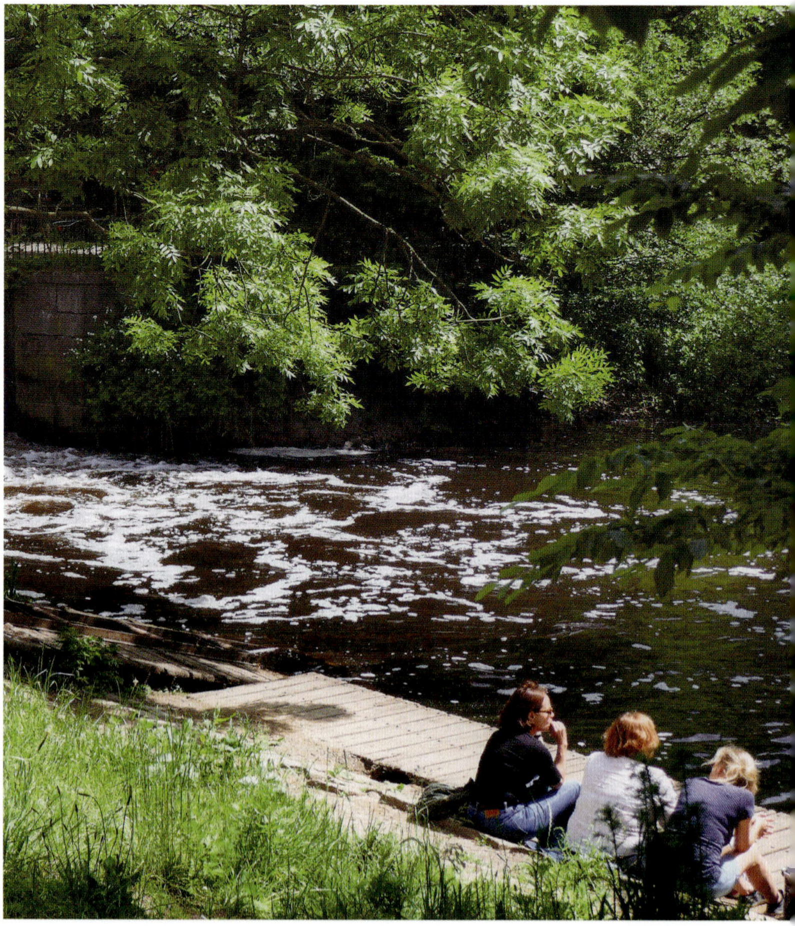

Auf dem Alsterwanderweg herrscht an Eisdielen kein Mangel.

Rechts: Im kleinen Streichelzoo von Gut Wulksfelde

der Ⓐ **Gaststätte Heidkrug** in Kayhude, ist eine gute Frage. Weitere bleiben aber nicht offen auf einem der beliebtesten Hamburger Wanderwege. Er ist hervorragend mit einem gelben Pfeil ausgeschildert. Fehlt mal einer, tut es auch die Jakobsmuschel, denn der Alsterwanderweg verläuft entlang der Via Baltica. Aus dem Bus herausgehopst, geht es ein kleines Stück entlang der Bundesstraße, bis linker Hand ein Pfad in den Wald hinein- und bald zur Alster hinunterführt. Schmal und geschmeidig windet sich der junge Fluss in Schleifen durch den Bruchwald, in dem auch mal ein gefallener Baumstamm liegen bleiben darf. Der mit Tümpeln und Teichen gespickte Wald gehört zum Fauna-Flora-Habitat »Alstersystem bis Itzstedter See und Nienwohlder Moor«. Die Richtlinien für Erhalt und Veränderung in diesen Gebieten haben immer einen ganzheitlichen Ansatz. So wird der Wald hier gerade sanft »umgebaut«. Auf einigen Abschnitten herrscht noch standortfremder Tannenforst vor. Von geringer Artenvielfalt geprägt, erweist er sich als längst nicht so robust wie Mischwald.

In Rade zeigt der Schrittzähler noch nicht einmal drei Kilometer, dennoch kann ein Kaltgetränk in der Alten Rader Schule nicht schaden. Das Gartenlokal an der Silbek ist ganz zauberhaft und das Erste in einer ganzen Kette wunderbarer Einkehrmöglichkeiten. Dass man sich einer weiteren nähert, merkt man meist schon daran, dass die Spaziergängerdichte zunimmt. Aber insgesamt ist der nördliche Abschnitt längst nicht so stark frequentiert wie die Strecke zwischen Ohlsdorf und der Alstermündung. Herrliche Ruhe und Vogelgezwitscher helfen über kleinere Durststrecken in Straßennähe hinweg. Um das Gut von ❶ **Wulksfelde** klären Infotafeln über nachhaltige Landwirtschaft und Viehzucht auf. Der Weg zum Bio-Hof mit Hofladen, Gutscafé und Tiergarten ist ausgeschildert. Stille Wälder, blühende Wiesen, Weiden und natürlich die Alster prägen das Bild bis ❷ **Duvenstedt**. Hier muss man zum ersten Mal Wohngebiete durchwandern – immerhin ist mittlerweile die Stadtgrenze überschritten. Aber schnell erreicht man das nächste Naturschutzgebiet.

Entspanntes Alstervergnügen Das ❸ **Rodenbeker Quellental** gehört zu den Naturwundern Hamburgs.

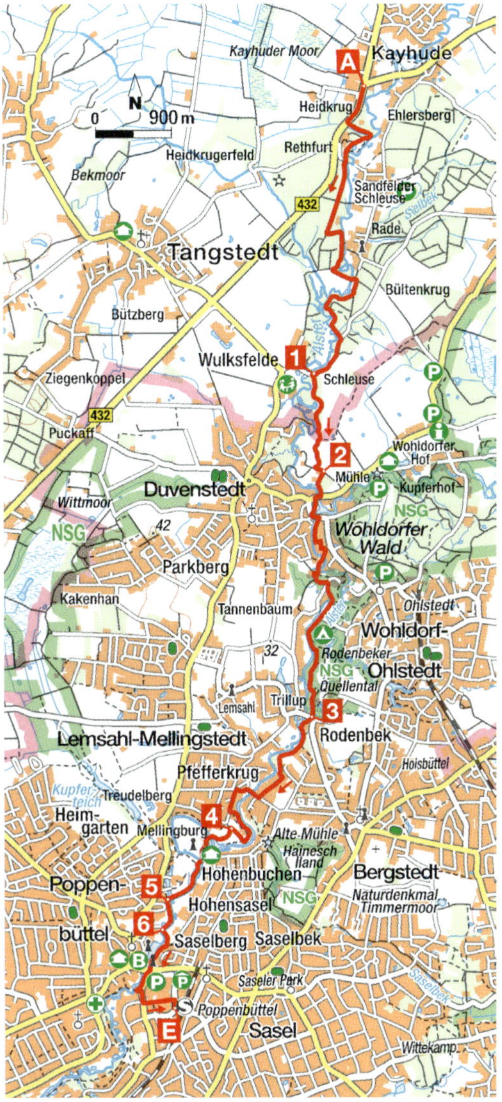

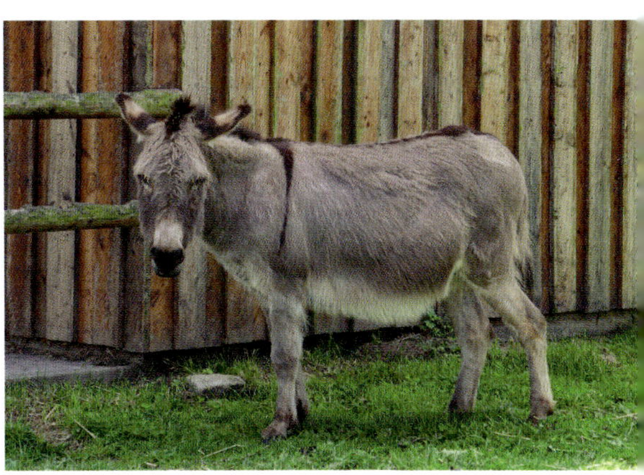

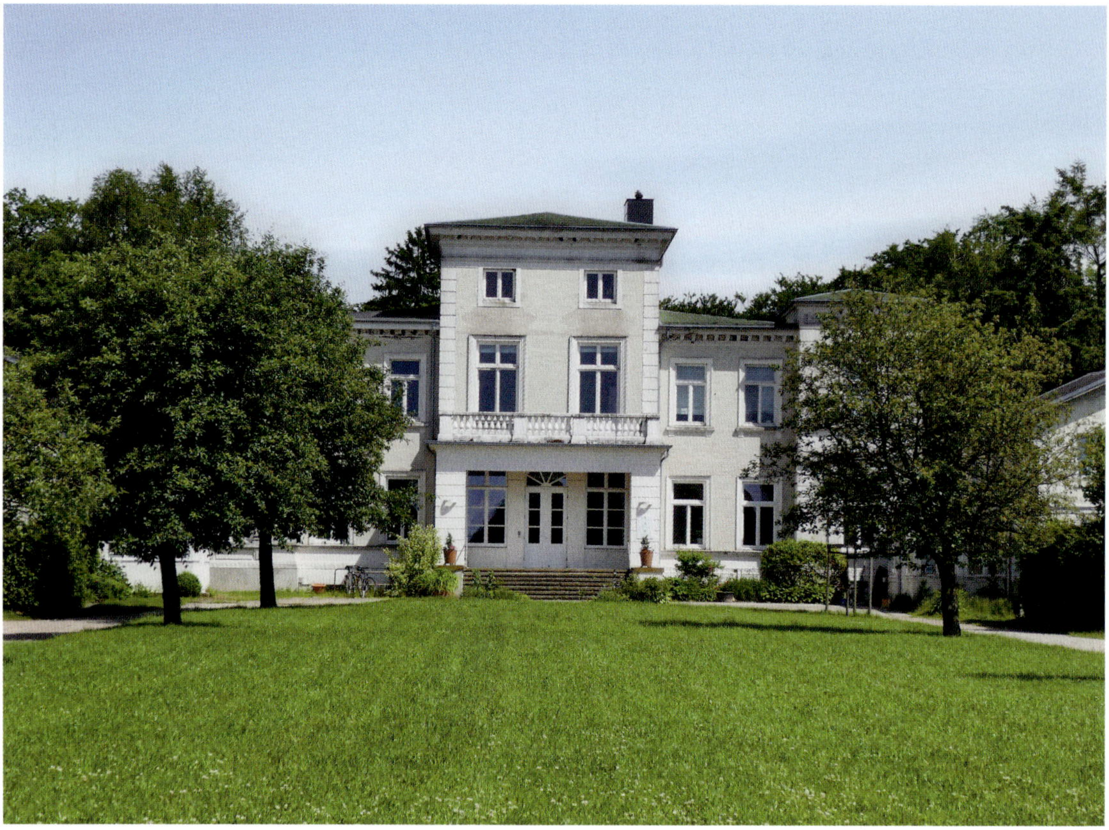

Gutshaus Wulksfelde vor den Toren der Stadt

Rechts: Auf dem nördlichen Abschnitt darf die Alster noch mäandern.

Passend zur Stadt dreht sich alles um Wasser. Die Rodenbek und die Bredenbek rauschen lustvoll talwärts, schlängeln sich durch Erlenwälder, um schließlich in die Alster zu münden. Aus den Hängen sprudeln Quellen, manche eisenhaltig, wie man an der orange-roten Färbung erkennt. Sie speisen Bäche, Wasserläufe und Teiche im Wald, der trotz aller Beliebtheit etwas Märchenhaftes behält. Längst ist die Alster breit genug, um von Kanuten und SUPlern befahren zu werden. An der ❹ **Mellingburger Schleuse** aus dem 16. Jahrhundert kann man entspannt pausieren und den Freizeitkapitänen dabei zusehen, wie sie ihre schiffbaren Untersätze über Land tragen. Schon kurz darauf erfreut der ❺ **Hohenbuchenpark** mit seinen tatsächlich hohen Buchen, aber auch Eichen, Eschen, Birken und Linden das Auge. Der anschließende ❻ **Hennebergpark** gehörte zum Anwesen der gleichnamigen Familie, die einst beinahe ganz Poppenbüttel besaß. Er wurde im Stil eines englischen Landschaftsgartens angelegt. Besonderer Hingucker ist die Replik der thüringischen Burg Henneberg im Maßstab 1:4. Sie steht auf einem künstlichen Hügel und ist leider nicht zu besichtigen. Am Saseler Damm endet der nördliche Teil des Alsterwanderwegs. Über Poppenbüttler Landstraße und Kritenbarg geht es zur Ⓔ **S-Bahn Poppenbüttel**.

Südlicher Alsterwanderweg

Auch die 22 Kilometer zwischen Poppenbüttel und der Elbe sind eine lohnenswerte Unternehmung. Zwar enden die Bruch- und Auwaldrelikte bereits hinter Fuhlsbüttel. Aber Bäume bestimmen nach wie vor das Bild an der Alster, und nicht zuletzt in Eichpark, Haynspark und Alsterpark gibt es wunderbare Exemplare zu bestaunen.

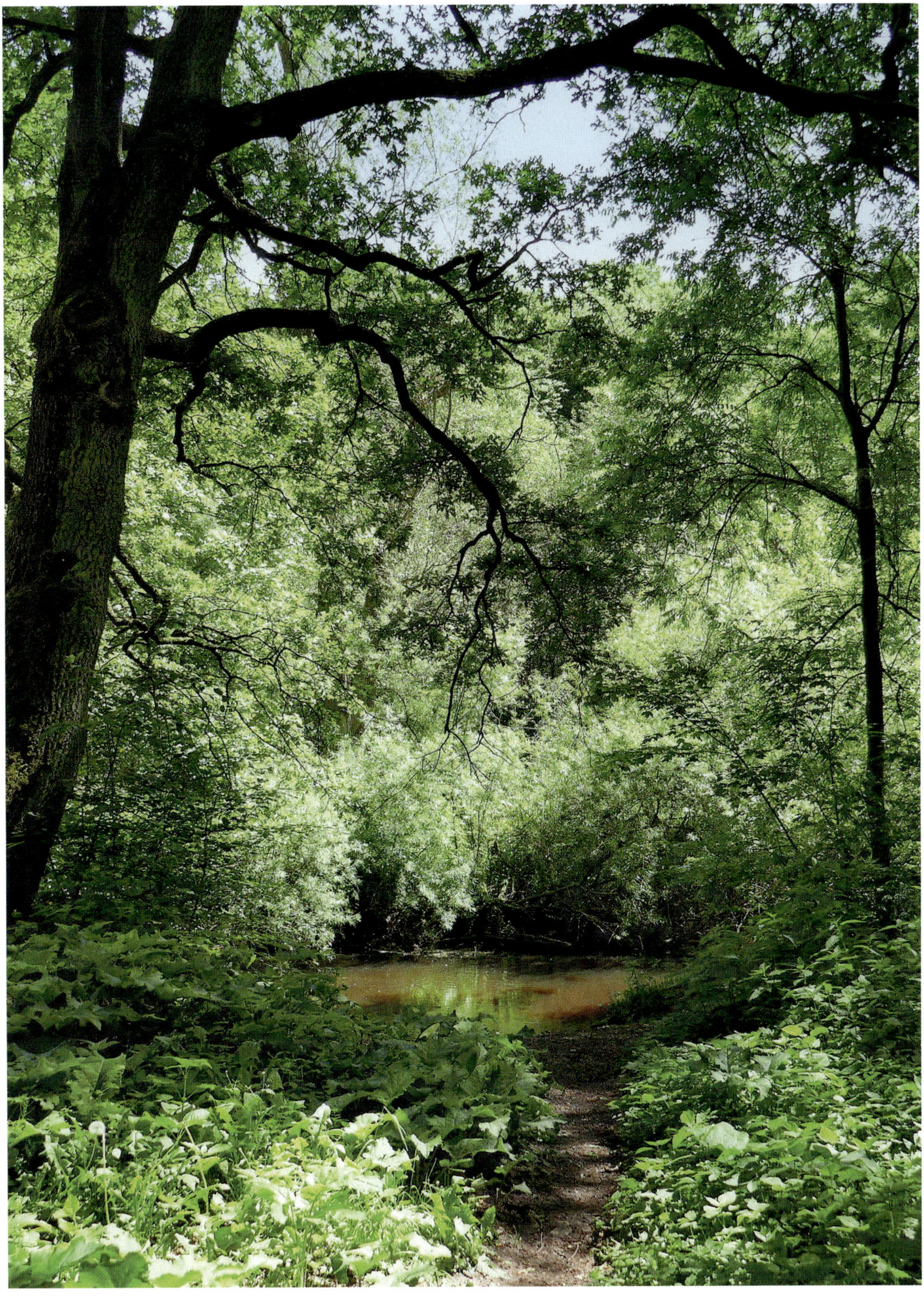

18 Kranika und Lütjensee

Petri Heil und Waidmanns Dank

Leicht | 10 km | 18/15 Hm | 2.30 Std.

Tourencharakter
Lockere See-, Moor- und Waldrunde auf gepflegten Wegen

Ausgangs-/Endpunkt
Parkplatz am Seeredder

Anfahrt
Auto: Über A1 Ahrensburg, L 224
Bus & Bahn: Regionalbahn bis Rahlstedt, weiter mit Buslinie 364 bis Lütjensee

Beste Jahreszeit
Sommer

Einkehr
Kein Mangel, siehe Text

Die Wälder und Seen der Stormarnschen Schweiz galten von der Jahrhundertwende bis in die 1960er-Jahre als Fremdenverkehrsgebiete. Man erkennt es noch an den Ausflugslokalen. Manche haben sich weniger verändert als die Natur, die sich seit den 1990er-Jahren wieder erholen darf.

See, Moor, Wald Für Schleswig-Holstein ungewöhnlich, sind weite Uferbereiche des Lütjensees in privatem Besitz und daher der Allgemeinheit entzogen. Die einzig frei zugängliche Badestelle mit Liegewiese befindet sich am Nordufer beim Ⓐ **Restaurant und Biergarten Il Lago**. Dort startet ein Uferweg, auf dem nach etwa 800 Metern der ❶ **Seehof** erreicht ist. Das urige Ausflugslokal wirkt herrlich aus der Zeit gefallen und galt vor der Pandemie als eines der besten Fischrestaurants Deutschlands. Leider hat bisher nur das Hotel den Betrieb wieder aufgenommen (Stand: Juli 2023). Von Mittwoch bis Sonntag öffnet der Fischladen des Seehofs. Der Fisch stammt aus eigener Zucht. Der Weg schlängelt sich in den Wald hinauf, der ❷ **die Kranika** umgibt.

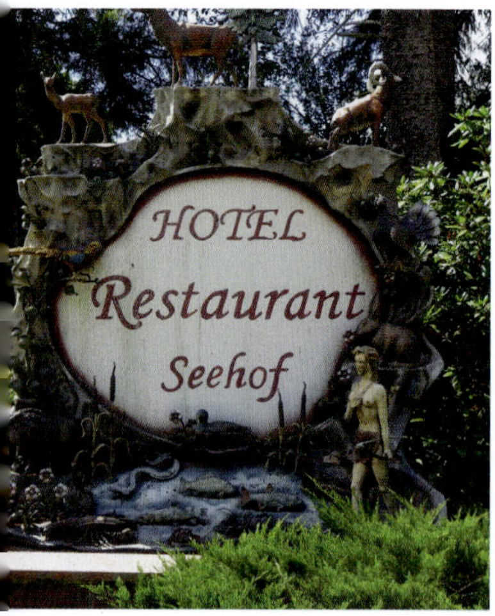

Der Seehof steht für Fisch aus eigener Zucht.

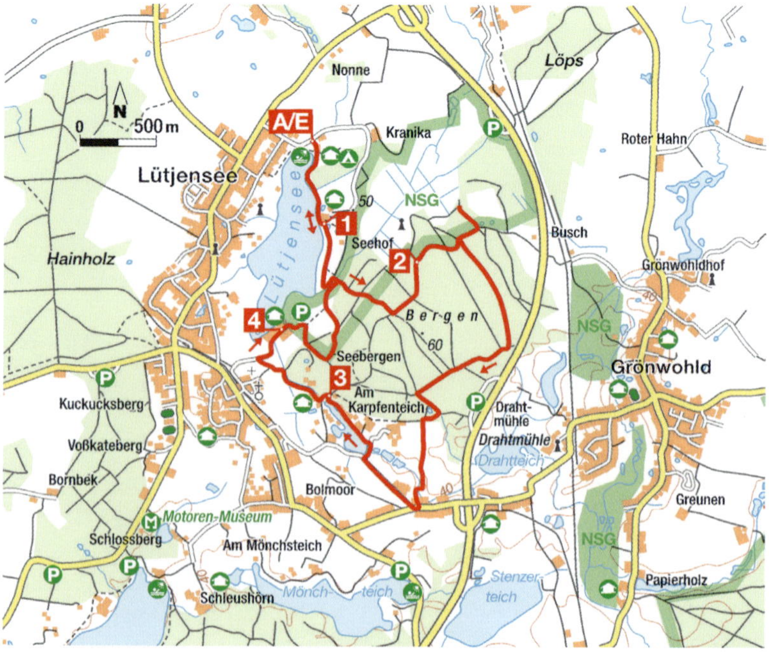

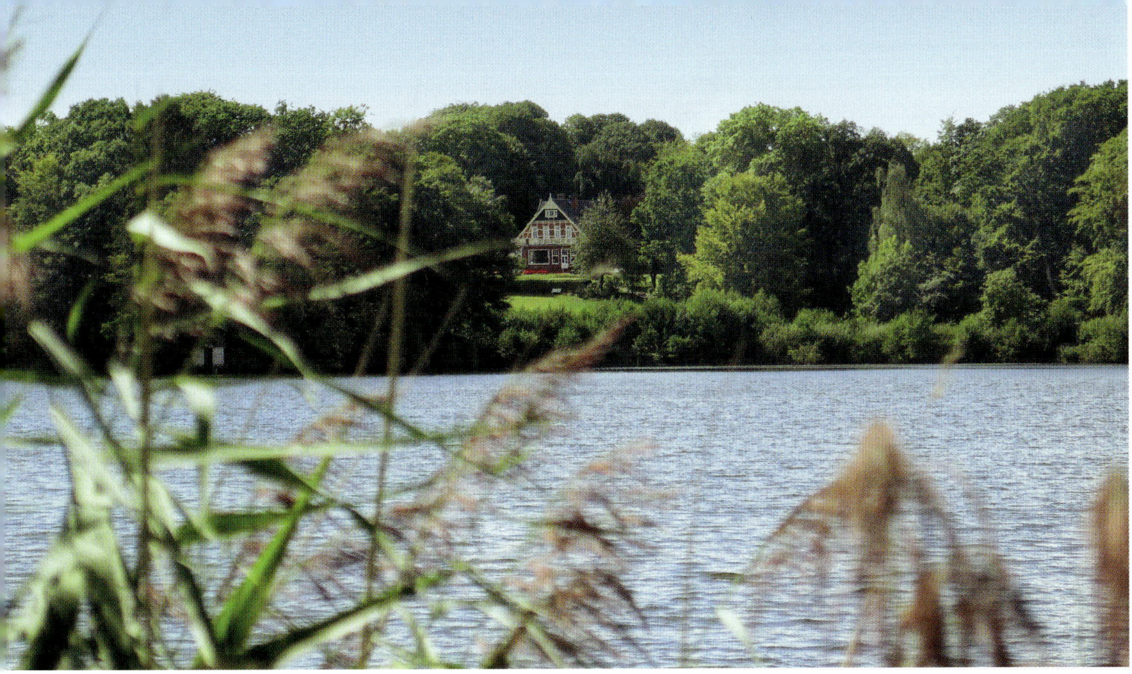

Der Lütjensee in Lütjensee

Der Name des 97 Hektar großen Naturschutzgebiets geht auf eine kleine Hofstelle, die Kranich-Kate, zurück. Im Hochmoor bauten Bauern früher Torf als Brennmaterial ab. Heute zeichnet sich die Kranika durch eine große Vielfalt von Biotopen aus: Feuchtgrünland, Hochstaudenfluren, Moore, Bruch- und Feuchtwälder bieten die unterschiedlichsten Lebensräume für zum Teil stark gefährdete Tier- und Pflanzenarten. Daher darf man auch nicht mitten in die Kranika hineinstiefeln, man kann sie nicht einmal umrunden. Ein mit roten Pfeilen markierter Wanderweg zieht sich am Rand des Schutzgebiets in östlicher Richtung. Dort verhindert die Bundesstraße das weitere Fortkommen.

Bewirtungstraditionen Wenn der Weg nach insgesamt 3,3 Kilometern rechter Hand abzweigt, lohnt sich ein kulinarischer Abstecher. Der Pfad windet sich in den Forst Bergen und leitet zum ❸ **Forsthaus Seebergen** mit seinen idyllischen Schwanenteichen und Streichelgehegen. Das heutige Hotel und Restaurant mit Terrasse und guter deutscher Küche gehörte einst zum gleichnamigen Gut. Seine Geschichte als Ausflugsziel reicht aber schon mehr als 70 Jahre zurück. Noch älter ist die Bewirtungstradition in der ❹ **Fischerklause am See**, die Forellen und Flusskrebse aus dem See serviert. Dort kann man im Sommer auch Boote ausleihen, denn die Fischerklause liegt direkt am Lütjensee und ist vom Forsthaus über die Straße Seebergen nach 600 Metern erreicht. Vom Bootshaus lässt sich der Waldweg schon erkennen, auf dem es nun zurück geht. Er trifft nach 800 Metern auf den ufernahen Wanderweg, der einen, wie gekommen, zurück zum Ausgangspunkt am Ⓔ **Nordufer** des Lütjensees leitet.

Stiftung Naturschutz

Wie so häufig in Schleswig-Holstein findet man auch in der Kranika Stiftungsland. Die Stiftung, die ihre Arbeit 1978 auf einer Fläche von zwei Fußballfeldern aufnahm, betreut und gestaltet mittlerweile 37 000 Hektar. Wer mitmachen oder eine der Exkursionen und Veranstaltungen besuchen möchte, findet mehr Infos unter www.stiftungsland.de

19 In der Hahnheide

Ein Otto steht im Walde

Leicht 10 km 62/65 Hm 2.30 Std.

Tourencharakter
Gut ausgeschilderte Wege, verliert man doch mal einen, bringt schon der nächste Abzweiger zurück auf den richtigen

Ausgangs-/Endpunkt
Parkplatz Waldeslust

Anfahrt
Auto: Über A24 Schwarzenbek/Grande, B404 bis Kuddewörde, weiter über Hamburger Straße und Möllner Straße bis Dorfstraße Hamfelde
Bus & Bahn: Regionalbahn bis Schwarzenbek, weiter mit Buslinie 8880 bis Hamfelde, Am Mühlenteich, von dort 1,1 km zu Fuß über Dorfstraße bis zum Ausgangspunkt

Beste Jahreszeit
Ganzjährig

Einkehr
Gasthof Waldeslust

Zunächst: Die Hahnheide ist ein Wald. Dann: Sie ist ein besonders malerischer Wald mit sanften Hügeln und Aussichtsturm. Am meisten aber beeindruckt sie als eine der größten Naturwaldzellen Schleswig-Holsteins. All das und mehr erlebt man auf dieser Tour.

Ein Name führt in die Irre Wenn ein Parkplatz **A Waldeslust** heißt, liegt er in der Regel im Wald. So ist das auch in Hamfelde am Rand der Hahnheide, deren Name sich zwar von »Hohe Heide« ableitet, die aber zu 95 % Wald bedeckt. Sein Saum ist rasch über die Dorfstraße erreicht, links geht es in die Straße Hasenberg, die im wahrsten Sinne des Wortes im Sand verläuft und auf einen weiteren **1 Wanderparkplatz** mündet. Dort kann es allerdings schon einmal an Platz mangeln, nicht jedoch an

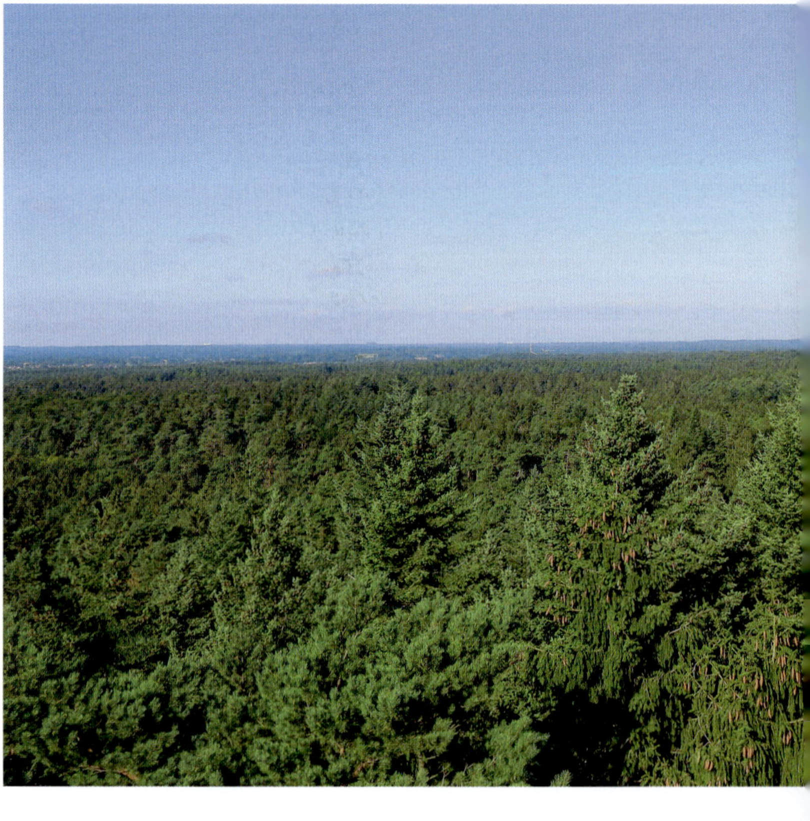

Bis nach Lübeck und Hamburg reicht der Blick vom Langen Otto an klaren Tagen.

Wanderern. Denn das 1450 Quadratkilometer große Waldgebiet ist mit seinen Tälern, Bächen und gut ausgebauten Rundwegen ein beliebtes Ausflugsziel der Städter. Schon 1938 wurde die Hahnheide unter Schutz gestellt. Damals ging es den Aktivisten in erster Linie darum, die Ansiedelung eines Rüstungsbetriebs zu verhindern. Heute ist man besonders dankbar, dass sich diverse natürliche Lebensräume erhalten haben. Rechts der Informationstafel führt der Rundwanderweg 28 leicht bergauf. An einer Wegkreuzung erinnert eine verwitterte Gedenktafel auf einem Findling an den Wildhüter Daniel von Jossau, der dem Kronprinzen von Dänemark ungeachtet seiner 70 Jahre einen Achtzehnender geschickt vor die Flinte trieb. Das plattdeutsche Zitat empfiehlt, sich dem Wild bei der Jagd stets gegen die Windrichtung zu nähern. Kurz darauf legt ein Wegweiser den Wanderern einen Abstecher zum Turm ans Herz.

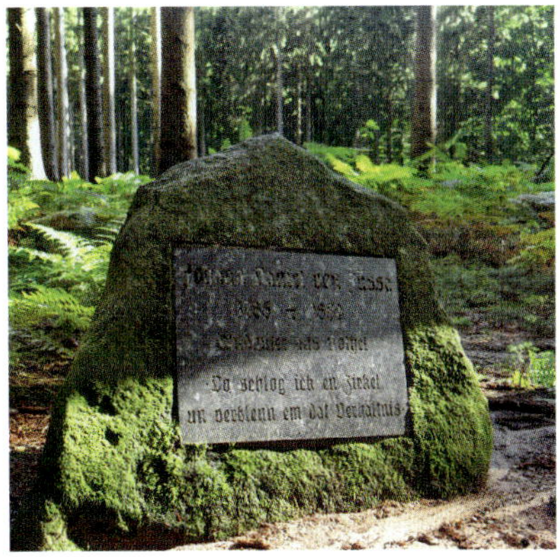

Plattdeutscher Schnack statt Jägerlatein

Die Hahnheider Berge Während Alpinisten beim Aufstieg auf den Großen Hahnheider Berg schmunzeln dürften, freuen sich Norddeutsche über die ungewöhnliche Anstrengung. Zumal auf dem 99 Meter hohen Gipfel auch noch die 128 Stufen des hölzernen Aussichtsturms warten. Der ❷ **Lange Otto** bietet einen herrlichen Rundumblick, der bei sehr guter Sicht sogar bis Hamburg und Lübeck reicht. Das Wald-

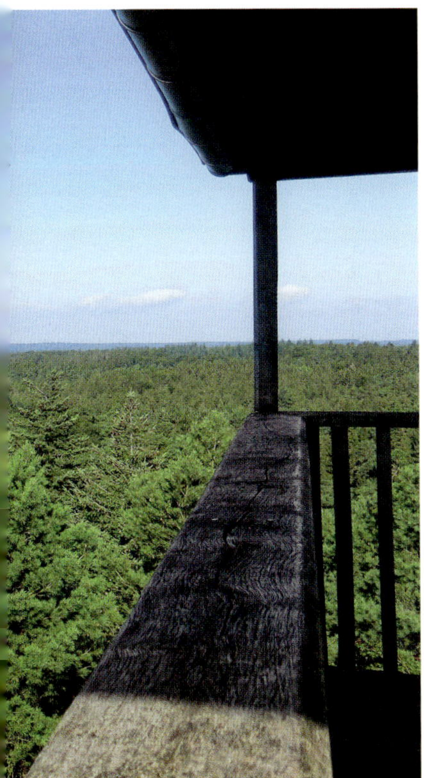

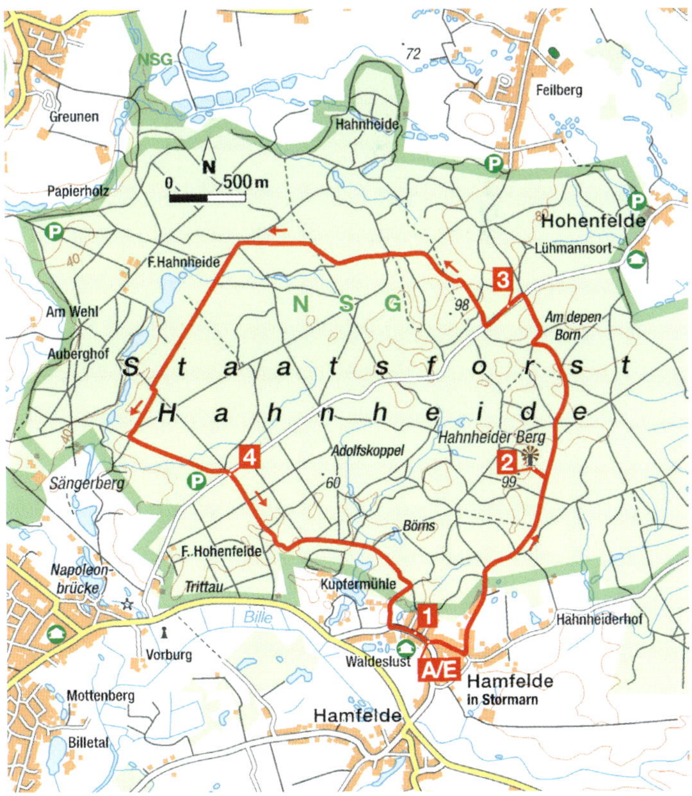

gebiet der Hahnheide besteht aus abgelagerten Sanden der vorletzten Eiszeit, die in der letzten Eiszeit zu den Hahnheider Bergen aufgeschoben wurden. Dabei ragt der Kleine Hahnheider Berg am höchsten aus der Landschaft. Er übertrifft den Großen Hahnheider Berg um exakt einen Meter und einen Zentimeter. Die Böden der »Berge« sind sandig und nährstoffarm. Für die Nadelholz-Monokulturen, die Mitte des 19. Jahrhunderts durch Forstwirtschaft entstanden, war das optimal. Längst hat man sich aber daran gemacht, sie in widerstandfähige Mischwälder umzuwandeln.

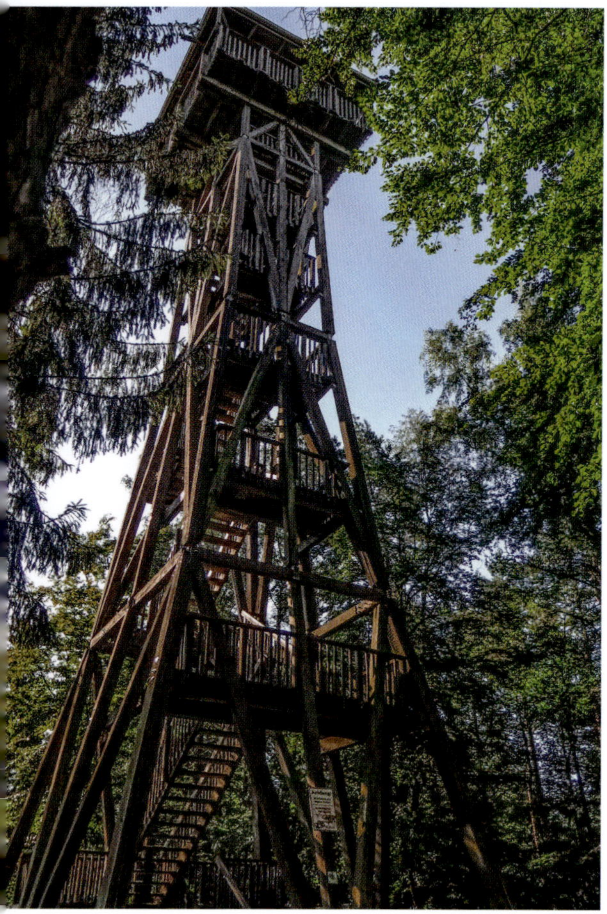

Ein 27 Meter hoher Aussichtsturm thront auf dem 99 Meter hohen Gipfel des Großen Hahnheider Bergs.

Der Sommerweg Der Rundwanderweg 28 leitet durch lichten Kiefer- und Fichtenbestand: eine ideale Umgebung für den imposanten, aber giftigen Adlerfarn. Nachdem Laubbäume die Nadelgehölze abgelöst haben, wird ein Naturwaldbereich erreicht. Teile der Hahnheide werden seit 1982 nicht mehr bewirtschaftet und dürfen sich ganz natürlich entwickeln. Hier prägen uralte Bäume und viele kleine Feuchtgebiete das Bild. Mit rund 210 Hektar Naturwald hält die Hahnheide diesbezüglich die Spitzenposition aller Landesforsten in Schleswig-Holstein. Nach insgesamt guten drei Kilometern ist der ❸ **Hohenfelder Damm** erreicht. Die kopfsteingepflasterte Straße aus dem 18. Jahrhundert nebst unbefestigtem Sommerweg steht unter Denkmalschutz. Sommerwege wurden früher vorgehalten, um Baumaterial zu sparen. Der Name bezieht sich darauf, dass sie bei Regen zu Matschkuhlen und damit unpassierbar wurden.

Die reine Waldeslust Dem Sommerweg linker Hand folgend, zweigt nach etwa 350 Metern rechts der Rundwanderweg 23 ab. Jetzt macht die Stormarnsche Schweiz ihrem Namen alle Ehre. Es geht auf und ab über die Endmoräne, bis nach einem guten Kilometer und einer Linkskurve der Rundwanderweg 22 auftaucht. Man hält sich links und dann am Wegende wieder links, um zum ❹ **Wanderparkplatz Doktorbaum** zu gelangen. Hier schließt sich der Rundwanderweg 25 an, der auf Höhe der Kupfermühlenteiche gemeinsam mit dem Rundkurs 26 verläuft. Auf Letzterem sind es nur noch 500 Meter, bis rechter Hand ein Wegweiser zur Ⓔ **Waldeslust** selbige einerseits beendet und andererseits mit dem gleichnamigen Gasthof einläutet.

Naturwaldzellen

In Naturwaldreservaten sind Eingriffe streng untersagt. Alle Prozesse sollen natürlich ablaufen, sodass im Laufe der Zeit wieder Urwälder entstehen. Knapp 750 solcher Wälder gibt es in Deutschland. In Schleswig-Holstein sind es gerade mal 16 und in Hamburg gar nur vier. Immerhin: Niedersachsen legt sich mit über 100 Naturwäldern für den Norden ins Zeug.

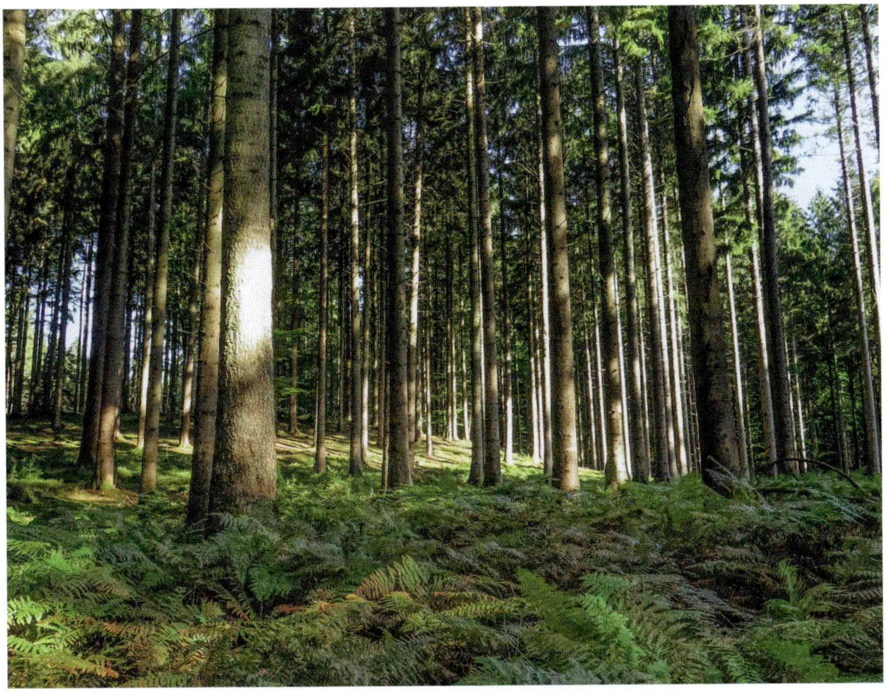

Wenn Sonne durch Baumkronen bricht, setzt sie wunderbare Lichtpunkte auf Waldboden und Pflanzen.

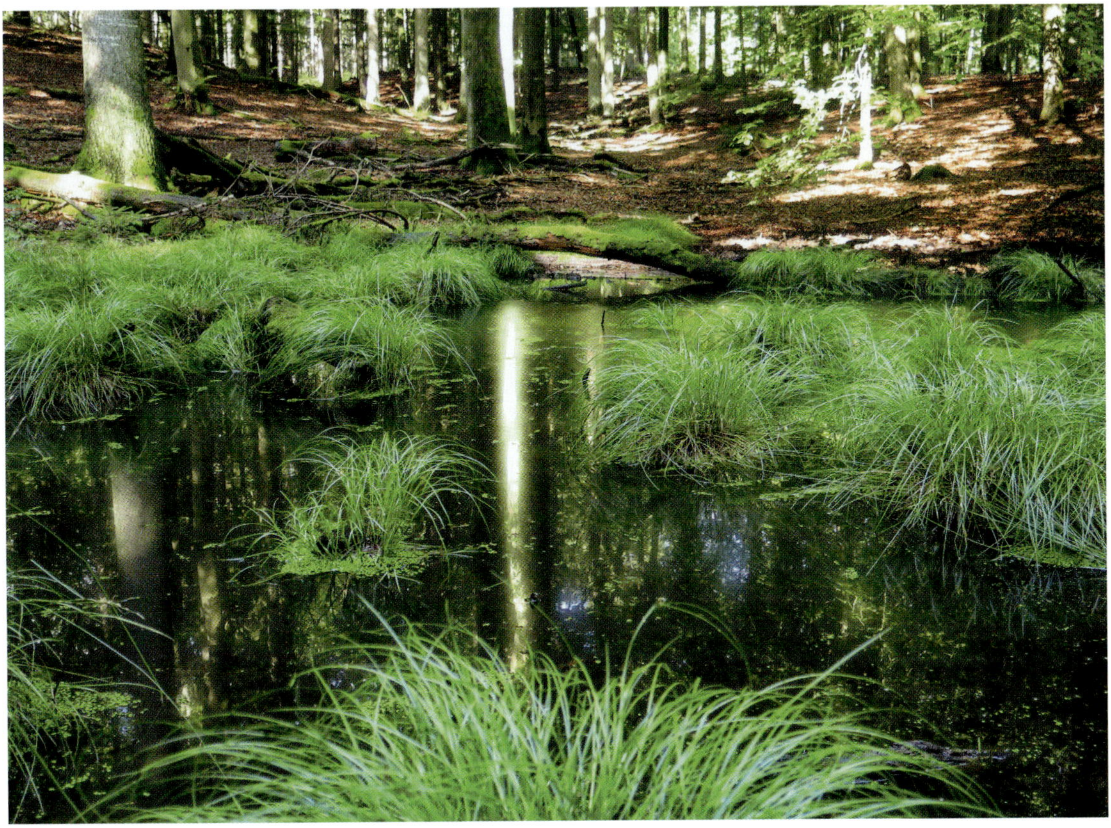

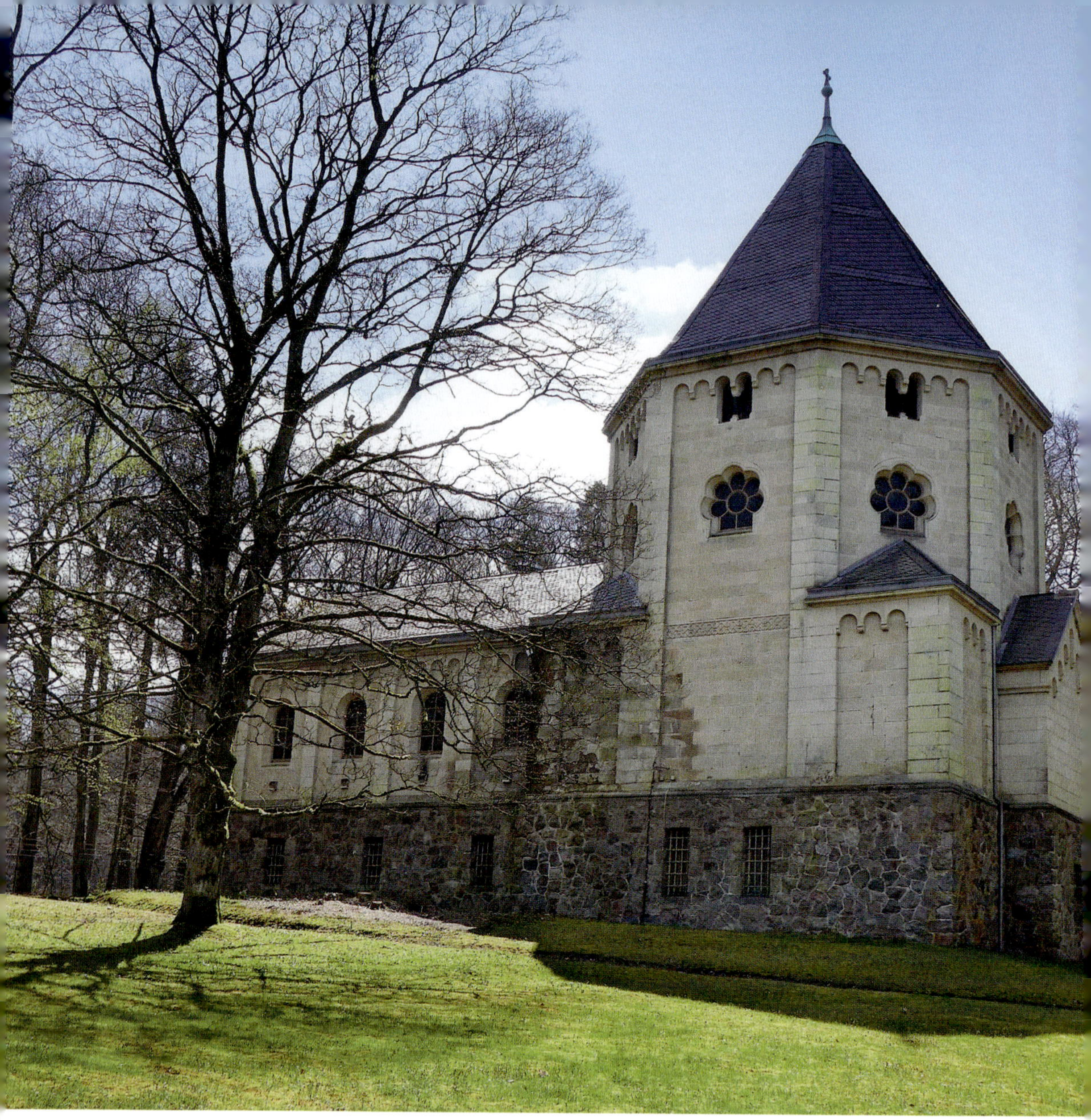

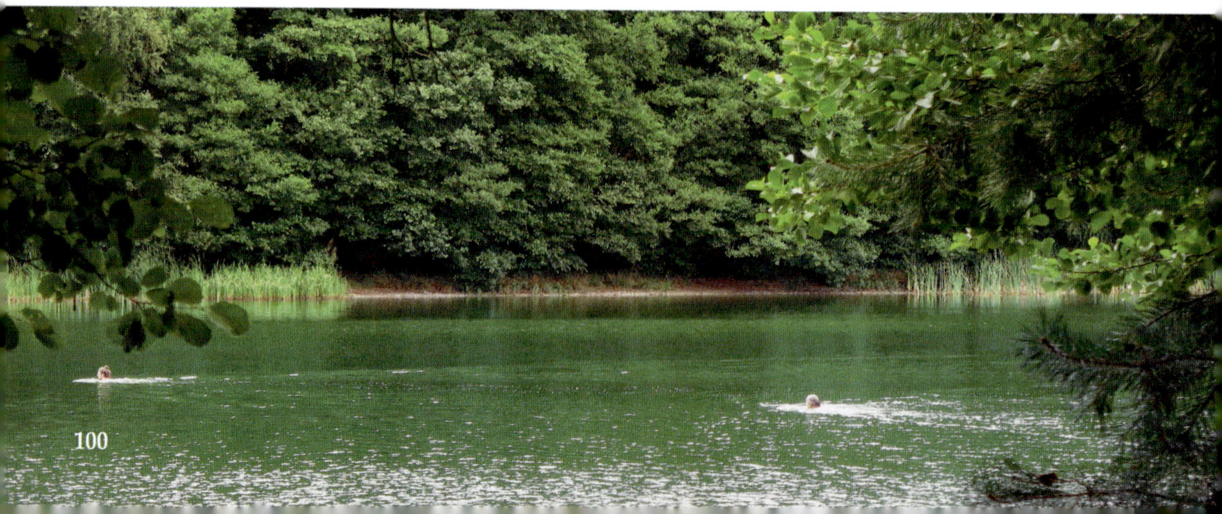

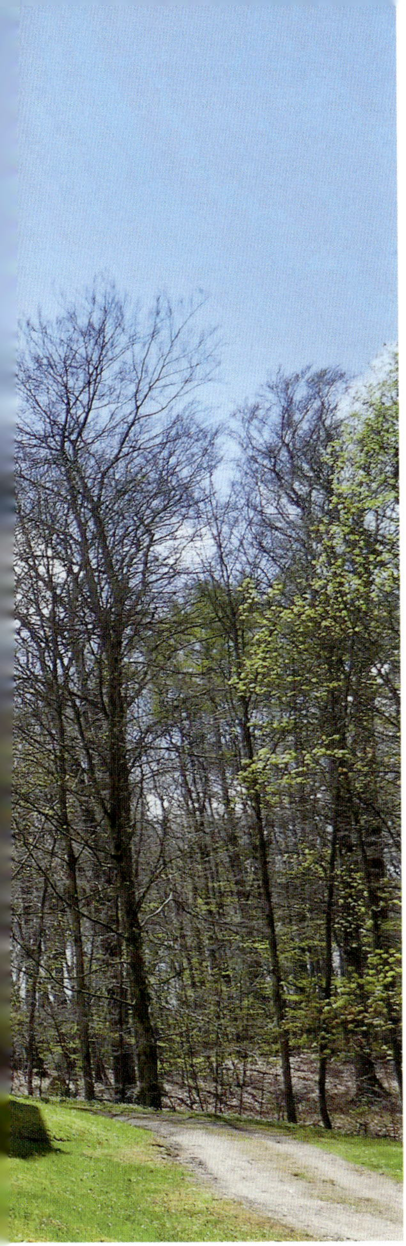

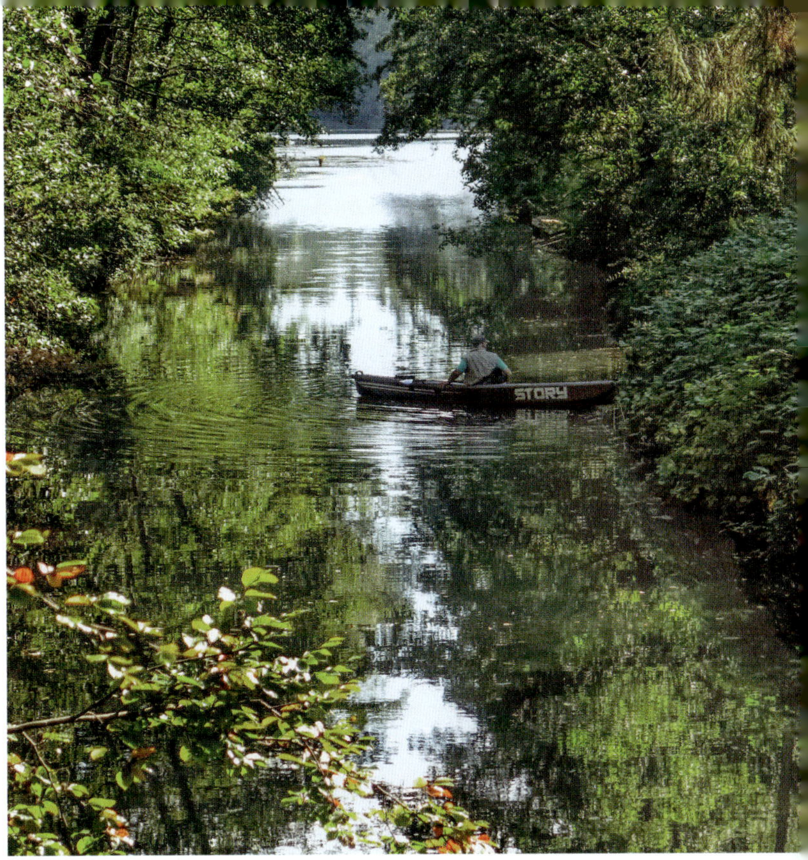

Herzogtum Lauenburg

Das Bismarck-Mausoleum auf dem Schneckenberg in Friedrichsruh (o.li.). Den Schaalsee teilen sich Schleswig-Holstein und Mecklenburg-Vorpommern (o.re.). Die Ruinen einer alten Pulverfabrik in den Besenhorster Sandbergen (u.re.). Waldbaden im Pinnsee bei Mölln (u.li.).

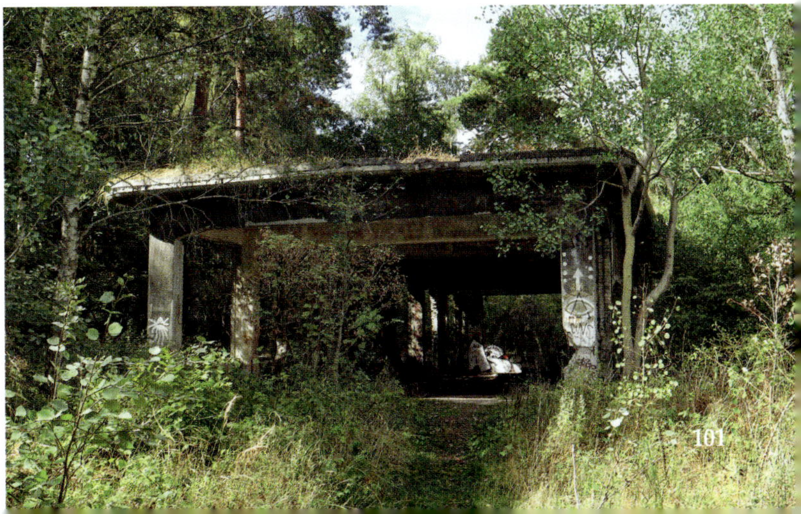

20 Im Sachsenwald

Bismarck, Boxer, Bahngeschichte

Leicht 8 km 37/39 Hm 2 Std.

Tourencharakter
Waldspaziergang mit kulturellen Höhepunkten im größten Wald Schleswig-Holsteins

Ausgangs-/Endpunkt
S-Bahn Aumühle

Anfahrt
Auto: Über A24 Reinbek/Glinde, weiter über K80 bis Aumühle
Bus & Bahn: S21 Aumühle

Beste Jahreszeit
Frühling

Einkehr
Waldesruh am See, Forsthaus Friedrichsruh

Von dem riesigen Urwald aus Eichen und Buchen, der sich einst von der Ostsee bis nach Niedersachsen ausdehnte, ist der Sachsenwald übriggeblieben. Das Revier Aumühle stand bei Hamburgern schon immer hoch im Kurs und erfreut Wander- wie Kulturfreunde gleichermaßen.

Sommerfrische und Waldesruh Vor den Toren Hamburgs, in östlicher Richtung, macht das Herzogtum Lauenburg seinem Ruf als waldreichster Landkreis von Schleswig-Holstein alle Ehre. Der Sachsenwald ist mit 70 Quadratkilometern das größte zusammenhängende Waldgebiet im nördlichsten Bundesland und zudem hervorragend an die Hansestadt angeschlossen. In zwanzig Minuten erreicht die S-Bahn von der City aus den Ⓐ **Bahnhof Aumühle**. Die Bahnhofstraße leitet direkt in den Sachsenwald. Bereits seit 1737 zieht es die Hamburger hierher. Im Vorgänger des Ausflugslokals Waldesruh, das man von der Weggabelung aus sehen kann, machten die Pferde und Kutschen der Ausflügler fest. Aber so richtig fing der Trubel erst an, als 1864 die erste Eisenbahnstrecke eröffnet

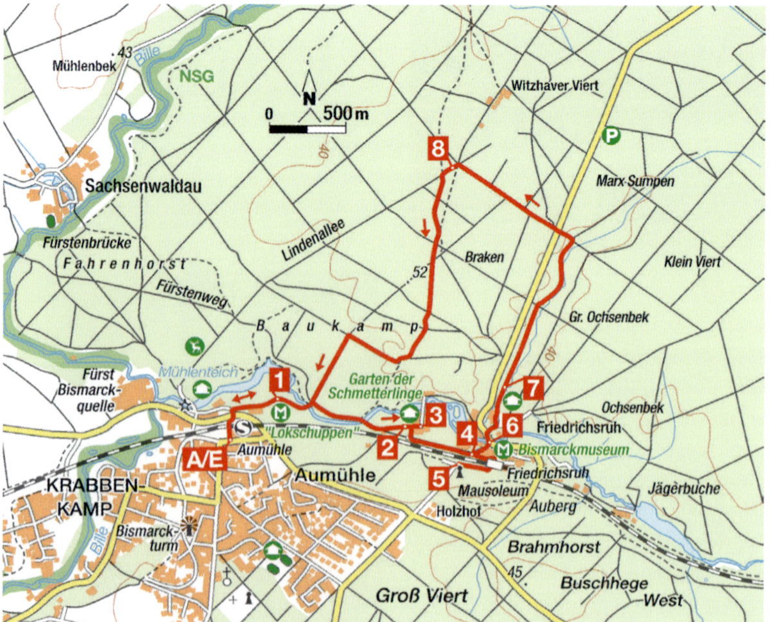

Rechts oben: der alte Schlossteich

Unten: das Bismarck-Museum

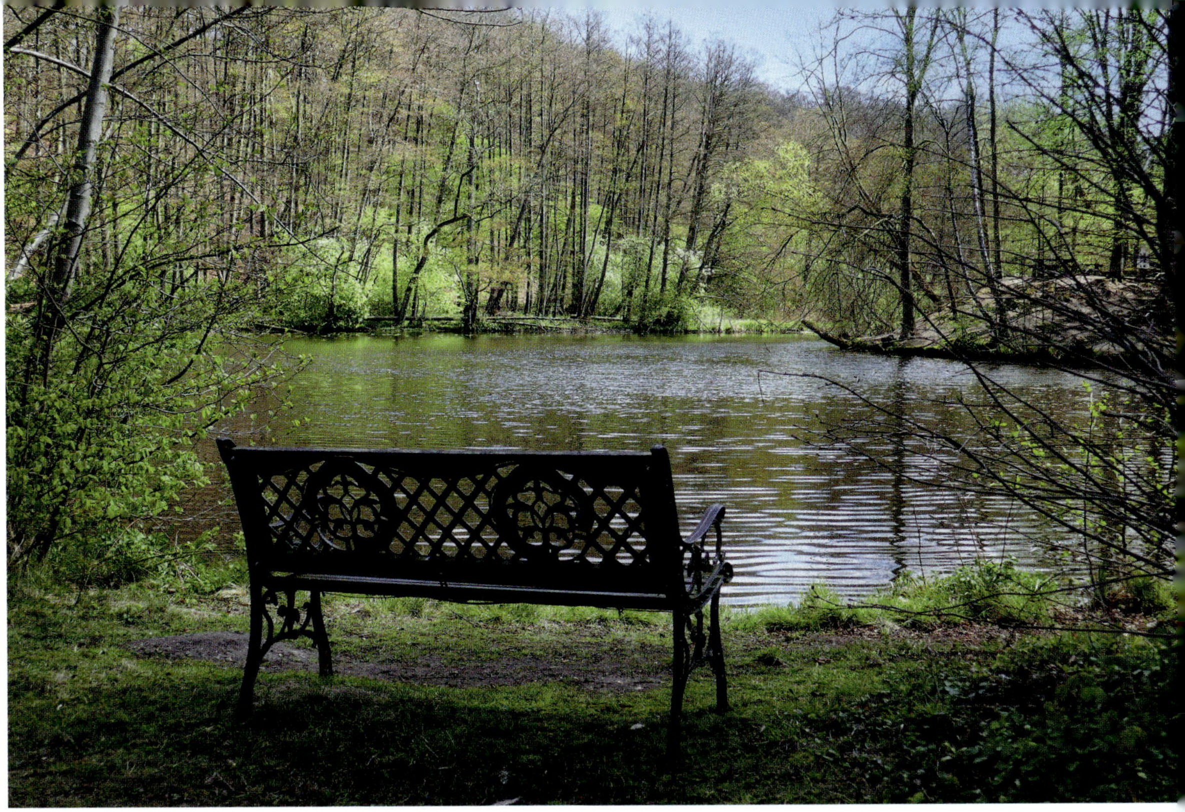

wurde. Dem Waldweg rechter Hand etwa 500 Meter folgend, gelangt man zum kostenfreien ❶ **Museum Lokschuppen**, in dem die Eisenbahngeschichte lebendig wird. Ein Pfad knickt rechts zu der historischen Abstellanlage der Jahrhundertwende. Dort erklimmt man historische Dampflokomotiven und altmodische Speisewagen, bevor es auf dem Hauptweg weitergeht, immer an der Schwarzen Au entlang bis zum ❷ **Schlossteich**.

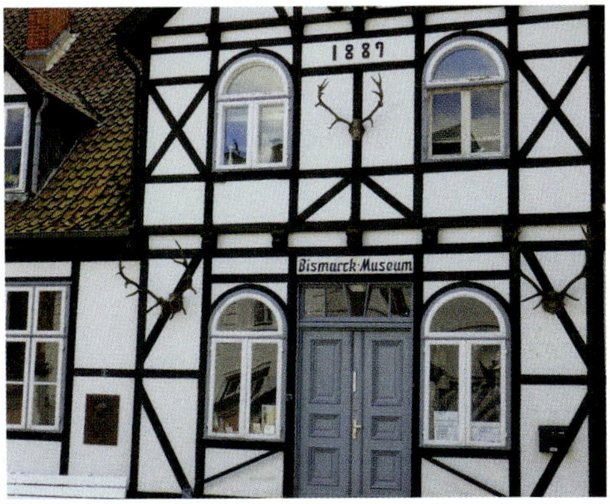

Bismarck und Friedrichsruh 1871 konnte der Sachsenwald einen illustren neuen Anwohner begrüßen. Kaiser Wilhelm I. machte den Wald seinem Reichskanzler Otto von Bismarck zum Geschenk. Teile gehören noch heute der Familie. In den ehemaligen Gewächshäusern betreibt sie seit über 30 Jahren den ❸ **Garten der Schmetterlinge**. Er ist von Frühling bis zum Herbst geöffnet. Dann flattern über 1000 exotische Falter durch das Tropenhaus. Die größte der 40 Arten, der Atlasspinner, bringt es auf eine Flügelspannweite von rund 30 Zentimetern. Im Freigelände blühen in verschiedenen Gärten Rosen, Azaleen, Rhododendren und Duftpflanzen. Im »Singenden Wassergarten« tummeln sich Kois zwischen Kamelien, Farnen und Bambus. Den Schlossweg begleitet

Eisvogeltour und Kupferweg

Rund um Friedrichsruh starten sechs Wanderrouten. Diese Tour kann gut mit dem 8,9 Kilometer langen Eisvogelweg kombiniert werden, der unter anderem zur Fürst-Bismarck-Quelle führt. Viel Waldvergnügen verspricht auch der Kupferweg. Die 5,5 Kilometer lange Schleife setzt beim Forsthaus Friedrichsruh ein. Eine Wegbeschreibung liegt dort im Foyer aus.

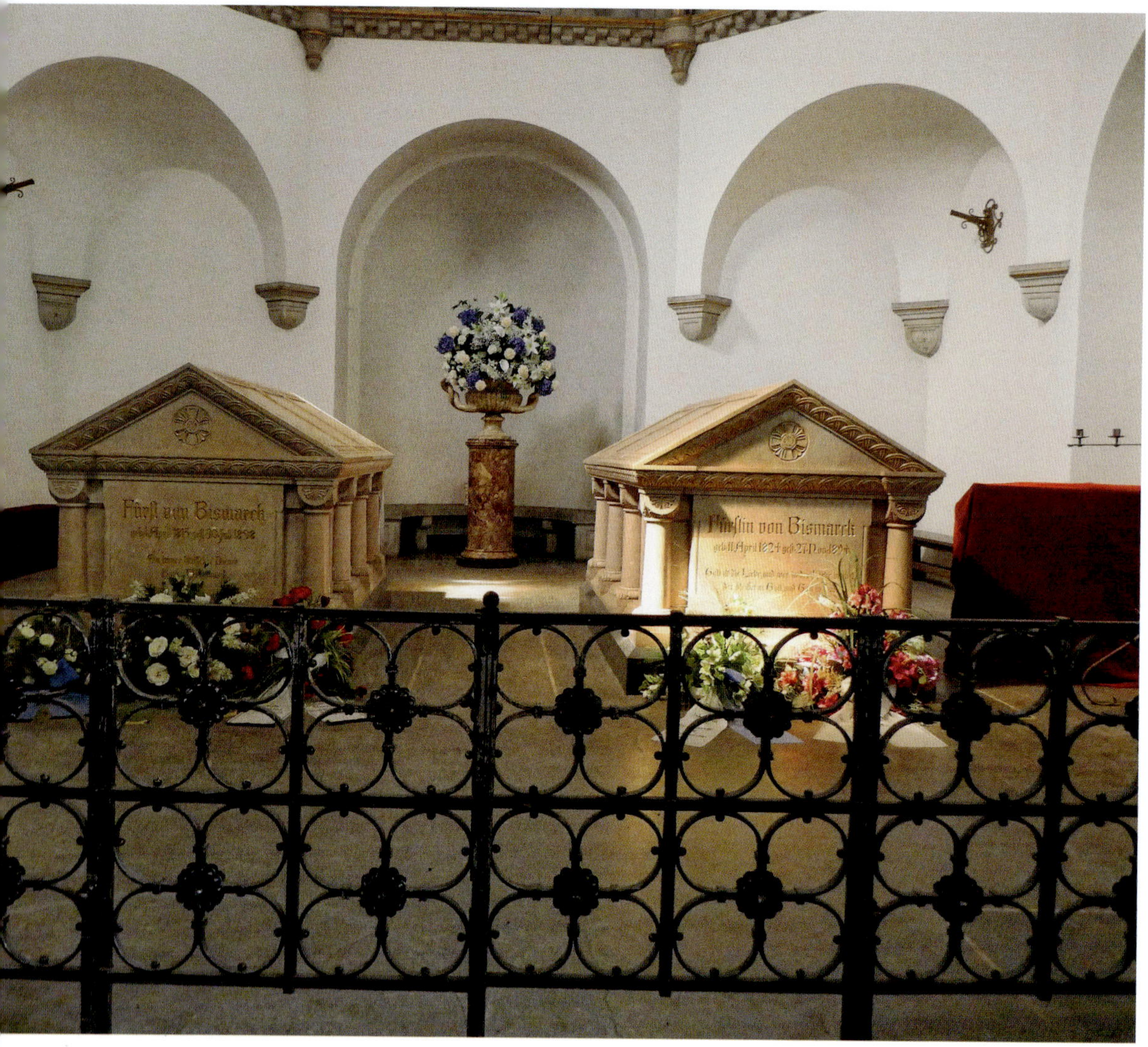

Bismarck wollte jeden zum »Totfeind« erklären, der ihm ein Museum errichte. Allein in Friedrichsruh sind es heute drei.

eine Mauer, hinter der einst das Deutsche Reich regiert wurde. Bei dem Gebäude handelt es sich um ein ehemaliges Hotel. Bismarck mochte es praktisch und wäre selbst nie auf den Gedanken gekommen, seinen Wohnsitz als Schloss zu bezeichnen. Das geschah erst später. Das Anwesen ist nicht zu besichtigen. An Bismarck-Gedenkstätten herrscht dennoch kein Mangel. Im alten Empfangsgebäude des Bahnhofs Friedrichsruh – die Schloßstraße läuft genau darauf zu – residiert die ❹ **Otto-von-Bismarck-Stiftung**. Sie gehört zu den sechs Politikergedenkstiftungen des Bundes. Die Dauerausstellung beleuchtet durchaus kritisch die Politik des Reichskanzlers und ihr Nachwirken bis in die heutige Zeit. Durch eine Unterführung beim Bahnsteig gelangt man ins ❺ **Bismarck-Mausoleum**. Die denkmalgeschützte Grabkapelle im romanischen Stil lohnt schon allein wegen des exotischen Ausblicks vom Schneckenberg. Norddeutsche fühlen sich hier in südliche Gefilde versetzt. Zurück auf der Schloßstraße, folgt man der abknickenden Museums-

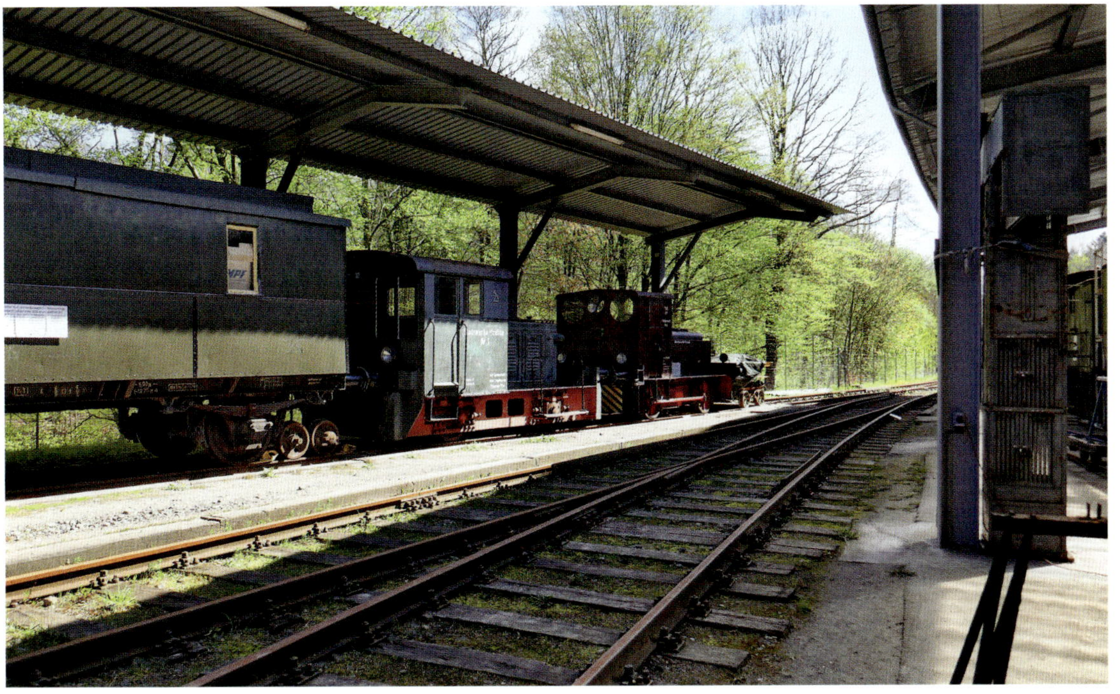

straße, wo noch das ❻ **Bismarck-Museum** zu besuchen wäre. Besonders interessant erscheint das nachgestellte Arbeitszimmer des »Eisernen Kanzlers«.

Oben: Eisenbahn-Nostalgie im Lokschuppen Aumühle

Unten: Das Forsthaus versteht sich als kulinarische Liebeserklärung an den Wald.

Schmeling und der Sachsenwald Am Ende der Museumsstraße geht es links in die Rosenstraße und gleich wieder rechts den Ödendorfer Weg hinauf. So machen das Waldwanderer schon seit 140 Jahren, um im idyllischen ❼ **Forsthaus Friedrichsruh** einzukehren. Für eine Weile pilgerten auch Schaulustige und Zeitungsreporter dorthin. Das war 1938, als der Speisesaal für Max Schmeling zur Trainingshalle umgebaut wurde. Den erhofften Weltmeistertitel errang der Boxer zwar nicht, doch dafür ist ihm heute ein Wanderweg im Sachsenwald gewidmet. Er führt hinter dem Forsthaus links in den Wald und ist mit einer 2 gekennzeichnet. Nach etwa 1,2 Kilometern geht es bei einem Hügelgrab links zur L208. Nach ihrer Querung taucht der Weg für rund 600 Meter wieder in den Wald, bevor er auf die kreuzende ❽ **Lindenallee** trifft. Hier schickt die 2 nach links und etwa 120 Meter weiter noch einmal links auf einen Pfad. Er windet sich in südlicher Richtung knapp 1,5 Kilometer durch den Wald. Dann knickt er rechts ab und verbreitert sich zu einem ordentlichen Weg. Bei nächster Möglichkeit hält man sich links und spaziert bis zu einer kleinen Brücke in Sichtweite des Eisenbahnmuseums. Von hier aus geht es zurück wie gekommen bis zum Ⓔ **Bahnhof Aumühle**.

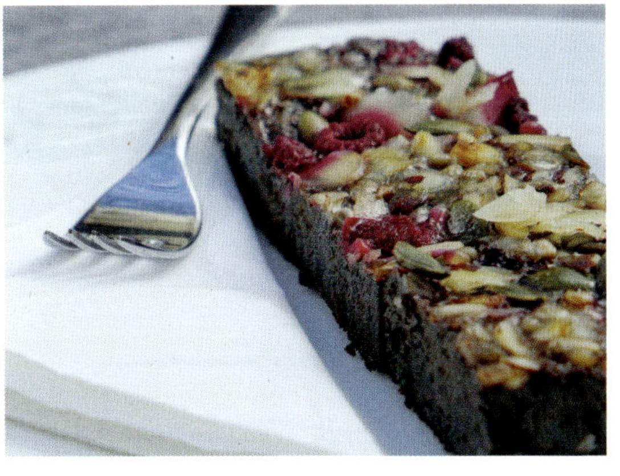

21 Möllner Waldlandschaft

Wo Till Eulenspiegel wanderte

Mittel 14 km 49/51 Hm 3.30 Std.

Tourencharakter
Erholsame Tour vom mittelalterlichen Städtchen in die wunderbar ruhige Waldumgebung, (fast) immer gut mit einem roten Schuh markiert

Ausgangs-/Endpunkt
Bahnhof Mölln

Anfahrt
Auto: Über A24 Talkau, weiter über B207 bis Mölln
Bus & Bahn: Regionalbahn bis Mölln

Beste Jahreszeit
Frühling bis Herbst

Einkehr
Diverse in Mölln, Waldhof beim Pinnsee

In Mölln gilt es, dem Ehrenbürger seine Aufwartung zu machen. Das soll immerhin Glück und Geld bringen. Danach wird es noch besser, denn Mölln ist von gesundem Wald umgeben und reichlich mit Seen beschenkt. Einen besonders feinen Waldsee erreicht man nur aus eigener Kraft, mit dem Rad oder zu Fuß.

Möllner Seenplatte Vom Ⓐ **Bahnhof** in Mölln leitet die Hauptstraße zum Wahrzeichen der Stadt. Schon nach einem Kilometer steht man am Markt vor dem Eulenspiegel-Brunnen unterhalb der ❶ **Nicolaikirche**. Oben auf dem Kirchberg soll der Schalk begraben liegen. In der Nische des Kirchturms wurde ihm 1544 ein Bildstein gesetzt. Eulenspiegel selbst soll schon um 1350 nach Mölln gefunden haben. Ob's wahr ist? Wer weiß. Aber fraglos ist der Blick vom Kirchberg auf das mittelalterliche Städtchen sehenswert. Die Altstadt wird von Stadtsee und ❷ **Schulsee** eingerahmt. Letzterer ist die nächste Station auf dem Till-Rundwanderweg. Er ist mit einem roten Schuh gekennzeichnet; allerdings nicht durchgehend narrensicher. Vom Markt zweigt der Mühlengang ab, der im weiteren Verlauf zur Brunnenstraße wird. Bei einer kleinen Brücke führt die Anwohnerstraße Auf den Dämmen gegen den Uhrzeigersinn um den See. Der ist nun nur noch ab und zu zwischen Villen auszumachen. Nach 500 Metern geht es links auf einen Spazierweg zwischen Schulsee und

Rechts: Till Eulenspiegels Daumen und Schuhspitze zu reiben, bringt Glück.

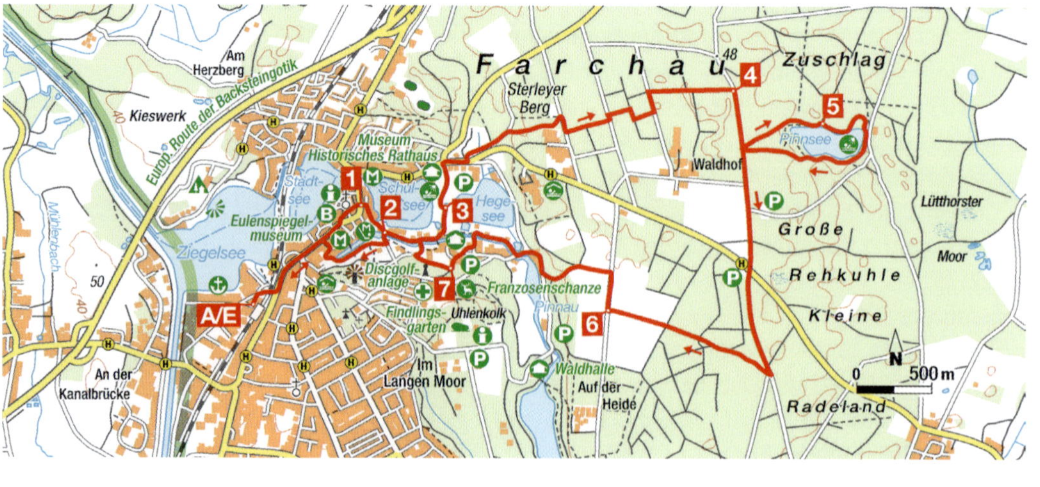

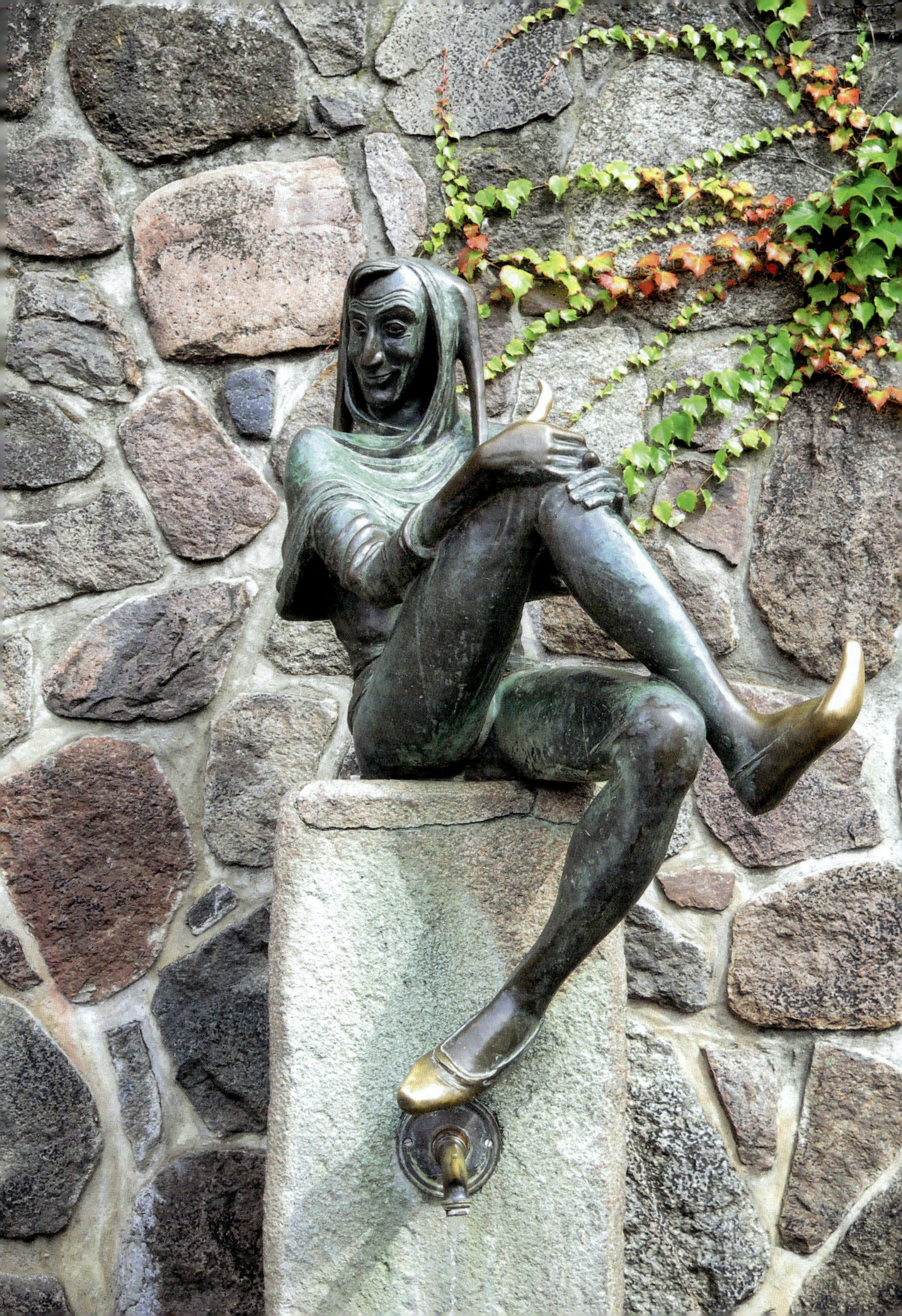

❸ **Hegesee** vorbei am Seehotel Schwanenhof und dem Luisenbad zur Sterleyer Straße. Damit sind längst noch nicht alle Seen von Mölln erkundet. Sieben gehören allein zur Möllner Seenplatte. Darin ist der Pinnsee, das Halbzeitziel, noch nicht eingerechnet. Rechts ab begleitet ein Fußweg die Sterleyer Straße. Nach 200 Metern gilt es, sie zu überqueren, um sich rechts in den Wald zu schlagen.

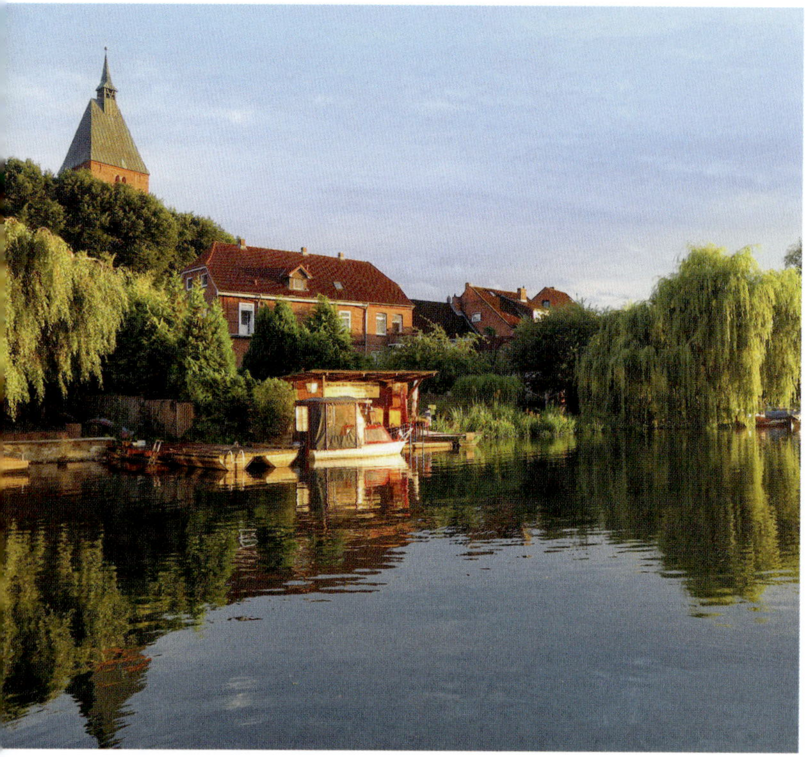

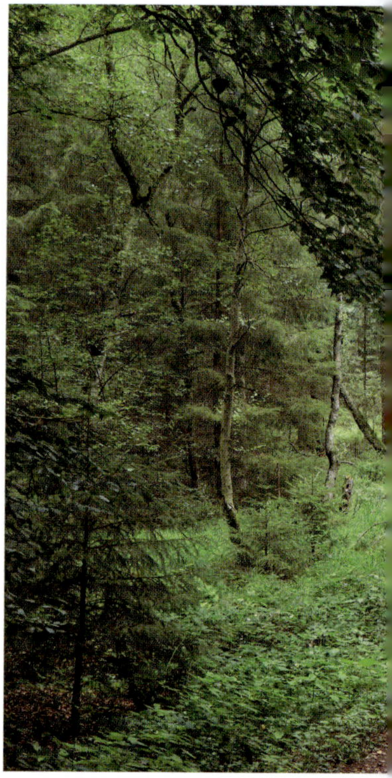

Links: Die Nicolaikirche thront über dem Stadtsee.

Mitte: So märchenhaft wie Till Eulenspiegel: die Möllner Wälder

Rechts: Der Pinnsee liegt mitten im Wald.

Schöne Waldumgebung Dunkelgrüne Kühle herrscht unter den Baumriesen des Mischwalds. Genau das richtige Klima, um den leichten Anstieg zu meistern. Nach etwa 600 Metern, kurz hinter dem ausgeschilderten Don-Bosco-Haus, führt die Strecke rechts entlang bis zum kreuzenden Pater-Lenner-Weg. Der Schotterstraße folgend geht es links wieder in den Wald, bis der nächste Schotterweg kreuzt. Hier noch einmal links halten und nach 300 Metern wieder rechts in den Wald bis zum ❹ **Alten Frachtweg** spazieren. Der historische Fernweg gehörte ab dem 10. Jahrhundert zur Alten Salzstraße, einer wichtigen Handelsroute zwischen Lüneburg und Lübeck. Um das Zickzack komplett zu machen, geht es hier noch einmal rechts und nach etwa 500 Metern links auf den Pfad, den ein Schild als Zubringer zum ❺ **Pinnsee** ausweist. Beidseitig des Wegs erzählen Infotafeln von Eulen und Fledermäusen. Die Stille ist hier geradezu greifbar, bis – zumindest in den Sommermonaten – Kinderlachen den nahen Waldsee ankündigt. Kurz darauf schimmert er auch schon durch die Bäume. Der Klarwassersee wird nur von Niederschlag und Sickerwasser aus dem Wald gespeist. Aufgrund der sauren Böden im Einzugsgebiet ist er frei von Muscheln und Schnecken und artenarm in der Vegetation. Nur im nördlichen Bereich finden sich gelbe Teichrosen. Knapp neun Meter tief und mitten im Wald gelegen, zeigt sich der Pinnsee bei Sonnenschein strahlendblau und bei bedecktem Himmel baumgrün. Neben kleineren Badestellen befindet sich am Ostufer ein kleiner Sandstrand mit Bänken und Liegen. Er wird im Sommer von der DLRG betreut. Das Baden lohnt sich unbedingt.

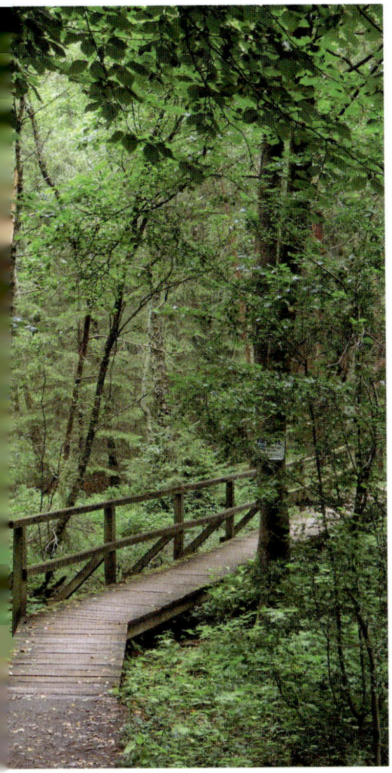

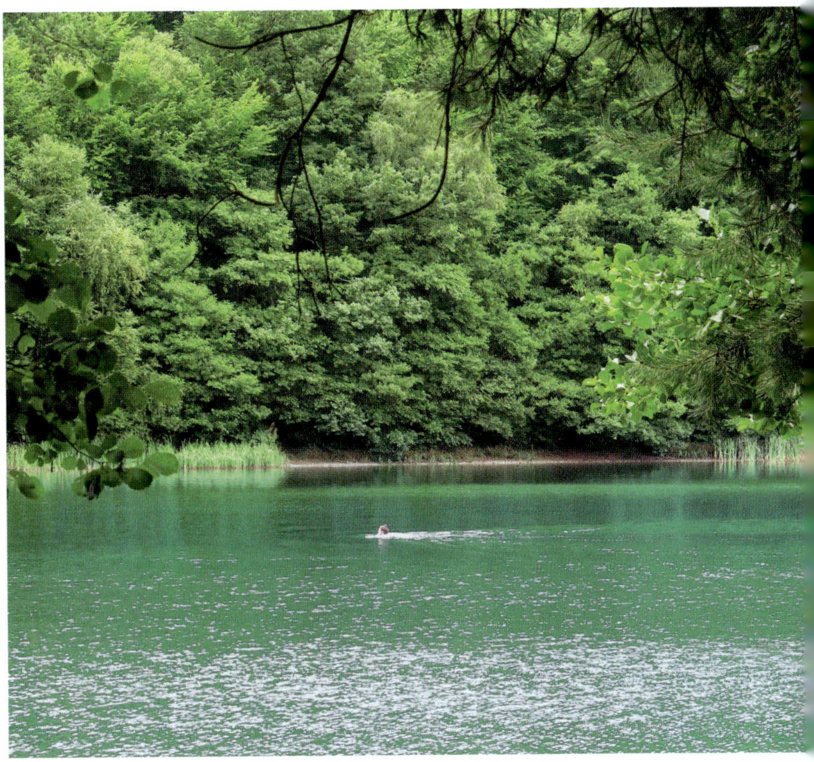

Alle Wege führen nach Mölln Nach der Umrundung des Sees setzt sich die Wanderung auf dem Alten Frachtweg fort. Wer inzwischen hungrig ist, unternimmt nach 100 Metern einen Abstecher zum Hotel und Restaurant Waldhof auf Herrenland. Ansonsten geht es etwa 1,5 Kilometer weiter geradeaus, dabei wird die Sterleyer Straße wieder überquert, bis ein Weg rechts zur 6 Heide abknickt. Er trifft auf einen Schotterweg. Hier biegt man erneut rechts und an der nächsten Möglichkeit links ein. Durch das Pinnautal wird die bereits bekannte Straße Auf den Dämmen erreicht. Man wechselt über den Bach in den 7 Kurpark und folgt dem Wasserlauf durch die Anlage bis zum Ausgang am Kurparkplatz. Dort führt die Wallstraße zur Hauptstraße, auf der es nun zurück zum E Bahnhof geht.

Kurpark Mölln

Ob es wirklich der schönste Kurpark Norddeutschlands ist, wie sein Gestalter, der Gartenarchitekt Gustav Lüttge, 1966 verkündete, liegt im Auge der Betrachterinnen und Betrachter. Nach einer Wanderung ist er aber wirklich herrlich – etwa um im Lesegarten auszuruhen oder in der Kneippanlage die müden Füße zu kühlen. Auf Till Eulenspiegel trifft man natürlich auch hier.

22

Im Hellbachtal

Waldseen am laufenden Band

Mittel | 19 km | 86/86 Hm | 4.45 Std.

Tourencharakter
Eine lange Tour, so schön, dass man immer weiter und weiter wandern möchte

Ausgangs-/Endpunkt
Parkplatz Uhlenkolk, Mölln

Anfahrt
Auto: Über A24 Talkau, weiter über B207 bis Mölln
Bus & Bahn: Regionalbahn nach Mölln, weiter mit Buslinie 8514 oder 1,7 km zu Fuß

Beste Jahreszeit
Frühling bis Herbst

Einkehr
Hotel Waldhalle am Schmalsee, Campinggaststätte Zur Hütte am Lütauer See

Das Hellbachtal ist einer der schönsten Flecken im ohnehin mit Reizen gesegneten Naturpark Lauenburgische Seen. Hier wandert man entlang der Möllner Seenkette, oft dicht am Ufer von ganz unterschiedlichen Gewässertypen durch urige Laub- und Kiefernwälder.

Klein-Kanada am Schmalsee Vom Parkplatz am **A Wildpark Uhlenkolk** zieht sich der Waldhallenweg durch beeindruckenden Mischwald hinunter zum namensgebenden Hotel und Restaurant. Die Gründerzeitschönheit **1 Waldhalle** thront hoch über dem See und lässt sich vom Wanderweg bereits ausmachen. Natürlich ist es noch ein bisschen früh für die Einkehr. Aber man kann sich den Besuch ja schon einmal als krönenden Abschluss dieser Wanderung vormerken. Unterhalb der Waldhalle gelangt man über eine kleine Brücke an der Nordseite des **2 Schmalsees** auf den Uferweg. Er mäandert so dicht am See entlang, dass man die Wellen glucksen hört. Geben die Bäume den Blick frei, stellt sich geradezu Kanada-Feeling ein. Nach einem guten Kilometer

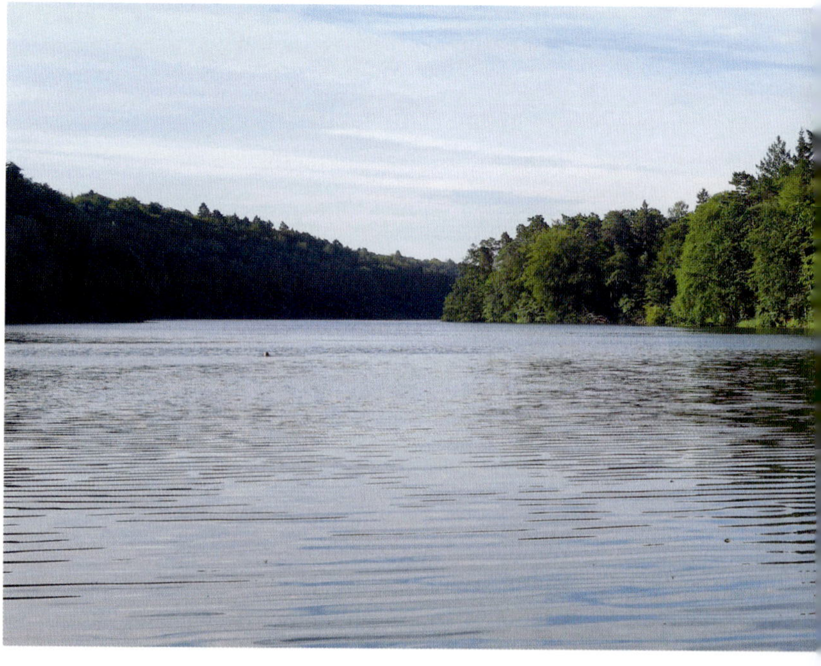

Mischwälder säumen den langgestreckten Schmalsee.

kommt eine weitere Brücke in Sicht. Sie spannt sich über die Enge, die den Schmalsee mit dem ❸ **Lütauer See** verbindet.

Urlaubsfreuden am Lütauer See Die Brücke ist ein schöner Fotospot. Auch lohnt es sich, ein paar Schritte auf die schmale Landzunge zu tun. Gerade mal einen Meter breit, wird sie vom Wasser umspielt. Dann geht es wieder zurück auf den Uferweg. Der Lütauer See ist um einiges größer als der Schmalsee. Auch scheint der Hang zur linken noch etwas steiler, und die Buchen wachsen dort womöglich noch höher in den Himmel. Schon von Weitem ist der Campingplatz mit Badestelle am Südufer zu erkennen. Kurz bevor man ihn erreicht, zieht sich links ein Pfad mit Treppenstufen den Hang hinauf. Dort geht es rechts zur Straße Am Lütauer See. Ihr in rechter Richtung folgend, gelangen Wanderer bald zum ❹ **Campingplatz**. In der zugehörigen Gaststätte Zur Hütte wird preiswerte Hausmannskost serviert. Der Haupteingang des Campingplatzes liegt an der Landstraße, die es nun zu queren gilt. Anscheinend lädt die Möllner Straße dazu ein, die Geschwindigkeitsbegrenzung maximal zu übertreten. Am besten nimmt man also den kleinen Umweg zur ausgeschilderten Unterführung in Kauf.

Seenvielfalt im Hellbachtal Über die Straße Am Drüsensee geht es zum Hellbachtal; zur Abwechslung einmal nicht direkt am See entlang, sondern etwas oberhalb auf dem Forstweg. Der Drüsensee versteckt sich hinter hohen Bäumen. Nach gut zwei Kilometern zwischen Feldern und Wäldern ist bei einem Wanderparkplatz das Natur-

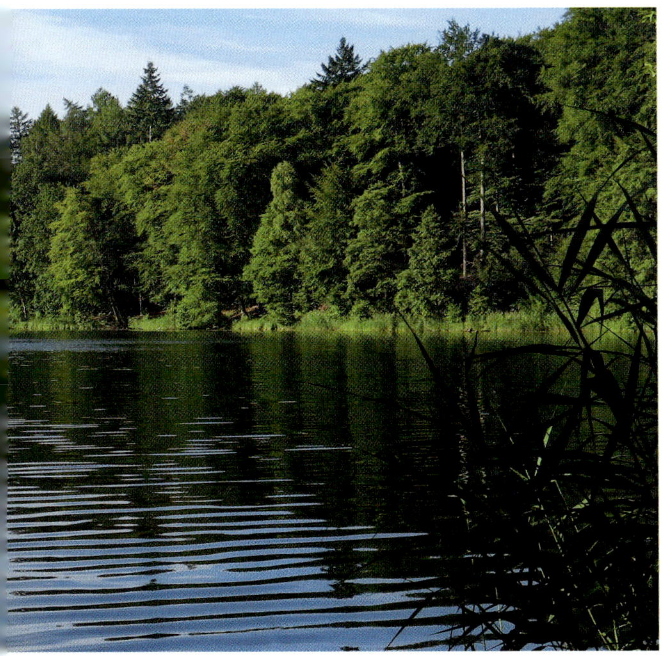

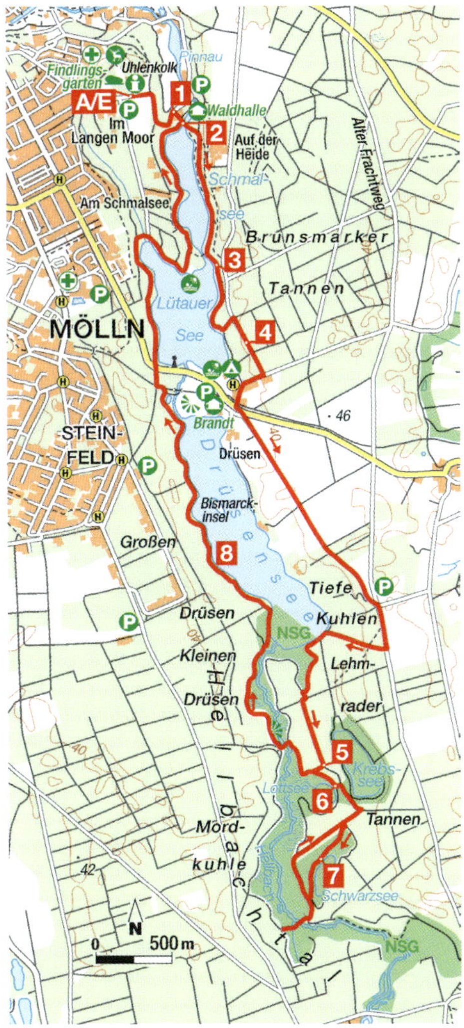

Und noch ein See

Der Wildpark Uhlenkolk ist rund um die Uhr geöffnet, kostenlos, und er beherbergt 30 heimische Tierarten in besonders schönen, naturnahen Gehegen. Und als lieferte das nicht genug Gründe für einen Besuch, wäre da noch der Grundlose Kolk. An den Moorsee inmitten des Parks laden abends die blauen Moorfrösche zum Konzert.

schutzgebiet Hellbachtal erreicht. Der nährstoffarme, kristallklare ❺ **Krebssee** ist von hier ausgeschildert und punktet mit einer besonders idyllischen Badestelle. Selbst Flusskrebse fühlen sich hier wohl – ein Indikator für sehr sauberes Wasser. Der benachbarte kleine, kreisrunde ❻ **Lottsee** strotzt dagegen nur so vor Nährstoffen. Seine Verlandungszonen sind ein Refugium gefährdeter Pflanzen wie Fieberklee und Zungen-Hahnenfuß. Fehlt noch der ❼ **Schwarzsee**, ein Braunwassersee, der sich in der Entwicklung zum Hochmoor befindet. Kurz hinter der Aussichtsplattform leitet auf Höhe der Infotafel ein Stichweg auf den Rückweg.

Zum Drüsensee Nun kann man sich ganz auf die orangefarbene Schwalbe verlassen. Die Wegmarkierung führt zunächst entlang des Hellbachs und dann dicht am Ufer des ❽ **Drüsensees** entlang. Das südliche Ufer gehört zum Naturschutzgebiet, in seiner Mitte befindet sich eine kleine, unbewohnte und bewaldete Insel – die Bismarckinsel. Am Nordufer angekommen, hat man nun schon 15 Kilometer auf dem Schrittzähler. Bis zur Waldhalle am Schmalsee sind es nur noch 3,5 Kilometer, aber die können dauern. Die Badestellendichte nimmt deutlich zu. Besonders schön ist ein hölzerner Badesteg am Lütauer See und der kleine Badestrand Rolandseck. Genauso herrlich wie auf dem Hinweg verlaufen die Uferwege auf dem Rückweg am Lütauer See und am Schmalensee entlang, bis nach vier Kilometern der Ⓔ **Wildpark Uhlenkolk** wieder erreicht ist.

Links: Unter hohen Bäumen

Rechts: Entlang offener Wiesen

Rechte Seite: Auf Heideflächen

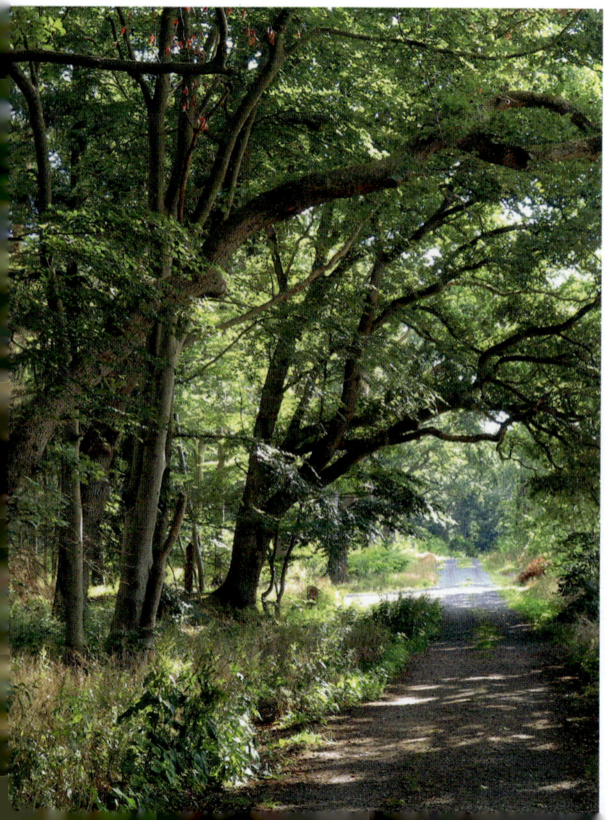

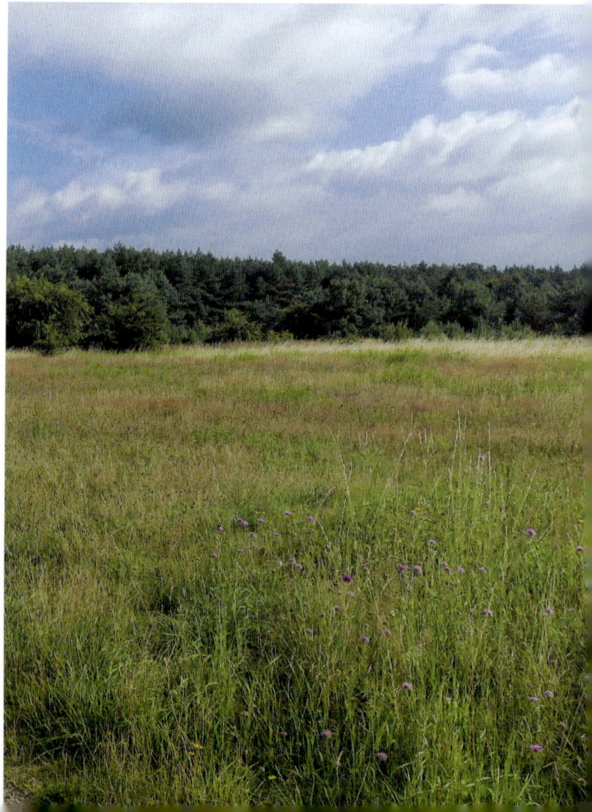

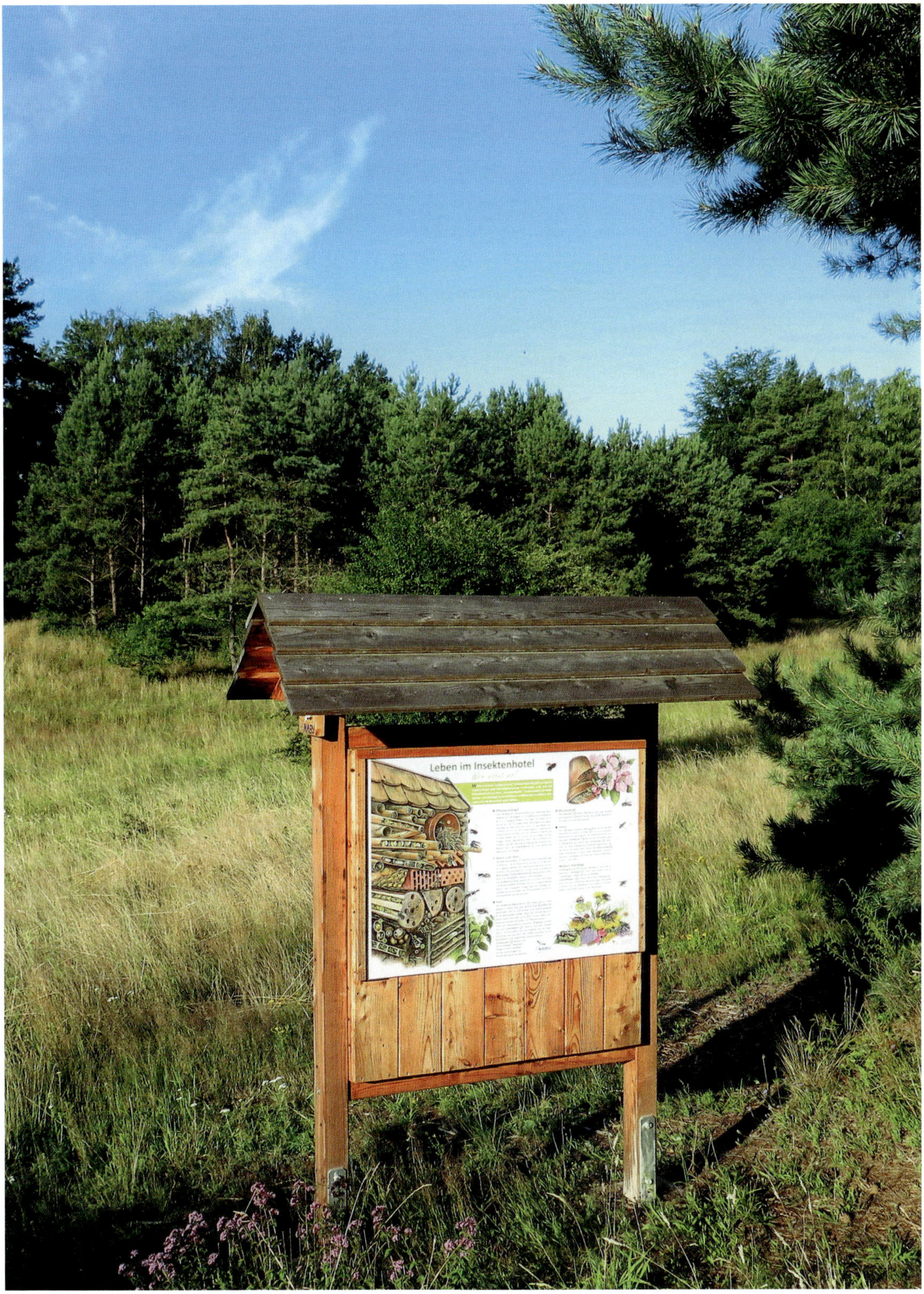
Leben im Insektenhotel

23

Die Garrenseerinne

Salemer Moor mit angrenzenden Wäldern und Seen

Mittel | 14 km | 36/22 Hm | 3.30 Std.

Tourencharakter
Gut markierter Rundweg durch abwechslungsreiche, wunderschöne Natur

Ausgangs-/Endpunkt
Wanderparkplatz Dorotheenhofer Weg, Salem

Anfahrt
Auto: A24 Ausfahrt Talkau, weiter B207 bis Mölln, danach über Schmilauer Straße, Möllner Straße, Salemer Straße, Seestraße
Bus & Bahn: Regionalbahn bis Ratzeburg, Buslinie 8790 bis Salem, Seekamp

Beste Jahreszeit
Jederzeit; bei Schnee, Eis oder Regen jedoch unwegsam

Einkehr
Seebar Salem

Bei Ratzeburg, abseits der Touristenströme, liegt eines der ältesten Naturschutzgebiete Schleswig-Holsteins. Die Route führt durch urwaldartige Hangwälder zu verträumten Seen und am wildromantischen Salemer Moor entlang, wo sich Kreuzotter und Ringelnatter ganz leise gute Nacht sagen.

Ins Naturschutzgebiet Am nördlichen Ortsrand von Salem liegt der **A Wanderparkplatz** am Dorotheenhofer Weg. Eine Infotafel verschafft den Überblick über die Tour durch das Naturschutzgebiet »Salemer Moor mit angrenzenden Wäldern und Seen«. Es wurde durch Gletschervorstöße und Schmelzwasser während der letzten Eiszeit geformt. Unter dem Eis abfließendes Wasser spülte ein Tunneltal sowie mehrere kleinere Kessel aus. Toteisblöcke füllten die Hohlräume. Unter den besonderen klimatischen Bedingungen der Nacheiszeit bildeten sich unterschiedli-

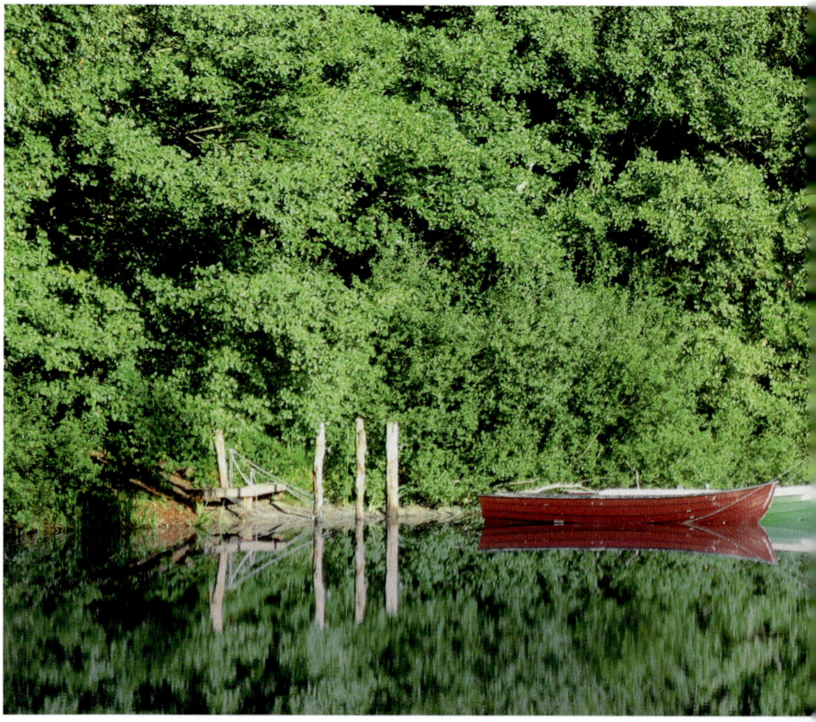

Der Garrensee ist einer der saubersten Seen Schleswig-Holsteins.

che Seentypen. Der erste See dieser Wanderung wird über die Straße Silberberg erreicht, die sich nach wenigen hundert Metern in einen Schotterweg verwandelt und kurz darauf als Pfad in den Wald führt. Nach knapp 1,5 Kilometern kommt die ❶ **Schwarze Kuhle** in Sicht. Der Moorsee ist vollständig von Wald umgeben. Entlang seiner Ufer hat sich ein mehrere Meter breiter Verlandungsgürtel entwickelt. Der Schwingrasen wächst immer weiter auf den See hinaus. Er besteht aus ausläuferbildenden Pflanzen und Moosen wie Sumpfporst, Scheidiges Wollgras, Sonnentau und Pfeifengras. An den Verlandungszonen machen sich lichte Weidengebüsche und Sumpffarn breit. An die Schwarze Kuhle ist kein (erlaubtes!) Rankommen. Sie wurde schon 1927 zusammen mit dem Salemer Moor unter Schutz gestellt. Eine Biotop-Vielfalt wie in der Garrenseerinne ist selten geworden in Schleswig-Holstein. Fast alle Waldflächen werden im Norden wirtschaftlich genutzt. Als umso wertvoller erweisen sich die wenigen Nischen, die Pflanzen und Tieren geblieben sind.

Der Wald der Zukunft Das Garrenseeholz und andere Waldteile im Naturschutzgebiet gehören zum Naturschutzgroßprojekt Schaalsee-Landschaft. Langfristig sol-

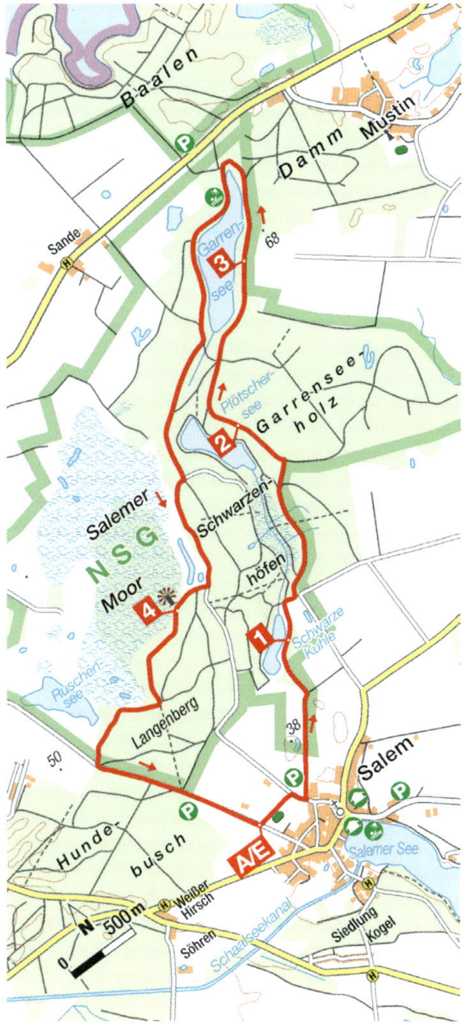

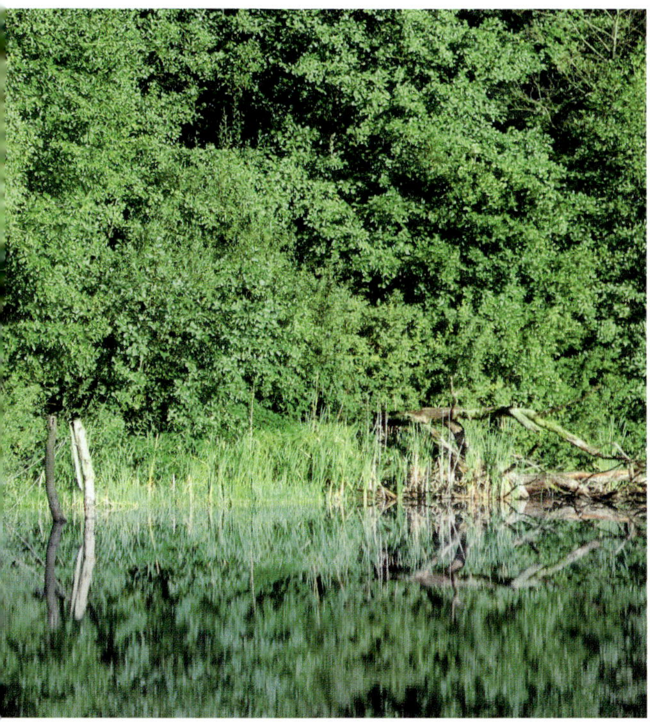

Wasserparadies Salem

Während im Naturschutzgebiet für Besucher absolute Zurückhaltung gilt, kommen Wasserratten am Salemer See mit Sandstränden, Bootsverleihen und Gastronomie voll auf ihre Kosten. Auf der Ostseite führt ein ufernaher Wanderweg durch viel Wald entlang des Pipersees und des Phulsees zum Schaalsee. Der tiefste Klarwassersee Norddeutschlands ist nach etwa 3,5 Kilometern erreicht.

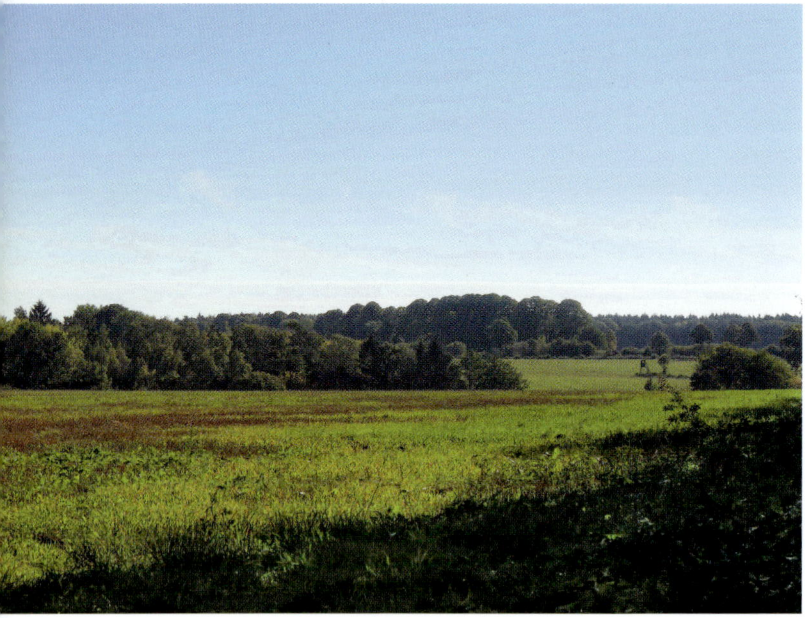

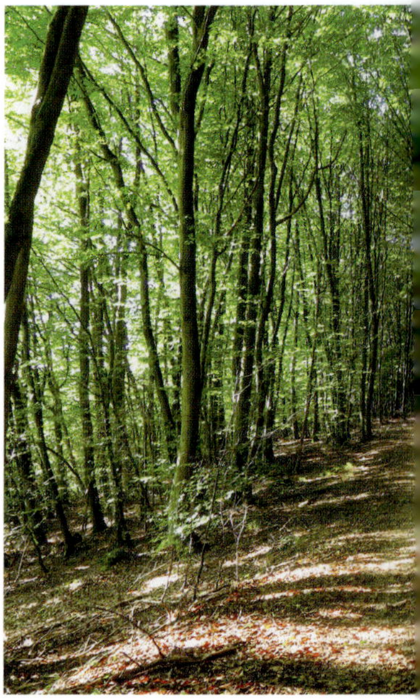

Links: Am Redder öffnet sich der Wald.

Mitte: Am Plötschersee heißt es, unbedingt auf den Hauptwegen bleiben.

Rechts: Kleine Sandstrände säumen den Garrensee.

len Naturwälder entstehen, in die nicht mehr forstlich eingegriffen wird. In der Garrenseerinne ist der Prozessschutz beinahe verwirklicht. Doch noch zeugen etliche Trampelpfade von einem älteren Wegesystem. Naturschützer hoffen, dass es mit der Zeit verschwindet. Wer sich an die Markierungen der gelben Eule hält, kann nichts falsch machen. Erst seit 2006 erstreckt sich das Naturschutzgebiet über seine heutige Größe von 690 Hektar. Wälder und anliegende Ackerflächen wurden über die Jahrzehnte aufgekauft, die Wälder aus der Nutzung genommen. Man stoppte die Einleitungen aus Drainagen von landwirtschaftlichen Flächen und reduzierte so den Nährstoffeintrag. Daraufhin kehrten Sumpfpflanzen wie Wasserschlauch, Seggen und Sumpf-Calla zurück. Ihnen folgten Weiden und Erlen. Wo heute ein Bruchwald wuchert, stand bis 2001 noch ein Fichtenforst. Die standortfremden Tannen brachte man durch einen Anstau des Abflussgrabens zum Absterben. Einige letzte Sitka-Fichten sind geblieben. Sie recken sich neben den Buchen an den Steilhängen der Garrenseerinne in den Himmel. Das gibt der Landschaft eine beinahe schwedische Anmutung.

Wenn der tief liegende ❷ **Plötschersee** zwischen den Bäumen funkelt, ist das fast zu schön, um wahr zu sein. Zugegeben, hier kommt man in Versuchung, den Hang hinunterzulaufen, um eine verträumte Stunde am sonnigen Seeufer zu verbummeln. Doch das ist nicht erlaubt. Nur zur Beruhigung: Auf dem Rückweg verläuft der Wanderweg näher am Seeufer, und dort finden sich auch einige Ruhebänke mit traumhaftem Seeblick. Zudem ist es nun zum nächsten See-Juwel nicht mehr weit. Dort darf man sogar schwimmen gehen – und das in bester Gesellschaft.

Die Strandlings-Gesellschaft Der 28 Hektar große und 23 Meter tiefe ❸ **Garrensee** ist einer der saubersten Seen Schleswig-Holsteins. Aufgrund der relativen Nährstoffarmut und des sandig-kiesigen Bodens kommt in dem eiszeitlichen Strudel-

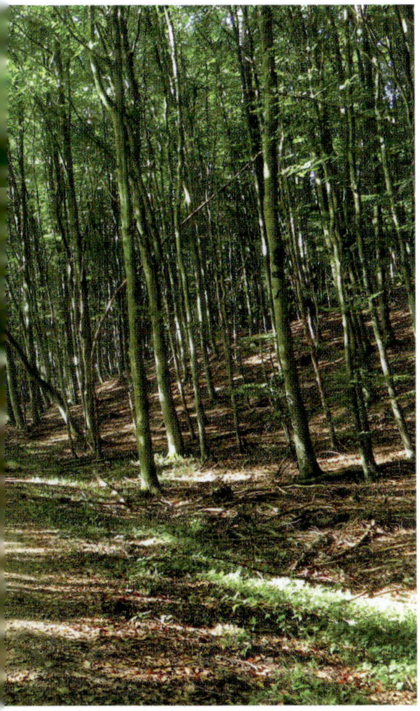

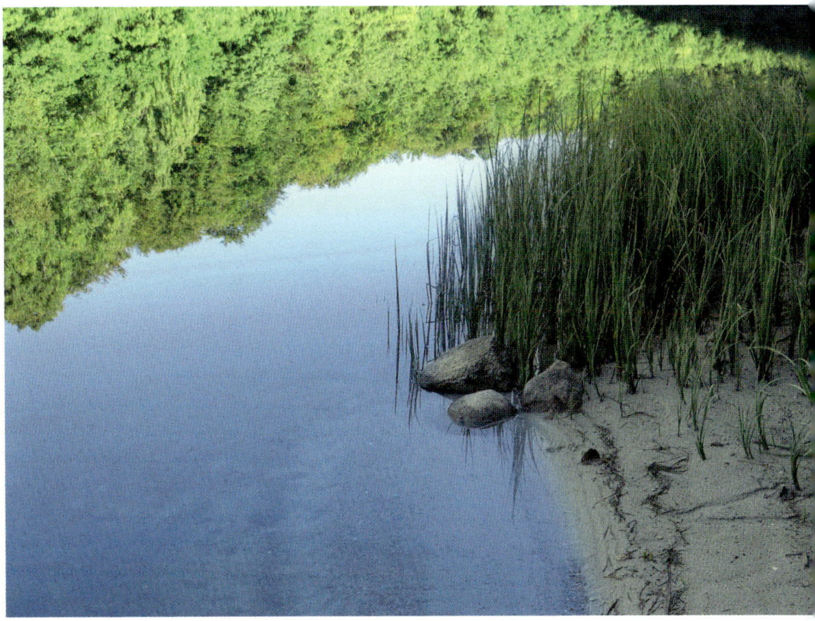

loch die sehr seltene Strandlings-Gesellschaft vor, charakteristische Pionierpflanzen, die nur in kalkhaltigen und nährstoffarmen Uferbereichen wachsen. Da jedoch lange Jahre ein Nährstoffeintrag stattfand, haben nicht alle Arten überlebt. Die Wasserlobelie ist inzwischen ausgestorben. Der Europäische Strandling und das See-Brachsenkraut konnten sich dagegen behaupten. Damit das so bleibt, ist es wichtig, dass Badegäste an den drei ausgewiesenen Badestellen bleiben und die Uferbereiche ansonsten in Frieden gelassen werden. Die Badestellen mit kleinem Sandstrand liegen einander beinahe gegenüber, sodass zumeist eine von beiden von der Sonne beschienen wird, während die andere kühlenden Schatten ver-

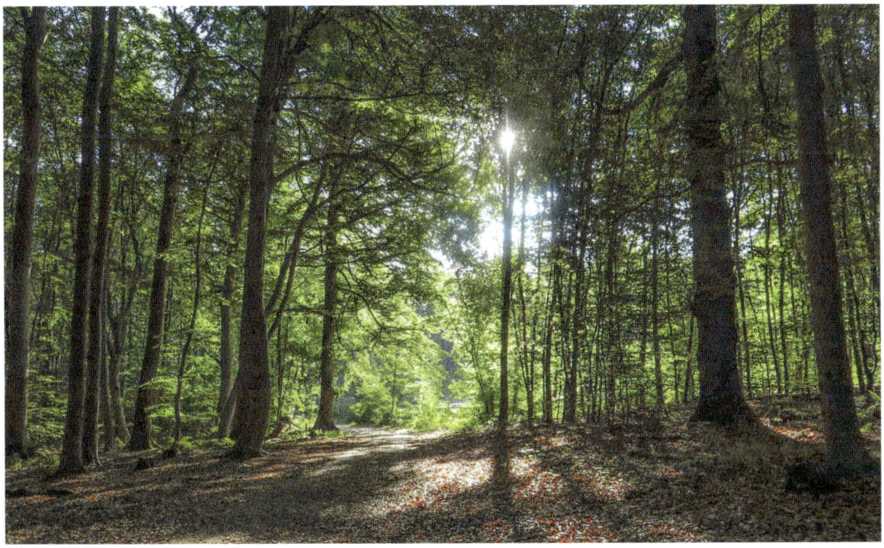

Ein Bild von einem Mischwald

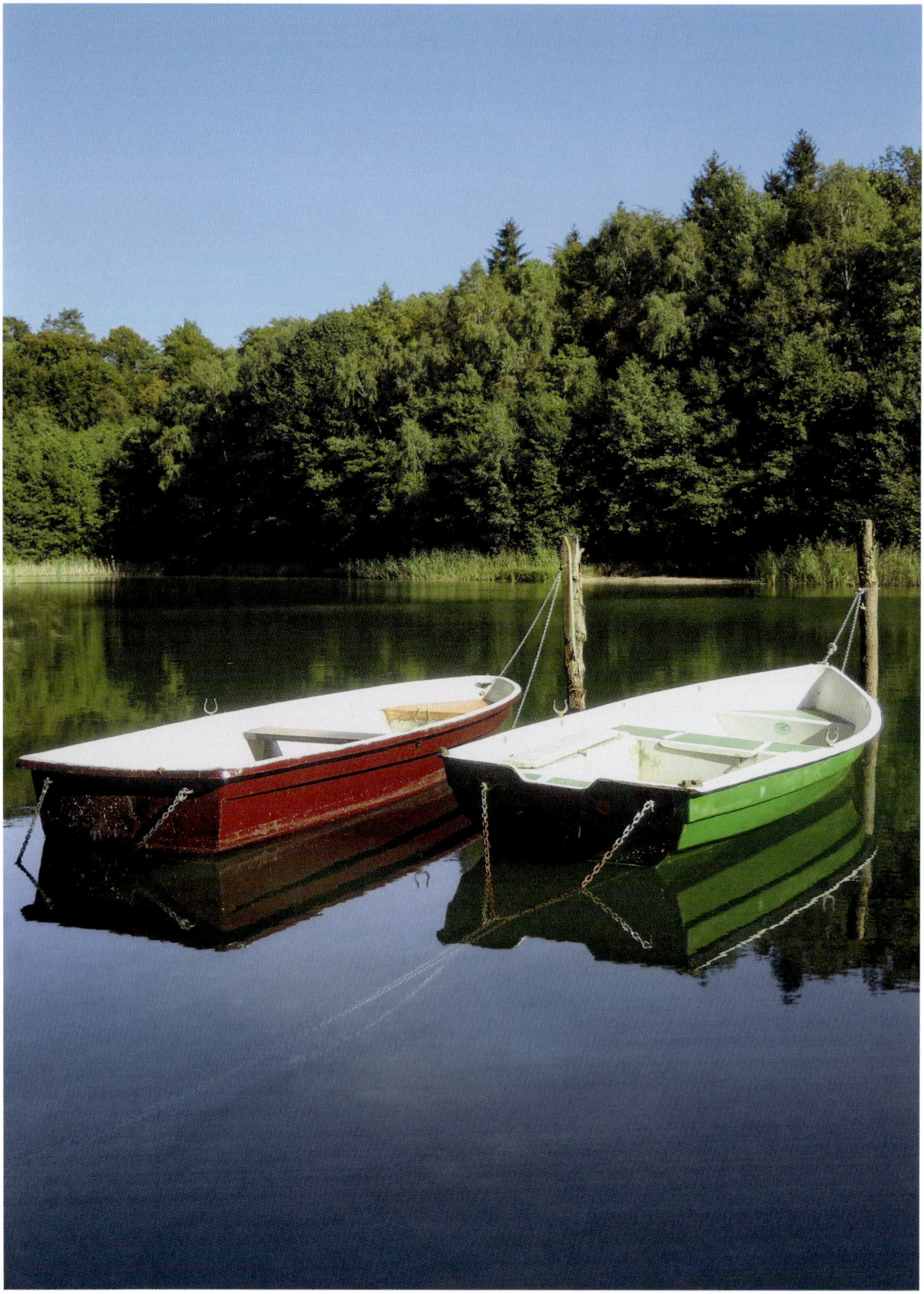

spricht. Es sind die besten Plätze für ein Picknick auf dieser Tour. Losreißen kann man sich im Grunde nur, wenn man daran denkt, dass auf dem Rückweg noch einmal die Schokoladenseite des Plötschersees wartet.

Offene Landschaft und Moor Im Anschluss entfernt sich der Eulenweg von den Seen und führt an den Rand des ❹ **Salemer Moors**. Vor 11 000 Jahren verschwand das letzte Eis an dieser Stelle und hinterließ einen flachen See. Als er verlandete, breitete sich Bruchwald aus. Über Jahrtausende sorgten gewaltige Niederschlagsmengen für das Anwachsen eines Regenmoors. Die Torfmoosdecke erreicht eine Mächtigkeit von bis zu 1,5 Metern. Das Betreten des Moors ist aufgrund der zahlreichen geschützten Tier- und Pflanzenarten streng verboten. Der Weg zieht sich am Rand der Moorfläche entlang. Infotafeln berichten allein von 26 verschiedenen Torfmoosarten, die hier noch – oder inzwischen wieder – vorkommen. Auch viele Tiere sind auf das Moor angewiesen. So fressen etwa die Raupen des Hochmoorbläulings ausschließlich Zwergsträucher, am allerliebsten Rauschbeeren, die hier gut und gerne wachsen. Die Nordische Moosjungfer, eine Libellenart, legt ihre Eier nur in Torfmoose. Eidechsen, Ringelnattern, Jagdspinnen und Moorfrösche fühlen sich ebenso wohl wie Kraniche. Sie brüten im Moor und führen später ihre Jungen auf die angrenzenden Grünlandflächen zur Futtersuche. Obschon das Moor durch Abtorfung stark verändert wurde, konnte es sich nach Unterschutzstellung über die Jahrzehnte regenerieren. Da zwischenzeitlich Pufferzonen rund um das Salemer Moor geschaffen wurden, stehen die Zeichen gut, dass auf pflegende Maßnahmen in Zukunft verzichtet werden kann. Es macht schon nachdenklich, wenn der lässig schwingende Wanderweg auf die knallharten Kanten eines schnurgeraden Redders trifft. Hier geht es links zwischen Feldern hindurch. Und die wirken nun mal ziemlich öde im Gegensatz zu den vielfältigen Naturräumen, denen man auf dieser Wanderung begegnet. Sie ist nun beinahe vorbei. Noch einen Kilometer, dann steht man wieder auf dem Ⓔ **Parkplatz Dorotheenhofer Weg**.

Links: Das Angeln ist nur den Mitgliedern des örtlichen Vereins gestattet.

Unten: Baden ist an drei ausgewiesen Badestellen erlaubt.

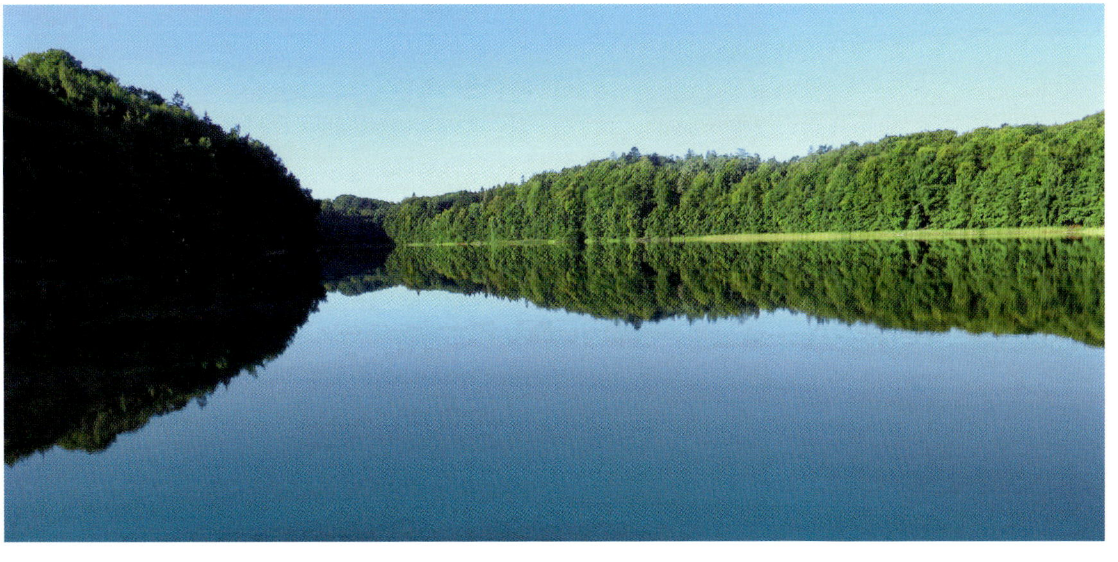

24

Am Schaalsee

Grüne Werder und Uferwälder

Mittel | 20 km | 48/58 Hm | 5 Std.

Tourencharakter
In den Wäldern mit Seeblick wechseln kurze Auf- und Abstiege mit langen, ebenen Uferwegen.

Ausgangs-/Endpunkt
Wanderparkplatz Sterleyer Heide

Anfahrt
Auto: A24 Gudow, L205 und L204 bis Seedorf, weiter über Dargower Weg bis Sterleyer Heide
Bus & Bahn: Regionalbahn bis Mölln, weiter mit Buslinie 8753 Sterleyer Heide

Beste Jahreszeit
Frühling bis Herbst

Einkehr
Diverse in Seedorf, Kutscherscheune und Maräne in Groß Zecher

Ufer- und Hangwälder, Gutshöfe und Gasthöfe, sandige Seebadestellen und kristallklares Wasser – der Schaalsee ist ein Naturparadies. Die Wanderung eignet sich mit zwanzig Kilometern für einen langen Sommertag oder zwei Touren in der dunklen Jahreszeit.

Am Schaalsee Diese Tour startet auf einem schmalen Landstück **A zwischen Pipersee und Phulsee** an der Sterleyer Heide. Vom Wanderparkplatz oder der Bushaltestelle aus sind es zu beiden Seen nur wenige Schritte. Dort muss man sich natürlich erst einmal einen Überblick verschaffen. Beide Gewässer sind von Wald umstanden, und beide verbindet der Schaalseekanal. Der Phulsee gehört zudem noch zu dem aus mehreren zusammenhängenden Teilseen bestehenden Schaalsee sowie zu einem Naturschutzgebiet mit dem komplizierten Namen »Schaalsee mit Niendorfer Binnensee, Priestersee und Groß Zecher Küchensee, Phulsee, Seedorfer Küchensee und Umgebung«. Das alles ist ziemlich schwer zu merken, aber leicht zu erwandern. Darum geht es auch gleich

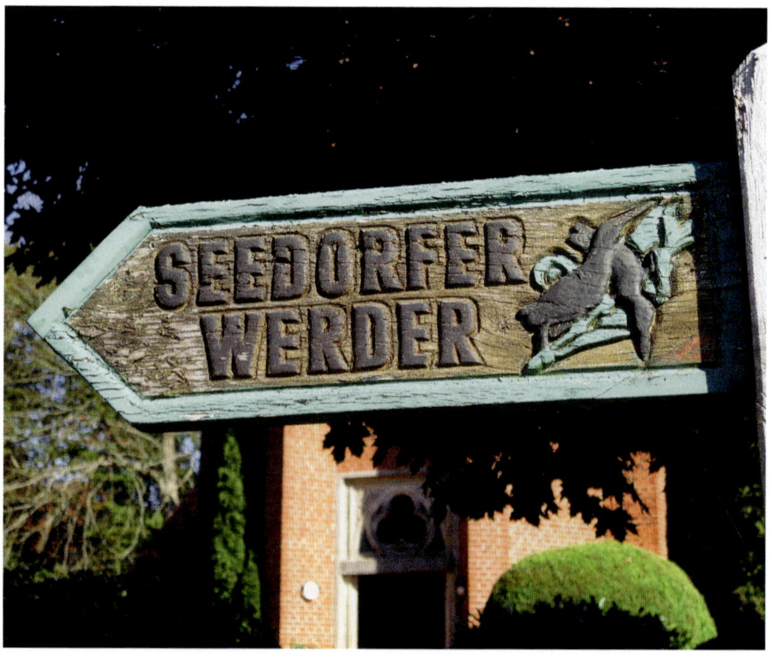

Die Werder sind bewaldete Hügelkuppen.

Rechts: Am Schaalseeufer haben sich ausgedehnte Schilfgürtel gebildet.

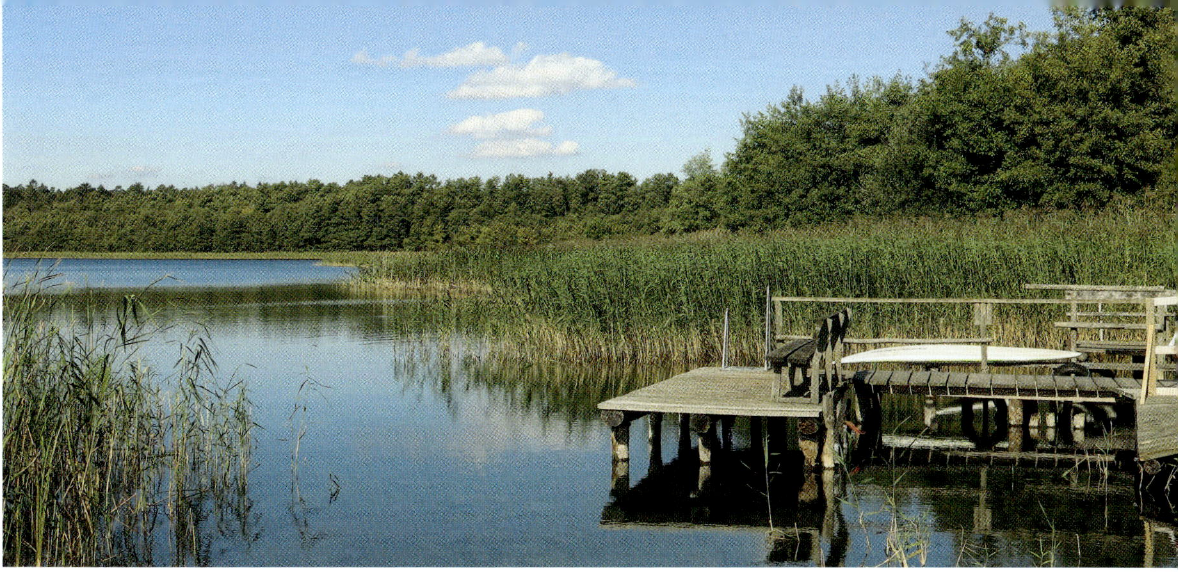

los. Jenseits des Kanals zieht sich beim Kanuparadies ❶ Schaalsee-Camp ein Pfad linker Hand in den Wald. Hier empfängt einen die für den Schaalsee typische Ruhe. Während der deutsch-deutschen Teilung zerschnitt der Eiserne Vorhang den See etwa mittig. Durch Sperrgebiete im Osten und Zonenrandgebiete im Westen hat sich ein besonderer Wildnis-Charakter bewahrt, glücklicherweise auch über die Wiedervereinigung hinaus. Die östliche Seehälfte liegt in Mecklenburg-Vorpommern und ist seit 2000 anerkanntes UNESCO-Biosphärenreservat. Die westliche Seite gehört zum Naturpark Lauenburgische Seen. Die Uferwälder des Schaalsees waren lange Zeit unberührt, sodass sich eine einzigartige Fauna und Flora entwickeln konnte. Vorherrschend sind Buchenwälder und ausgeprägte Bruchwaldbereiche. Sie verhindern oft den direkten Seeblick. Aber es ist wie in jedem vorbildlichen Reservat: Wer Tieren – und Pflanzen – Gutes wünscht, gönnt ihnen Zonen völliger Ungestörtheit. Bruchwälder bieten zahlreichen spezialisierten Käfern und Schmetterlingen einen Lebensraum. Für Kraniche stellen sie ein wichtiges Bruthabitat dar. Die besten Waldstandorte finden sich, wo aufgrund der Reliefstruktur eine Rodung nie sinnvoll war oder wo Eigentumsverhältnisse sie verhinderten. So etwa auf dem ❷ Seedorfer Werder. Er ist nach etwa 1,5 Kilometern über eine kleine Brücke erreicht.

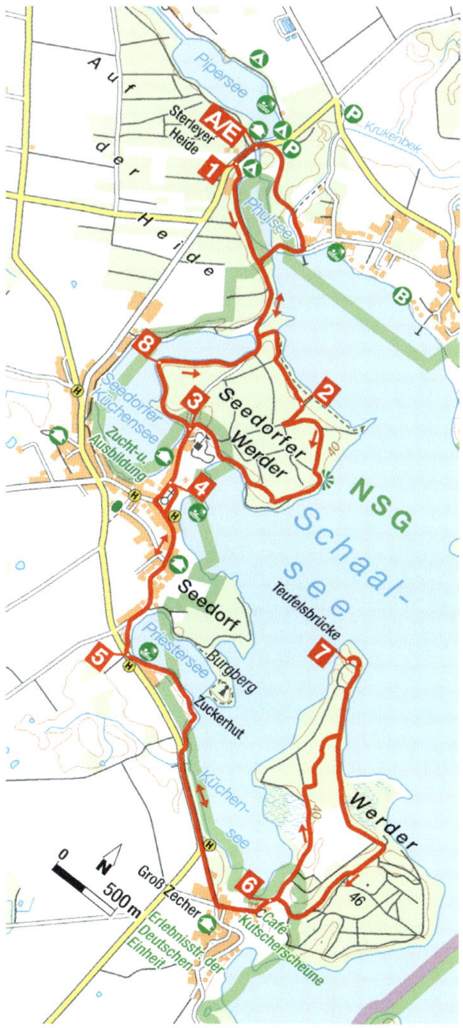

Bewaldete Werder Jenseits der Brücke ist ein Rundwanderweg ausgeschildert. Dem blauen Fisch mit der Ziffer 1 im Uhrzeigersinn folgend, geht es kurz und knackig den Steilhang hinauf. Im Mischwald fällt der Bestand mächti-

Die Stintenburginsel

Auf der anderen Seeseite – in Mecklenburg-Vorpommern also – streckt sich die Stintenburginsel in den Schaalsee hinaus. Der Dichter und Wahlhamburger Friedrich Gottlieb Klopstock war so bezaubert von der »Insel der froheren Einsamkeit«, dass er ihr eine ganze Ode widmete. Am Dammweg zur Insel steht die knorrige Klopstock-Eiche.

ger alter Bäume auf. Auf der Hügelkuppe wird man nun endlich mit einem grandiosen Ausblick auf das eigentliche Schaalseebecken belohnt. Mit seinen zahlreichen Nebenseen, Buchten, Inseln und Halbinseln ist der See von keiner Stelle aus zur Gänze zu überblicken. Aber es reicht, um einen Eindruck von seiner Größe zu gewinnen. Das fast 72 Meter tiefe eiszeitliche Strudelloch zwischen Seedorf und Groß Zecher macht den Schaalsee zum tiefsten See Norddeutschlands. Werder heißen die Teile der Moränenlandschaft, die aus dem Wasser herausragen. Der Begriff entstammt dem Wendischen und bezeichnete ursprünglich eine Siedlungsform auf Halbinseln. Durch ihre Lage waren die Werder nicht nur gut geschützt und leicht zu verteidigen, sie eigneten sich auch hervorragend für Landwirtschaft und Fischfang. An der höchsten Stelle befindet sich eine Ruhebank mit toller Aussicht. Danach schlängelt sich der Weg wieder sanft abwärts und führt dicht an den See heran. Auch hier lädt eine Ruhebank zum Pausieren ein. Dabei kann man sich von der Wasserqualität überzeugen: Der See ist glasklar. 2019 zeichnete der Global Nature Fund ihn auch deshalb als »Lebendiger See des Jahres« aus. Der Pfad schwingt in langer Linkskurve zum 3 **Schloss Seedorf**. Hier verlassen wir den Fisch-Weg bis zur Rückkehr. Das verspielte Gebäude im Stil der Neorenaissance war der Witwensitz der Ida von Witzendorff. Die von Witzendorffs besaßen über Generationen nicht nur Gut Seedorf, sondern auch Gut Groß Zecher, wohin die Wanderung auch noch führt. Heute befindet sich das »Schloss« in Privatbesitz. Seine Geschichte lässt sich auf einer Infotafel an der Schloßstraße nachlesen. Sie führt in die

Der Schaalsee besteht aus vielen zusammenhängenden Teilseen.

Rechts: Schloss Seedorf markiert den Übergang zum Seedorfer Werder.

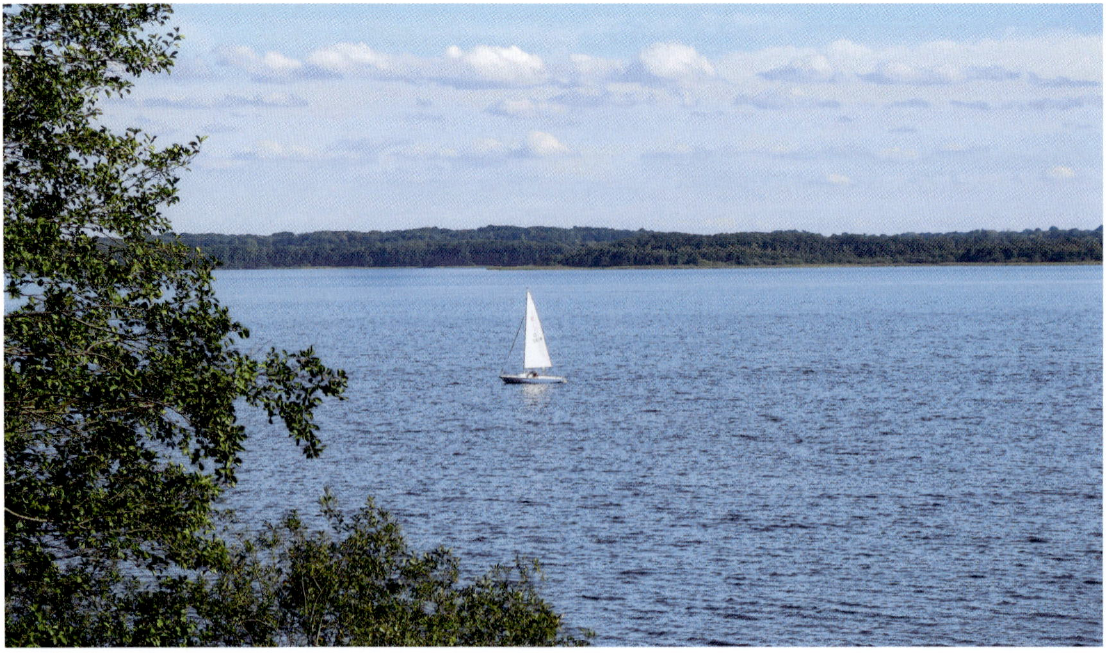

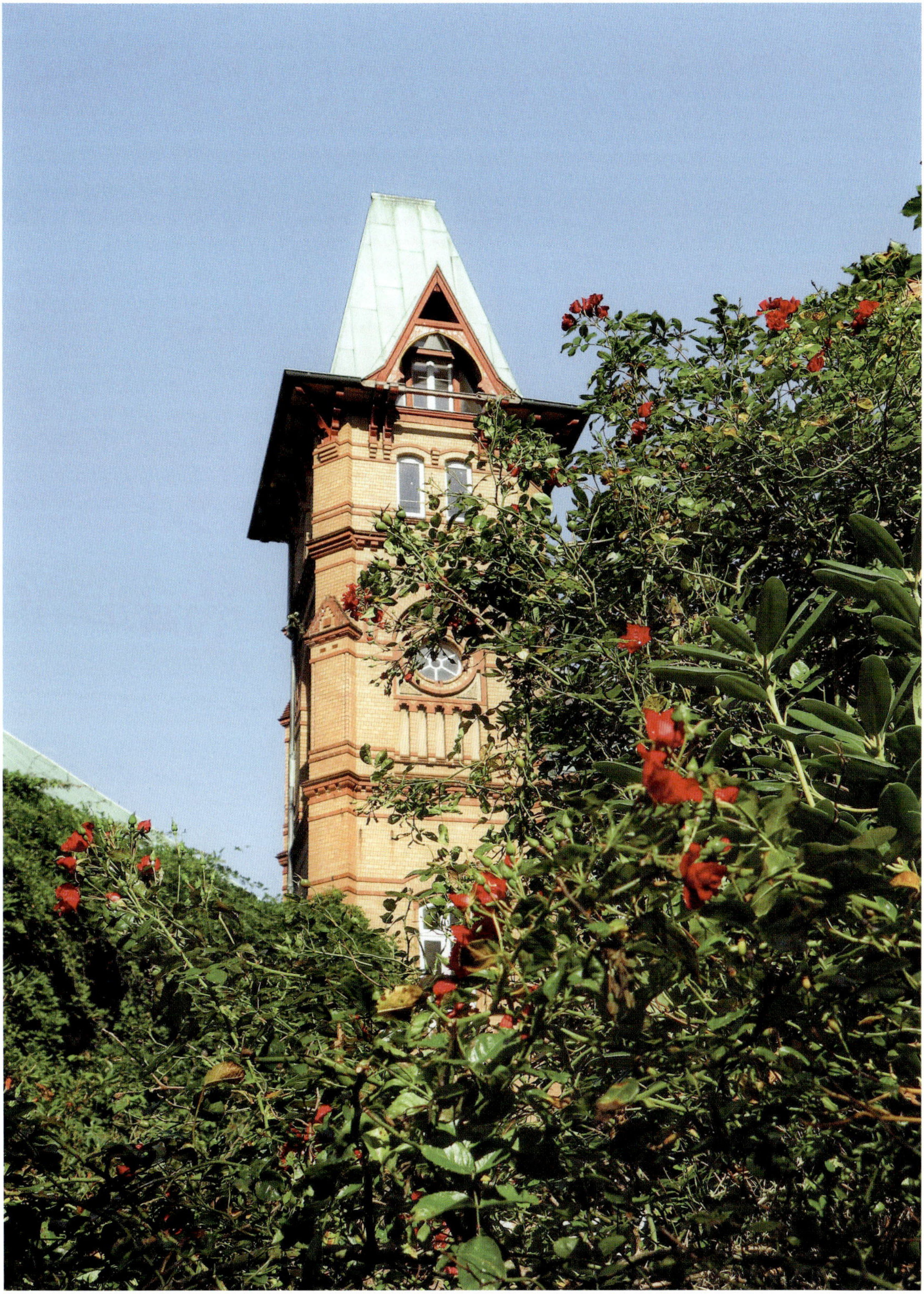

Gemeinde Seedorf. Die ④ St.-Clemens-St.-Katharinen-Kirche verfügt über die frühesten Konturmalereien in Norddeutschland. Über die Dorfstraße geht es in den Ortsteil ⑤ Zuckerhut. Hier schlängelt sich ein Pfad unterhalb der Straße durch kleine Urwälder voller Totholz nach Groß Zecher.

Immer dem Fisch nach Der Weg leitet durch das Dorf zum ⑥ **Gutshof Groß Zecher**. Es wird in x-ter Generation von der Familie von Witzendorff bewirtschaftet. Nachdem beim Café und Restaurant Kutscherscheune bereits bummelige acht Kilometer dieser Wanderung absolviert sind, lautet die Frage: Gleich jetzt einkehren oder erst im Anschluss an die Rundwanderung auf dem Werder? Sie schlägt mit etwa fünf Kilometern zu Buche und beginnt links des Herrenhauses aus dem 18. Jahrhundert, in dem man übrigens auch übernachten kann. Zum Garten ist ein Fachwerkflügel erhalten, der vermutlich von einem 1720 errichteten Vorgängerbau stammt. Um den Groß Zecher Werder leitet wieder das Fischsymbol, dieses Mal mit der Ziffer 2. Der Werder ist mit steilen Hängen, Buchen, Erlen-Bruchwäldern, Forstflächen und großen Waldlichtungen sehr strukturreich ausgebildet. Auf einigen Lichtungen haben sich Hänge-Birken und Blaubeeren angesiedelt. Die offenen Flächen werden von Adlerfarn und Pfeifengras beherrscht. Wo sich die

Gerade wenn man sich danach sehnt, taucht eine Ruhebank mit Seeblick auf.

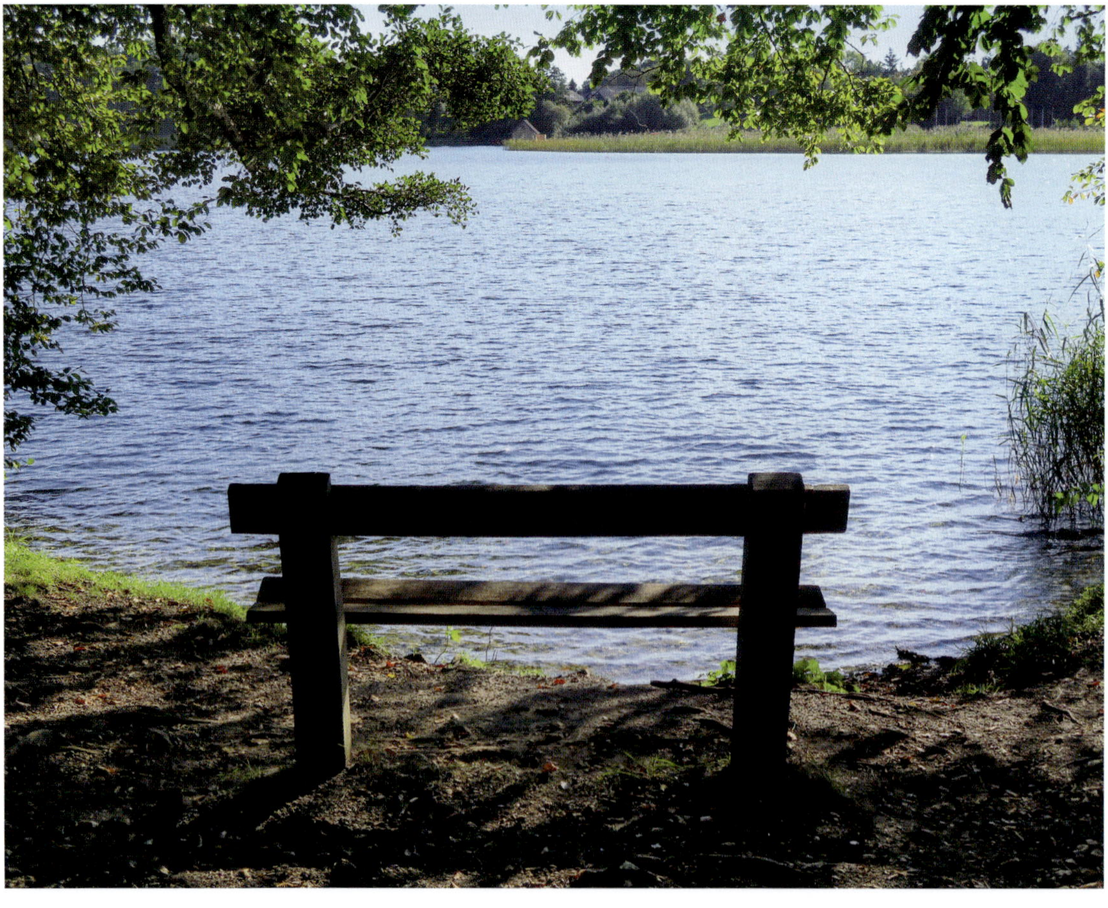

Nordspitze des Werders erhebt, soll bei niedrigem Wasserstand die 7 **Teufelsbrücke** zu sehen sein. Es heißt, der Teufel selbst habe hier die Felsblöcke gelegt. Ein heidnischer Fürst aus Dargau hatte dem Leibhaftigen seine Seele versprochen, wenn der ihm bis zum nächsten Hahnenschrei eine Brücke ans andere Seeufer bauen würde. Der Teufel schuftete die ganze Nacht. Doch ein Seedorfer Hahn krähte viel zu früh. Voller Zorn sprang der Teufel mit einem Satz nach Seedorf hinüber und meuchelte das Tier. Sein Blut soll noch heute an einem Stein kleben. Wo genau, ist nicht überliefert. Da muss man selbst schauen.

Zurück zum Schaalseekanal Bis zum Seedorfer Schloss geht es zurück wie gekommen. Dann aber wird die Umrundung des Werders vollendet. Linker Hand führt der Fisch-Weg 1 nun ganz dicht am 8 **Küchensee** entlang. Er ist ein eigenständiges Gewässer, gehört also nicht zum Schaalsee. Bald kommt die kleine Brücke, auf der vor Stunden der Seedorfer Werder erreicht wurde. Etwa 500 Meter nach der Überquerung geht es dieses Mal auf einen rechts abknickenden Pfad. Er leitet zu einer weiteren Brücke, die sich über den Phulsee spannt. Bei nächster Möglichkeit geht es links auf den Schaalseeweg und dann wieder links auf einen Pfad. Er tritt nach einigen Hundert Metern direkt beim E **Parkplatz** aus dem Wald.

Feines Plätzchen zum Pausieren: die Kutscherscheune mit Seeblick

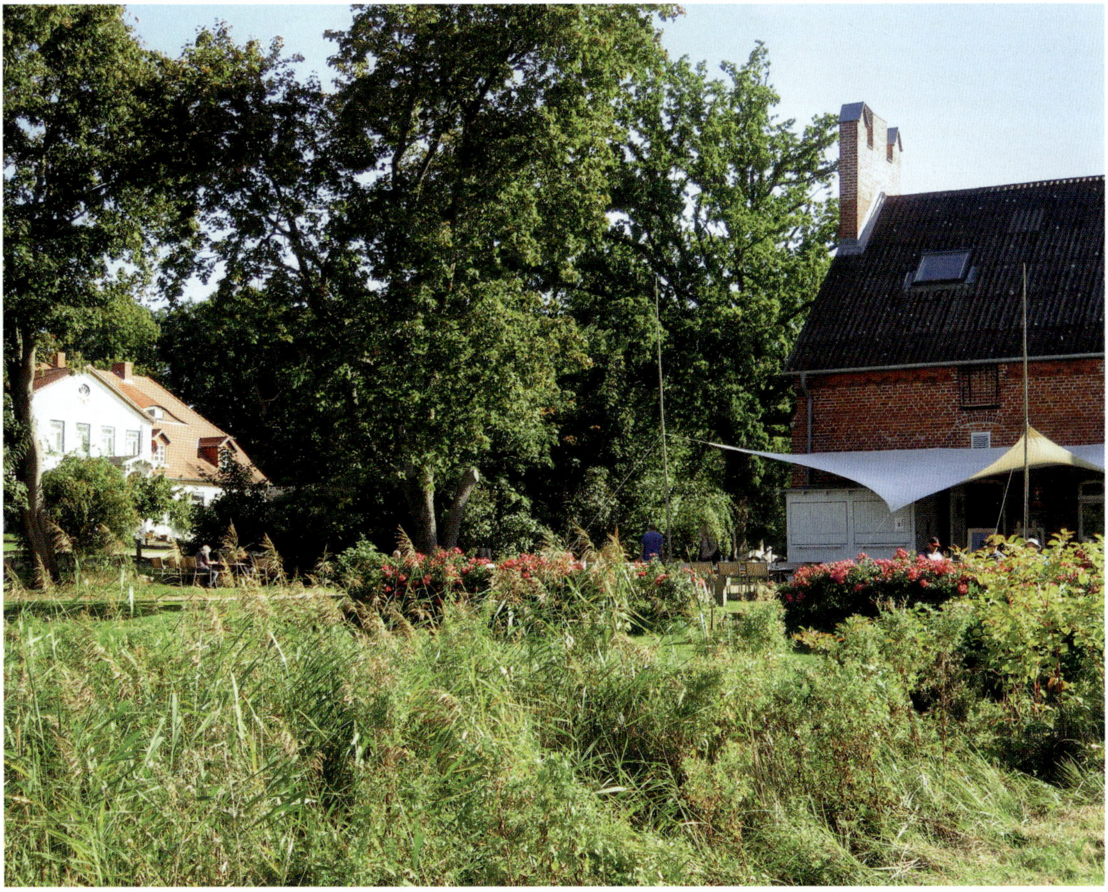

25 Hohes Elbufer

Zwischen Tesperhude und Sandkrug

Mittel 13 km 71/78 Hm 3.30 Std.

Tourencharakter
Auf dem Elbhöhenweg geht der Atem schon mal schneller, der Rückweg am Elbufer ist dann ein Spaziergang.

Ausgangs-/Endpunkt
Fähranleger Tesperhude

Anfahrt
Auto: A25, B404
Bus & Bahn: Ab Bergedorf Buslinie 8800 bis Strandweg Tesperhude

Beste Jahreszeit
Jederzeit

Einkehr
Elbkantinchen am Anfang, Alter Sandkrug am Wendepunkt

Auf dem bewaldeten Hohen Elbufer zwischen Tesperhude und Sandkrug kann man die Radfahrer des Elberadwegs nur bedauern. Sie sind ja viel zu schnell, um das wundervolle Naturschutzgebiet mit allen Sinnen zu genießen. Und zu den Bibern am Elbufer dürfen sie gar nicht erst hinunter.

Tesperhude Die Tour startet beim **A Schiffsanleger Tesperhude**. Der beschauliche Ortsteil von Geesthacht ist ganz auf Ausflügler eingestellt – das sieht man an den vielen Einkehrmöglichkeiten mit Elbblick. Der Strandweg führt in östlicher Richtung aus der Bebauung hinaus bis zum **1 Campingplatz**. Hier beginnt der westliche Abschnitt des länderübergreifenden Biosphärenreservats Flusslandschaft Elbe. Bewaldete, zum Teil steil ansteigende Elbhänge mit Einschnitten und Kerbtälern prägen die Landschaft. Gleich den ersten Hang geht es hinauf. Seit 1997 steht das **2 Hohe Elbufer** zwischen Tesperhude und Lauenburg auf rund neun Kilometern Länge unter Naturschutz. Lichte Hangwälder aus Traubeneiche, Kiefer, Feld-Ulme und Wildbirne wechseln mit Buchen- und Quellwäldern und Eichen-Trockenwäldern. Verirren ist so gut wie unmöglich: Man bleibt immer auf der Steilkante. An ihr entlang wird keine Holznutzung mehr vorgenommen. Im Altholz tummeln sich Insekten, Vögel und

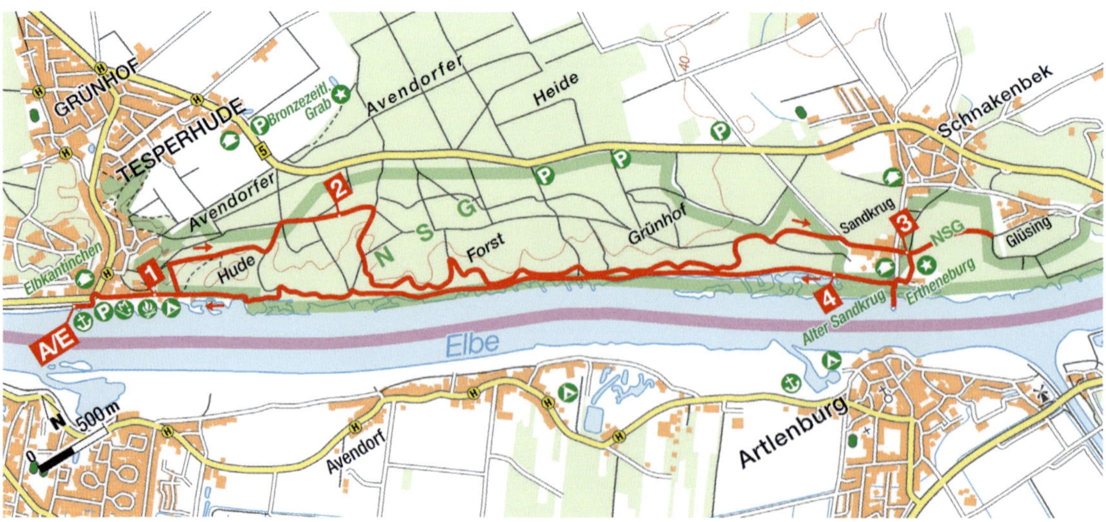

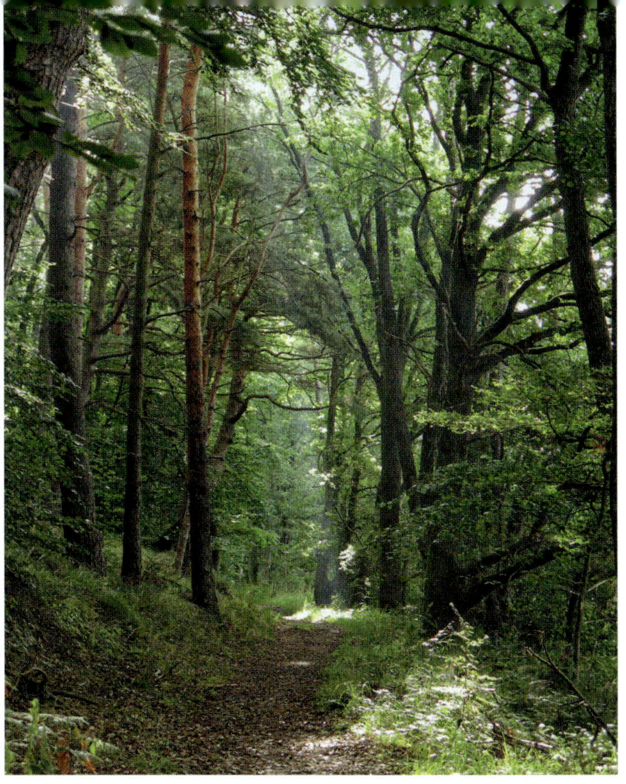

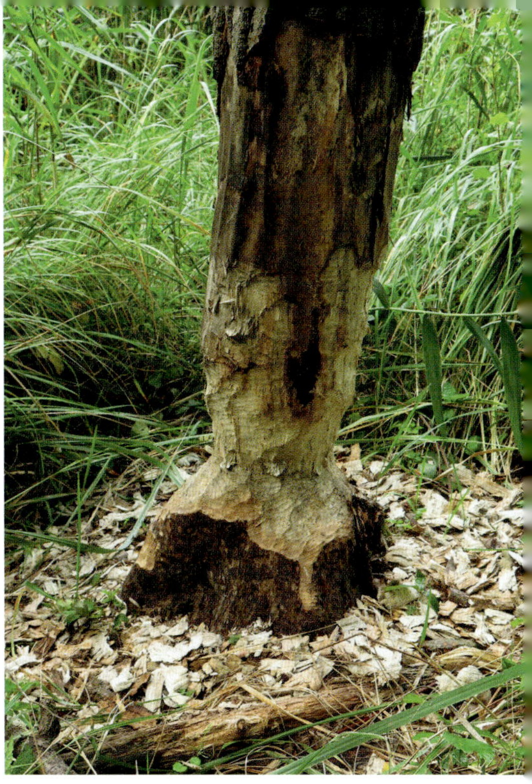

Fledermäuse. Nach insgesamt 6,5 Kilometern trifft der Wanderweg auf die Straße Sandkrug im gleichnamigen Ortsteil der Gemeinde Schnakenbek. Beim Restaurant Alter Sandkrug kreuzt die ❸ **Alte Salzstraße**. Hier bietet sich ein Abstecher zur Ertheneburg an (siehe Kasten). Ansonsten wendet man sich rechts zur Elbe hinunter. Die Hälfte der Tour ist nun geschafft.

Links: Der Wanderweg verläuft dicht an der Steilkante der Elbhöhen.

Rechts: Die typische Sanduhrenform verrät: Hier war der Biber am Werk.

In Flussnähe Zurück geht es immer an der Elbe entlang. Die regelmäßig überschwemmten Auwälder in den Uferbereichen sind die Heimat des Bibers. Der ❹ **Biberlehrpfad** informiert auf zwei Kilometern Länge über das größte Nagetier Europas. Die Tiere sind sehr scheu, vermutlich wird man keines zu Gesicht bekommen. Aber ihre Spuren, abgenagte oder gar gefällte Baumriesen, gibt es mehrfach zu bewundern. Aufgrund des besonderen Klimas markiert das Elbe-Urstromtal für einige Arten in Flora und Fauna die westliche und zugleich nördliche Verbreitungsgrenze. Zahlreiche Pflanzen und Tiere Schleswig-Holsteins sieht man also nur hier. Mag auch sein, man sieht sie nicht … Das Dickicht aus Staudenfluren, Röhrichten und Weidengebüschen im Elbvorland, die Purpurweiden und Schwarzpappeln auf Sandbänken und Uferwällen bieten ideale Verstecke. Das ist gerade das Schöne auf dem Rückweg: Hier muss der Mensch sich zurücknehmen und bei Überschwemmung oder Baumsturzgefahr sogar Umwege in Kauf nehmen. Der Naturnähe sorgt für jede Menge Glücksgefühle, bis der Ⓔ **Fähranleger** Tesperhude nach 13 Kilometern erreicht ist.

Ertheneburg in Sicht

Die Alte Salzstraße war im Mittelalter ein wichtiger Handelsweg. Ihr Zugang zur Elbe bei Sandkrug wurde von der Ertheneburg aus gesichert. Mit viel Einbildungskraft kann man den Ringwall noch erkennen. Dort stand schon Heinrich der Löwe und genoss den Blick über die Elbe zum niedersächsischen Artlenburg.

26 Besenhorster Sandberge

Lost Place im Wald

Leicht | 5 km | 8/8 Hm | 1.30 Std.

Tourencharakter
Kleine Runde durch ein irritierendes Naturschutzgebiet

Ausgangs-/Endpunkt
Wanderparkplatz Am Schleusenkanal

Anfahrt
Auto: A25, B404 bis Geesthacht, weiter über Heuweg bis Am Knollgraben
Bus & Bahn: Möglich, aber kompliziert: von Bergedorf Buslinie 439 bis Geesthacht ZOB, weiter zu Fuß bis Am Schleusenkanal

Beste Jahreszeit
Jederzeit

Einkehr
keine

Lost Place bedeutet sinngemäß »vergessener Ort«, und meist handelt es sich dabei um verlassene Gebäude der jüngeren Geschichte. Verlassen sind die Ruinen dieser Wanderung wirklich. Vergessen aber nicht. Denn sie liegen mitten in einem beliebten Naturschutzgebiet.

Ruinen im Wald Beim Blick auf die A **Infotafel** am kleinen Parkplatz »Am Schleusenkanal« scheint zunächst schwer vorstellbar, dass diese Tour mit großen Überraschungen aufwarten könnte. Im Rücken braust der Verkehr, vom benachbarten Mischwerk schallen unverständliche Worte durch Lautsprecheranlagen. Kein schlechter Sound, um auf dem Spazierweg zum Naturschutzgebiet »Besenhorster Sandberge und Elbsandwiesen« zu wandern. Bei der Weggabelung geht es rechts in den Wald, noch immer ist das nichts Besonderes, bis nach insgesamt 750 Metern linker Hand ein Pfad abzweigt und unvermittelt die ersten 1 **Ruinen der Dünenberger Pulverfabrik** auftauchen. Hier wurde ab 1876 mit Schwarzpulver, Salpeter und Schwefel hantiert. Ein Geschäft, das zur Zeit der Weltkriege boomte. Am Ende des Zweiten Weltkriegs war das Fabrikgelände auf 4,5 Quadratkilometer angewachsen und mit Baracken für 8000 Zwangsarbeiter bebaut. Zur Tarnung wurden die Dächer der Produktionsanlagen bepflanzt, und es gab strenge Sicherheitskontrollen. Heute sind die Ruinen Lebensraum für Pflanzen und Tiere.

Früher giftig, heute kultig Auch Jugendliche finden hier Unterschlupf, wie man an den Graffitis erkennt. Die Pulverreste und Chemikalien wur-

Die Elbsandwiese

Für Wanderer sind die Elbsandwiesen zum Ende des Spaziergangs wenig spektakulär, Feldlerchen sehen das ganz anders. Als Bodenbrüter brauchen sie eine offene Landschaft mit niedriger Vegetation, in der sie ihre Nester verstecken können. Die noch seltenere Heidelerche kommt nur im Übergang zwischen Wald und Sandflächen vor. Der Gesang beider Arten ist der Sommer selbst.

Der höchste »Sandberg« der Binnendünen weist eine Höhe von 24 Metern auf.

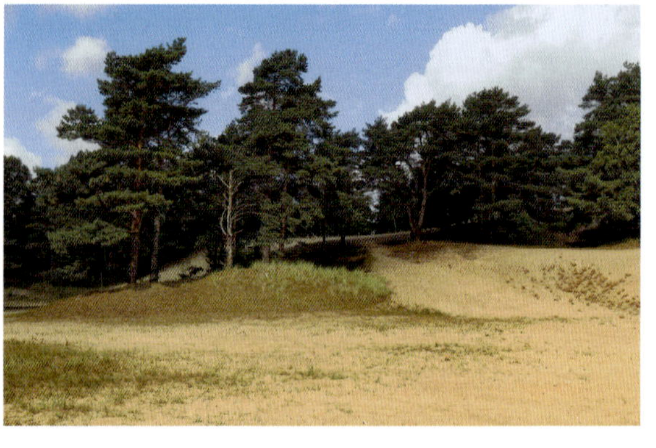

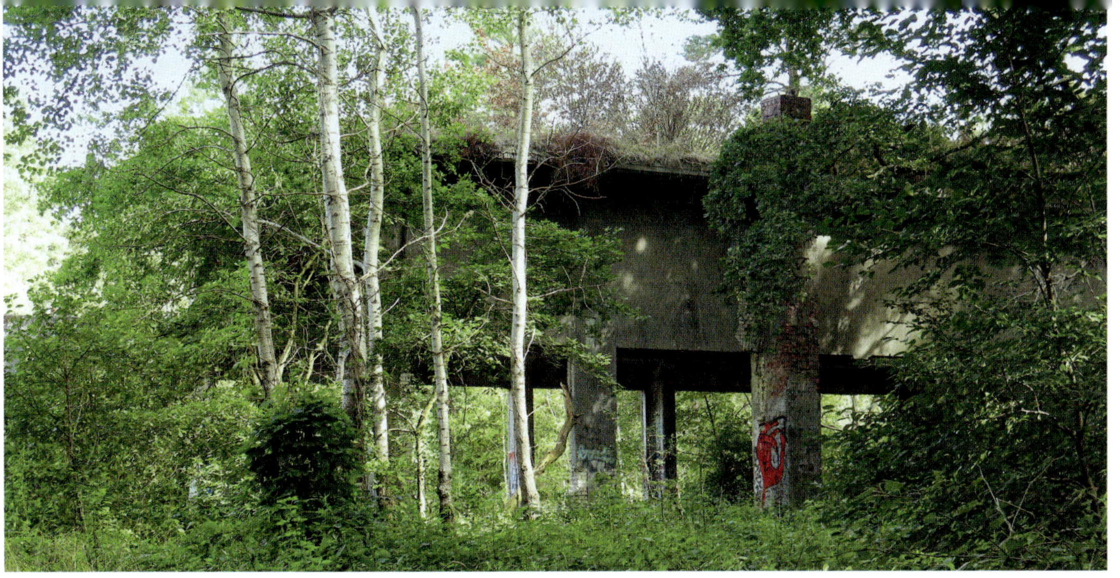

den bereits in den 1950er-Jahren vom Kampfmittelräumdienst entfernt, nachdem die Alliierten die meisten Gebäude gesprengt hatten. Wenn man auf dem ausgeschilderten Weg bleibt, der eine Rechtskurve beschreibt, wird klar, warum Fabrikant Max Duttenhofer das Gelände, das bis dato zum Forst Friedrichsruh gehörte, von Otto von Bismarck pachtete. Die ❷ **Binnendünen** eigneten sich hervorragend für eine Munitionsfabrik. Sand, um Wälle als Splitterschutz entlang der Fabrikgebäude zu errichten, gibt es hier reichlich. Heute lieben Ödlandschrecken, Wegwespen und Sandlaufkäfer die offene Fläche mit lockerem Kiefern-, Eichen- und Birkenbestand. Der Sand erwärmt sich schnell und ist für wechselwarme Tiere und Insekten ideal. Das weiß der Walker, auch Türkischer Maikäfer genannt, sehr zu schätzen. Er ist in Schleswig-Holstein nur noch in den Wäldern des Elbetals zu finden. Die Dünen sind zu seinem Schutz eingezäunt. Im weiteren Verlauf darf man die Wege aus Sicherheitsgründen nicht verlassen. Doch immer wieder trifft man auf Mauerreste, verfallene Gebäude, ein Stück Ziegelweg und Laternenpfähle aus Beton. Das reicht, damit auf dieser Runde die Fantasie Purzelbäume schlägt. Wenn man am Ⓔ **Ausgangspunkt** anlangt, stellt sich das Gefühl ein, eine fremde Welt besucht zu haben.

Zur Tarnung wurden die Dächer der Pulverfabrik bepflanzt.

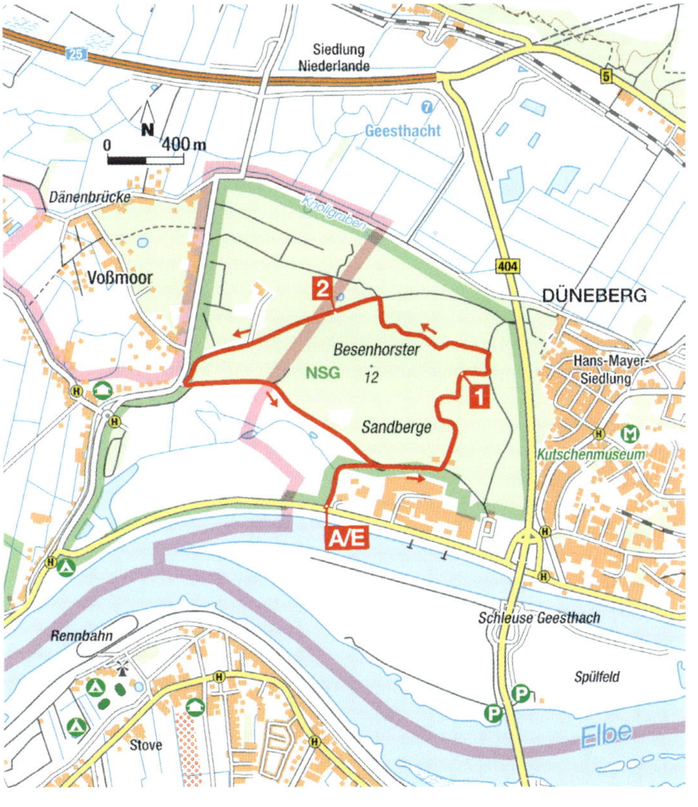

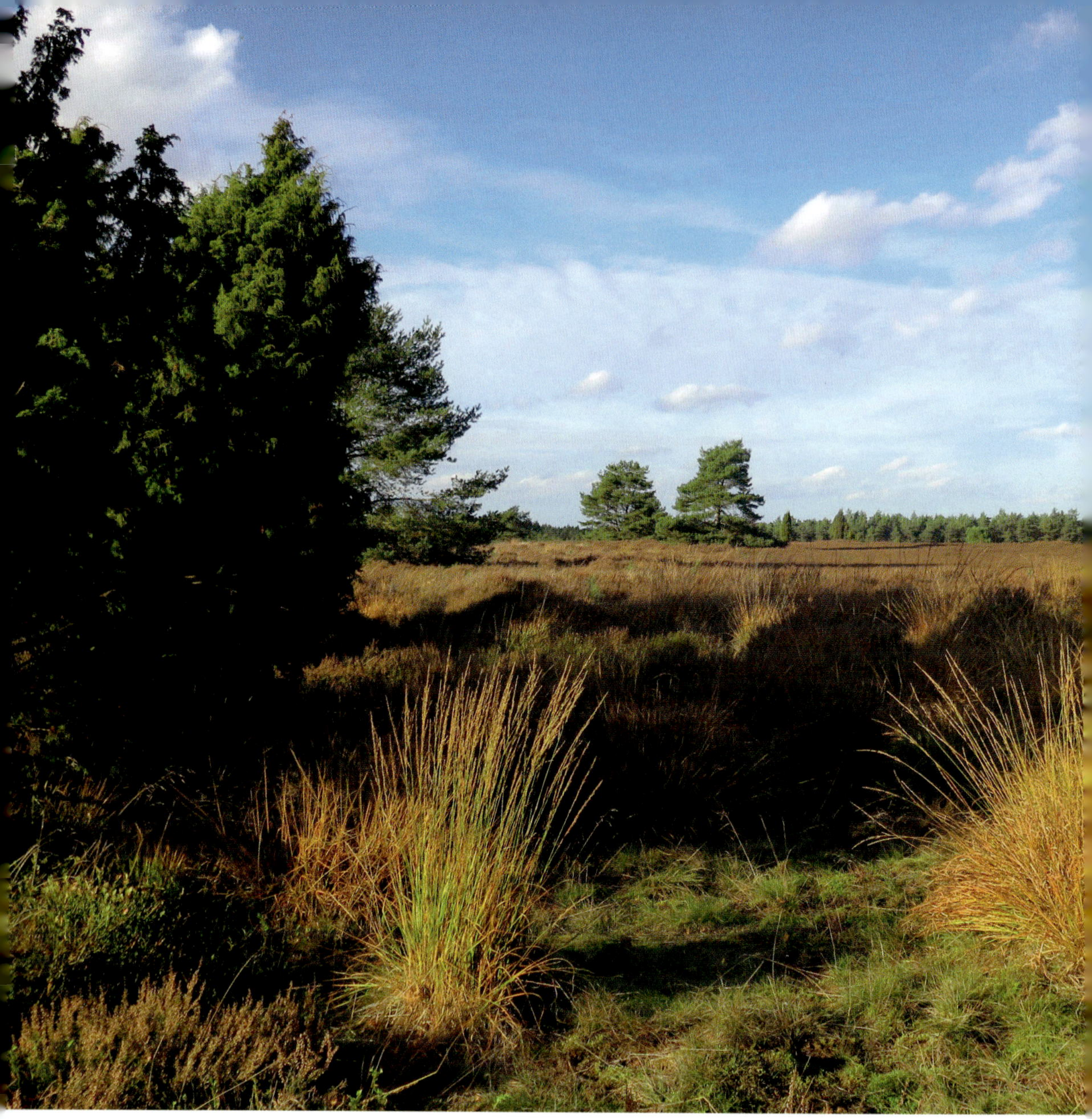

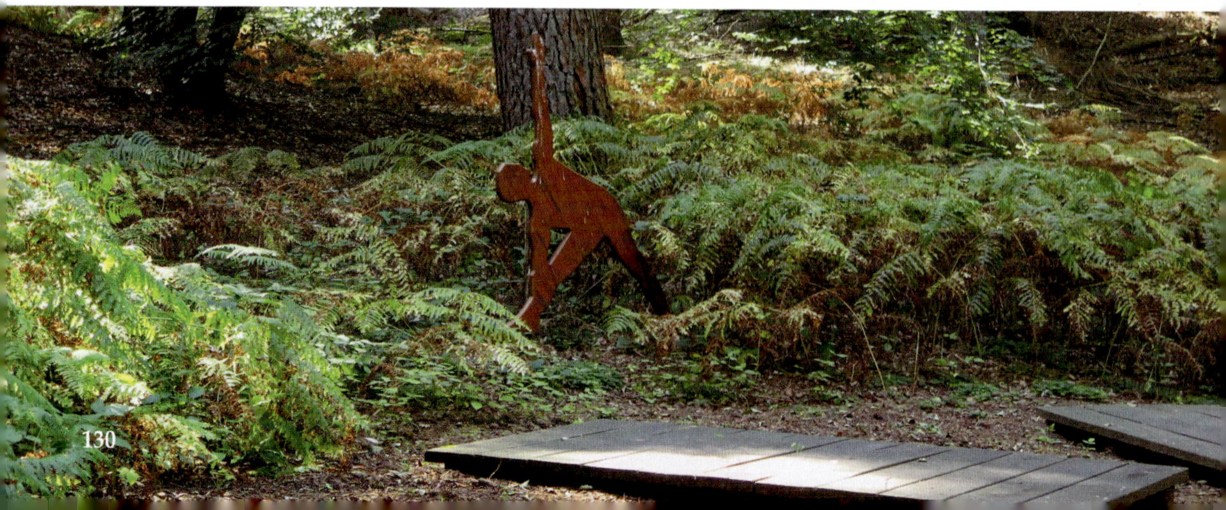

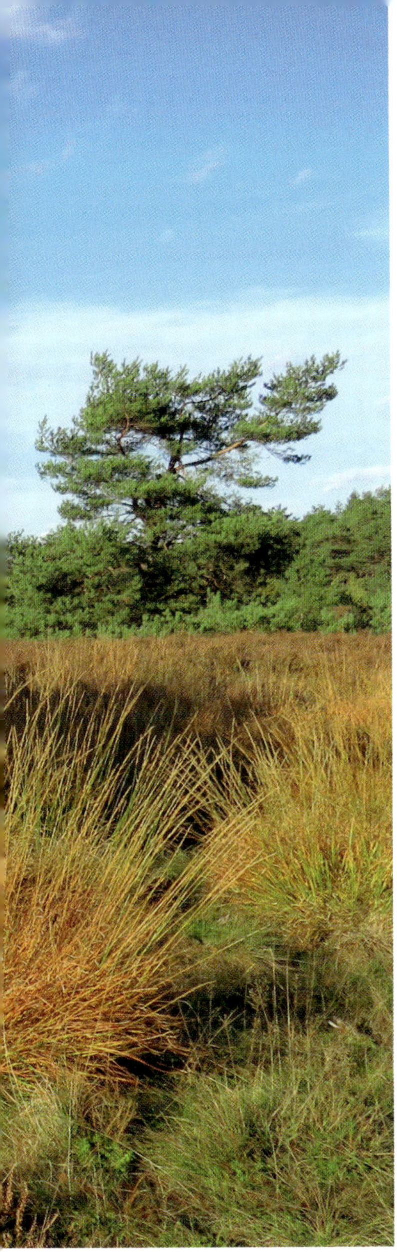

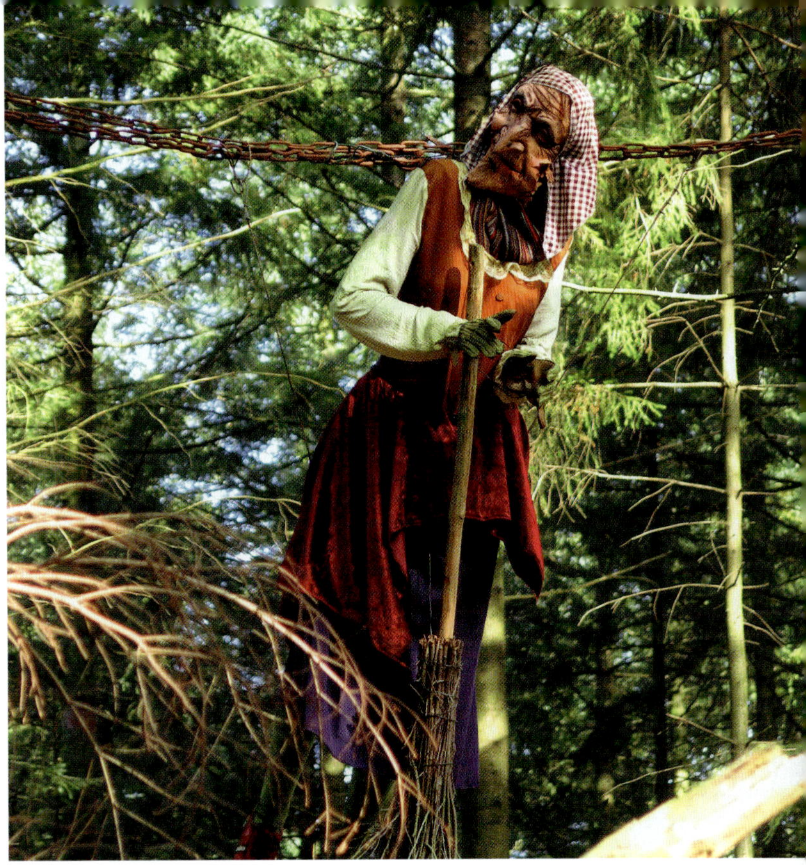

Die Lüneburger Heide

Die märchenhafte Lüneburger Heide besteht zu 60 Prozent aus Wald (o.li.). Der Hanstedter Hexentanzplatz hat eine spannende Geschichte (o.re.). Alice im Waldland: als hätte der verrückte Hutmacher den Tisch gedeckt (u.re.). Ein Yoga-Wald im Barfußpark (u.li.).

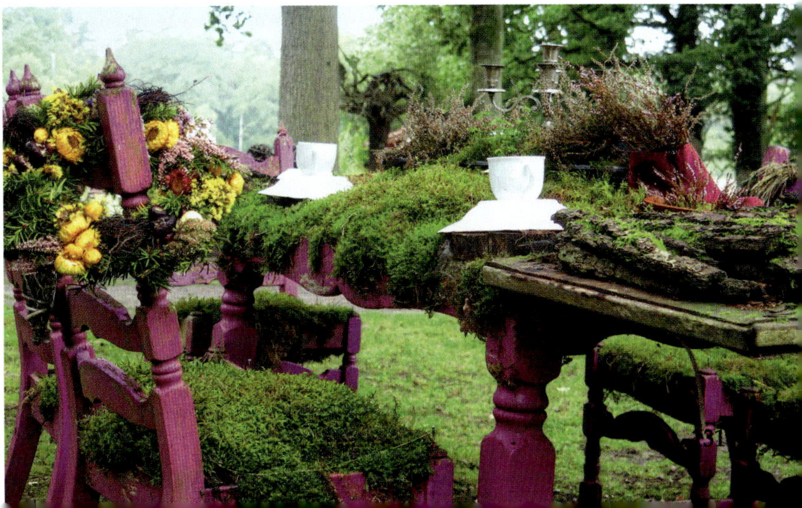

27 Walderlebnis Ehrhorn

Familienvergnügen in der Lüneburger Heide

Mittel | 13 km | 25/25 Hm | 3 Std.

Tourencharakter
Leichte Waldwege, Waldpfade, Waldweiden und allerhand Erlebnisse

Ausgangs-/Endpunkt
Bahnhof Wintermoor

Anfahrt
Auto: A1 Ausfahrt Rade, weiter B3 bis Poststraße Schneverdingen/ Wintermoor
Bus & Bahn: Regionalbahn bis Buchholz, weiter mit der Heidebahn bis Wintermoor

Beste Jahreszeit
Frühling bis Herbst, zur Heideblüte zwar wunderschön, aber auch (zu) gut besucht

Einkehr
WaldKräuterey im Walderlebnis Ehrhorn

Nicht überall, wo Walderlebnispfad draufsteht, ist auch ein Erlebnis drin. Auf dieser Tour darf man aber mehr erwarten als knochentrockene Info-Tafeln und Mitmachstationen auf Kindergartenniveau. Im Walderlebnis Ehrhorn ist wirklich an jeden gedacht.

In Waldstimmung kommen Am Ⓐ **Bahnhof Winterberg** beginnt diese Tour auf der Poststraße Richtung Norden. Nach 100 Metern knickt rechts ein Weg zur Bundesstraße 3 ab. Ihm 170 Meter linker Hand folgend, führt auf der gegenüberliegenden Straßenseite ein Weg durch die Felder zum Waldrand. Hier geht es nur wenige Schritte nach links, bis rechts ein Wanderweg ins Dunkelgrüne leitet. Erstbesucher der Lüneburger Heide wundern sich vielleicht, wenn sie nach 400 Metern noch einmal rechts und dann lange, lange schnurgeradeaus wandern: kein lila Kraut nirgends. Die Lüneburger Heide besteht nämlich gar nicht in erster Linie aus Heide, sondern zu 60 % aus Wald. Die großen Kiefernwälder wurden im 19. Jahrhundert gepflanzt, als man weite Heideflächen aufgab. Erst nach insgesamt 4,3 Kilometern unterbricht ein Abzweiger nach rechts das meditative Geradeauswandern. Von nun an jagt eine Waldfreude die nächste. Zunächst taucht auf der rechten Seite das ❶ **Arboretum** auf. Der Baumbestand wurde auf trockenem Dünensand unter botanischen

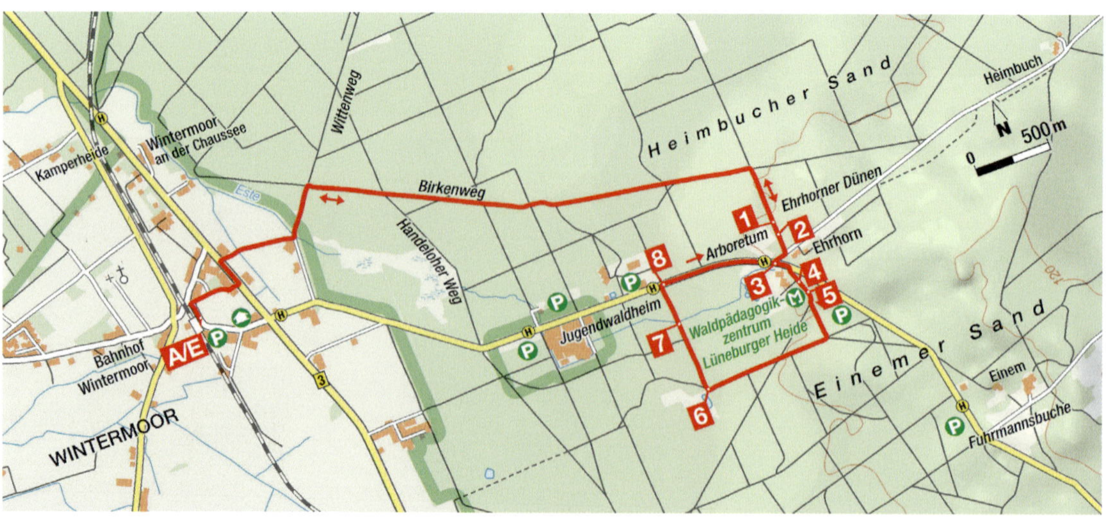

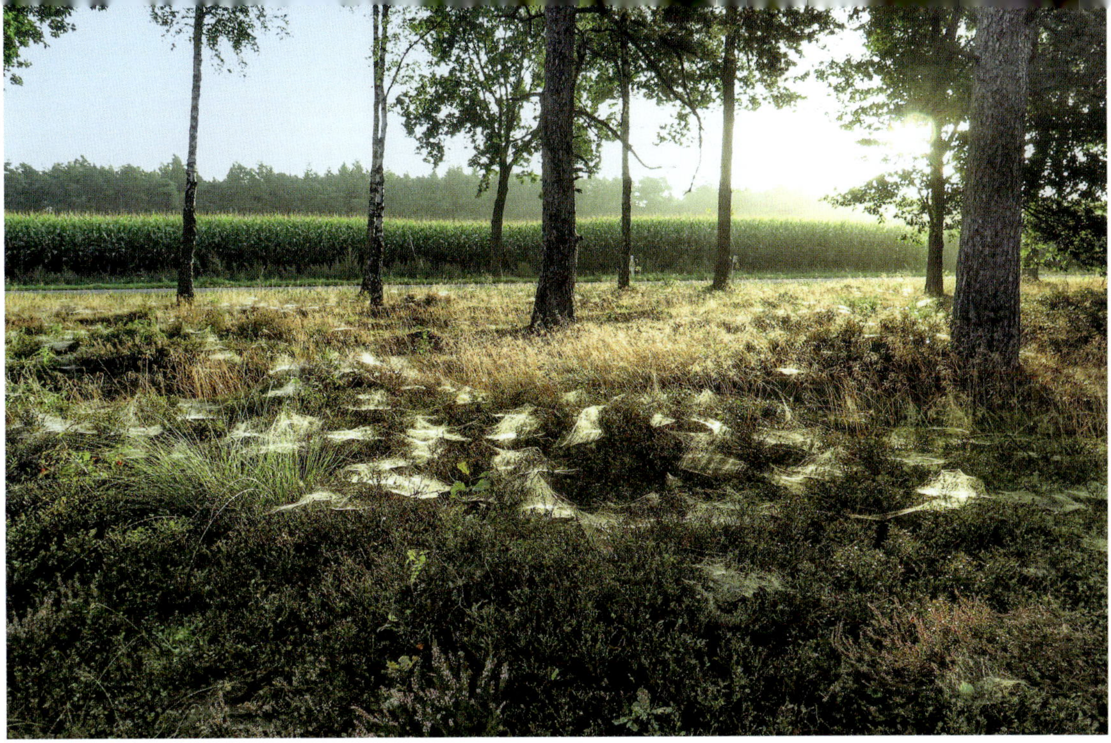

und waldbaulichen Gesichtspunkten angelegt. Auf dem etwa 400 Meter langen Rundweg können 32 verschiedene Baum- und Straucharten aus aller Welt bewundert werden wie zum Beispiel Stechpalme, Salweide, Waldgeißblatt, Stieleiche, Rotfichte, Faulbaum und Sommerlinde. Außerdem lädt ein ❷ **Nachtblindpfad** zu einem besonderen Spaziergang ein. Mit geschlossenen, noch besser: verbundenen Augen tastet man sich an einem Band entlang und nimmt so unter Ausschluss des Sehsinns die Natur ganz neu wahr. Es ist eine Natur, die sich in ständigem Wandel befindet, seit Menschen um das Jahr 1000 in Ehrhorn sesshaft wurden. Damals herrschten noch weite Buchen- und Eichenwälder vor.

Oben: Die kleine Heideradspinne webt ihre zarten Netze dicht am Boden.

Unten: Alle Wege führen nach Wilsede.

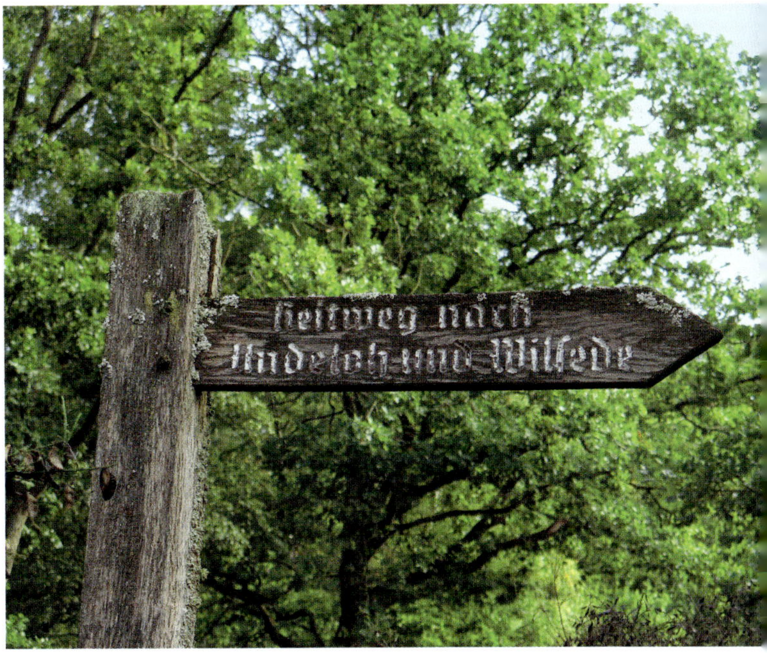

Gänseblümchen-Limo und zauberhafte Blütentorte Nach einigen Jahrhunderten waren die ursprünglichen Wälder durch Übernutzung stark ausgelichtet. Der Wald diente nicht nur als Rohstofflieferant, sondern auch als Weide- und Futterplatz für das Vieh. Rinder, Schafe und Ziegen fraßen Laub, Äste und Triebe, Schweine

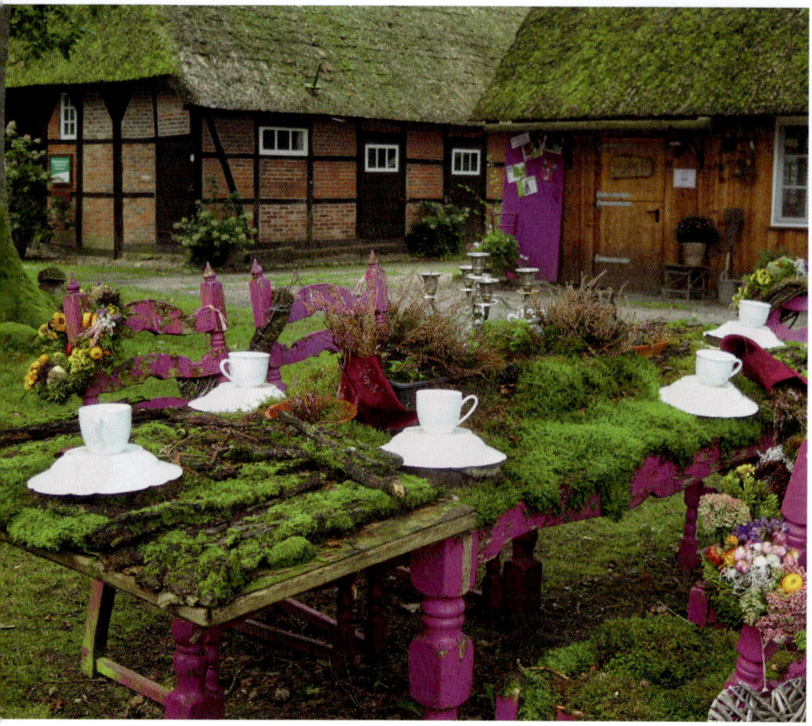 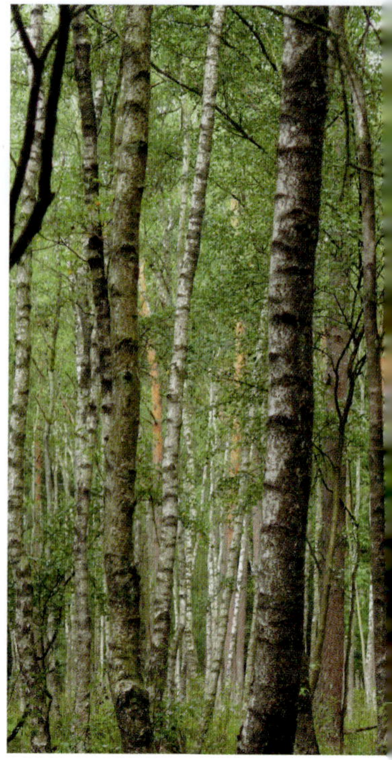

machten sich über Bucheckern und Eicheln her. So schrumpften die Mischwälder, bis nur noch kleine Inseln aus der offenen Heidelandschaft ragten. Die war besonders anfällig für Erosion. Wind und Wetter türmten Sandstellen allmählich zu gewaltigen Dünen. So geschah es auch rund um einen Hof, der vom Arboretum schnell erreicht ist. Von dort ist die kopfsteingepflasterte Straße bereits zu sehen, die zur Landstraße führt. Bald nach der Querung ist das ❸ **Walderlebnis Ehrhorn** gar nicht zu übersehen, und nach etwa 300 Metern gelangt man zu den historischen Gebäuden, die sich unter alten Eichen gruppieren. Das Herzstück bildet eine Heidebauernkate aus dem Jahr 1650. Sie wird heute als Ausstellungs- und Seminarhaus genutzt. Wer die Ausstellung über die langfristige ökologische Waldentwicklung in Niedersachsen besuchen möchte, ist auf die Wochenenden und Feiertage zwischen Mai und Oktober angewiesen. Dann kann man auch in der WaldKräuterey Wiesentapas, Gänseblümchen-Limonade oder Blütentorten probieren. Das Walderlebnis Ehrhorn ist jedoch jederzeit zugänglich und immer ein lohnendes Ziel. Es hat sogar einen besonderen Charme, das weitläufige Gelände mit Bienenzaun, Vogelpfad, Holzweg, Insektendorf, Grill- und Rastplätzen sowie dem größten Freiland-Formicarium ganz

Wilseder Berg und Totengrund

Gar nicht weit entfernt von Ehrhorn liegen beim Dorf Wilsede die Top-Highlights der Lüneburger Heide. Der Totengrund und der 169 Meter hohe Wilseder Berg, die höchste Erhebung der Region, sind nicht mit dem Auto zu erreichen. Mit zehn Kilometern ist die Strecke für Wanderer zwar weit, wer aber das Rad mit auf die Tour nimmt, braucht nicht einmal 20 Minuten.

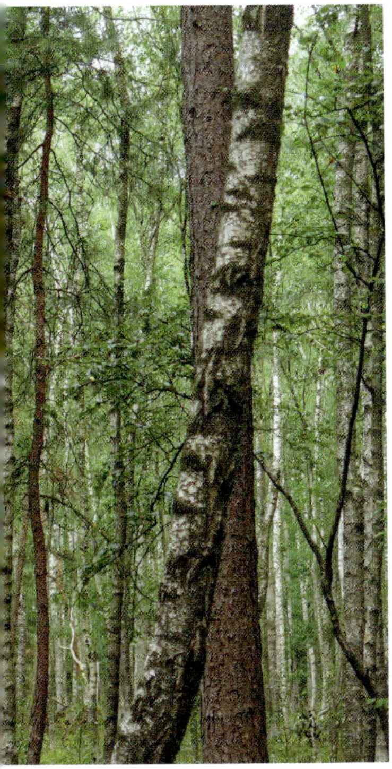

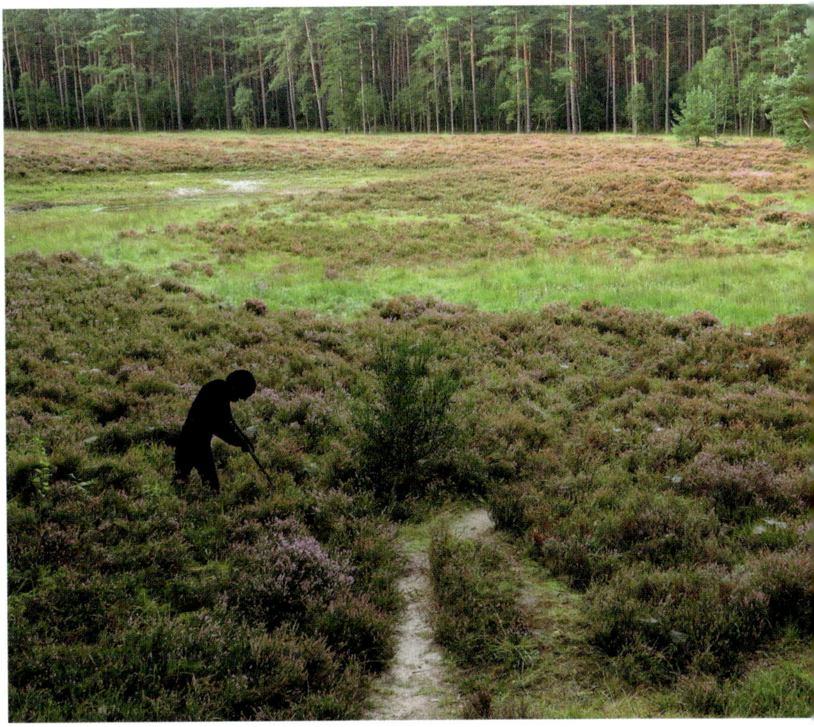

Norddeutschlands für sich allein zu haben. Hat man sich vom Gewimmel auf der Ameisenfarm losgerissen, kann man sich auf den ❹ **Erlebnispfad** begeben. Station 1 ist vom Formicarium aus zu sehen. Dort liegt auch die Begleitbroschüre aus.

Links: Die WaldKräuterey

Mitte: Junger Birkenwald

Rechts: Heidjer beim Plaggen

Urwälder von morgen Die Rundtour schildert das Bild eines Ameisenlöwen aus. Sie führt durch eine Landschaft, die vor 100 Jahren von offenen Wanderdünen geprägt war. Heute ist das Gebiet beinahe vollständig bewaldet. Die wechselvolle Geschichte wird an Station 2 erzählt. Auf der anderen Seite des Wegs führt eine Holztreppe zur ❺ **Trojaburg**. Sie gehört nicht zum Erlebnispfad, macht aber gleich zu Beginn der Rundtour klar: Jeder ausgewiesene Abstecher entlang des Weges lohnt sich. Trojaburgen, auch Pseudolabyrinthe genannt, sind schlingenförmige Steinsetzungen, die auf nur einem Weg ohne Abzweigungen ins Zentrum führen. Hier sind es eine junge Eiche und eine alte Kiefer, die im Mittelpunkt stehen, gleichsam als Symbol für den neu entstandenen Mischwald. Das Gebiet der Ehrhorner Dünen ist seit 1974 als Naturwald ausgewiesen. Die »Urwälder von morgen« sollen sich ganz ungestört von Menschen entwickeln. Darum gilt es auch, auf dem Erlebnispfad zu bleiben, der sich nach einem guten Kilometer nach rechts wendet. Die Stationen des Erlebnispfades sollen nicht nur die Landschaft erklären, sondern auch Spaß machen und echte Erlebnisse liefern. Und das gelingt tatsächlich. Nach etwa zwei Kilometern und neun Stationen ist man nicht nur um einiges schlauer, sondern auch bereit für eine Ruhepause. Dafür eignet sich prima der ❻ **Besucherhochsitz**. Vor der Aussichtsplattform öffnet sich eine große Waldlichtung mit offener Heide und einem Feuchtgebiet. Hier wird anschaulich erklärt, wie Ehrhorn einst zur Sandwüste wurde. Noch eindrücklicher ist aber die friedliche Stimmung. Die Luft scheint gleich einige Grad wärmer. Libellen und Wasservögel schwirren durch die Luft, und wenn man lange genug ruhig sitzen bleibt, tritt vielleicht sogar ein Reh aus dem Wald. Wer nicht so viel Glück hat, kann sich kurz darauf auf den 7 **Pirschpfad** begeben. Der schmale Pfad zieht sich vom Hauptweg links in den Wald hinein und zeigt, wie schwierig es ist, Tiere im schummrigen Licht auszumachen. Dafür wurden Holzfiguren von sieben heimischen Tierarten versteckt. Ein toller Spaß, denn sie sind wirklich nicht leicht zu finden. Eindrücklich stellt sich der Unterschied zwischen Mischwald und Kiefernwald heraus. Der gemischte, reich strukturierte Wald mit seinen knallgrünen Moosteppichen gleicht geradezu idealtypisch der menschlichen Vorstellung eines »schönen Waldes«. Die Kiefernforsten in Reih und Glied, wo beinahe gar nichts am Boden wächst, wirken hingegen eintönig. Aber ein monothematischer Wald kann durchaus naturnah sein. Davon erzählt der Erlebnispfad genauso wie von den Anstrengungen, den Kiefernbestand durch Pflanzungen in einen Mischwald zu verwandeln. Kurz bevor die Landstraße erreicht ist, verdeutlicht ein junger 8 **Birkenwald**, was die Natur allein zu leisten im Stande ist. Vor 30 Jahren wurde hier eine Fläche kahlgeschlagen, um sie zu bebauen. Als man die Pläne aufgab, eroberten die Birken das Gelände ganz ohne menschliches Zutun. Der Erlebnispfad ist gute drei Kilometer lang. Zurück am Walderlebniszentrum, geht es auf dem bereits bekannten Weg zum Bahnhof E **Bahnhof Wintermoor**.

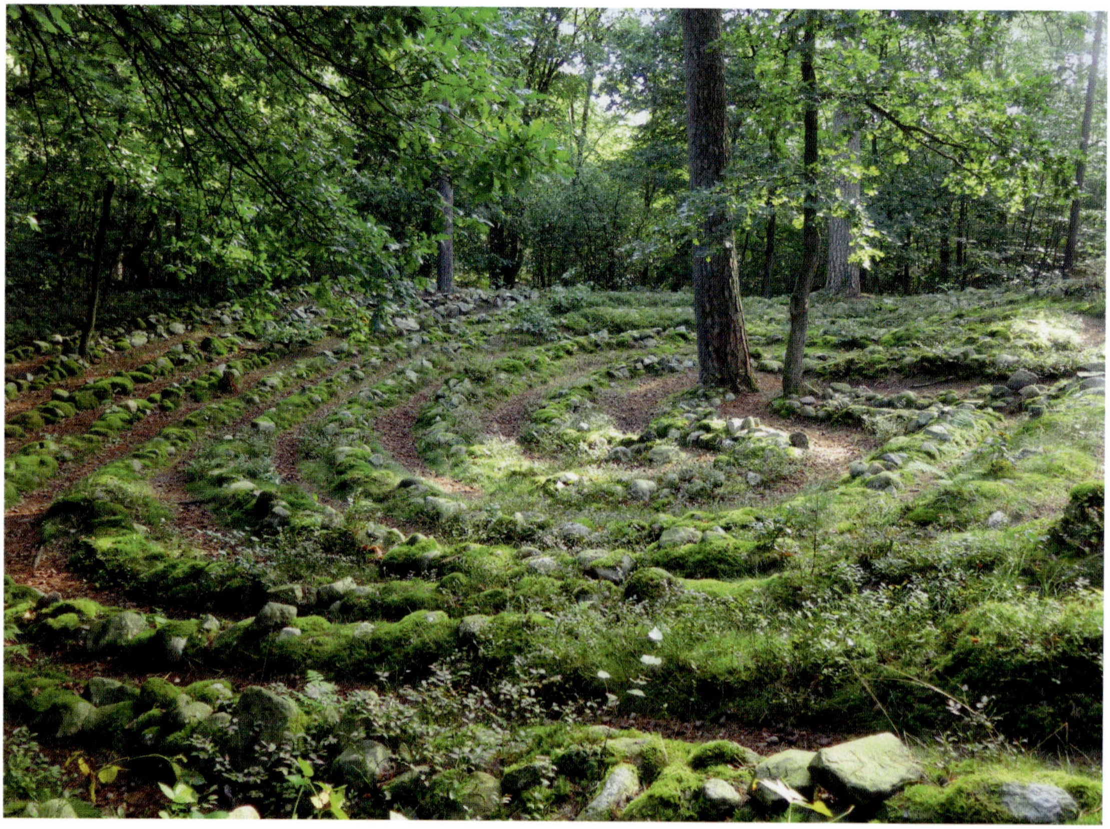

Eine Trojaburg oder auch Pseudolabyrinth

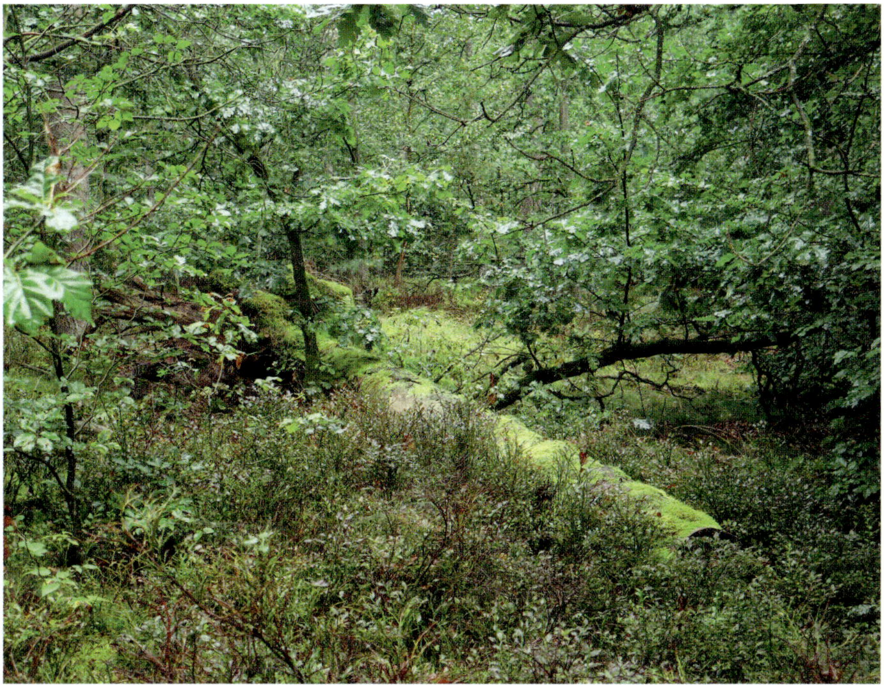

Links: Der Urwald von morgen verzaubert schon heute.

Unten: Ameisenhügel sind perfekte Bauwerke.

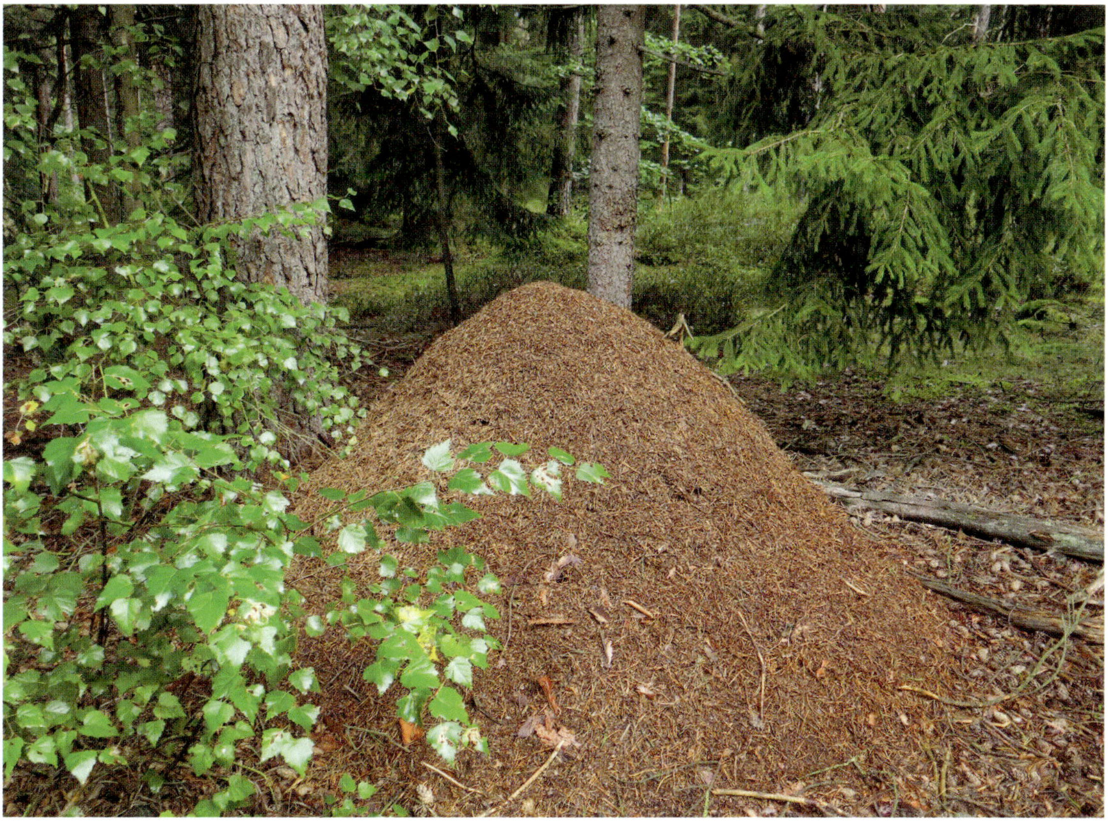

28

Märchenpfad Jesteburg

Großer Spaß für kleine Wanderer

Leicht | 3,5 km | 42/40 Hm | 1 Std.

Tourencharakter
Immer dem Zauberstab nach durch einen echten Märchenwald

Ausgangs-/Endpunkt
Hofcafé Lohhof

Anfahrt
Auto: Über A7 Seevetal-Ramelsloh, weiter über Ramelsloher Allee, Seevestraße, Jesteburger Chaussee bis Jesteburg
Bus & Bahn: Ab Harburg mit Buslinie 4148 bis Jesteburg Lohhof

Beste Jahreszeit
Ganzjährig

Einkehr
Hofcafé Lohhof

Nicht alle Kinder sind begeistert, wenn es auf eine Wanderung geht. Und nur, weil ein Wald Erwachsenen märchenhaft scheint, sind sie noch lange nicht zu locken. Anders ist das auf dem Märchenwanderweg in Jesteburg. Da kommt die Freude an Baumriesen, Giftpilzen und Ameisenhügeln spielend auf.

Es war einmal … ein Dorf am Rande der Lüneburger Heide. Dort lebten Elfen, Zwerge und Kobolde einträchtig nebeneinander. So beginnt die Geschichte, in die Kinder mit ihren Eltern auf dem Jesteburger Märchenpfad eintauchen. Im Grunde schon davor, am **A** **Hofcafé Lohhof**. Idyllisch am Waldrand gelegen, ist das Café in einem liebevoll restaurierten

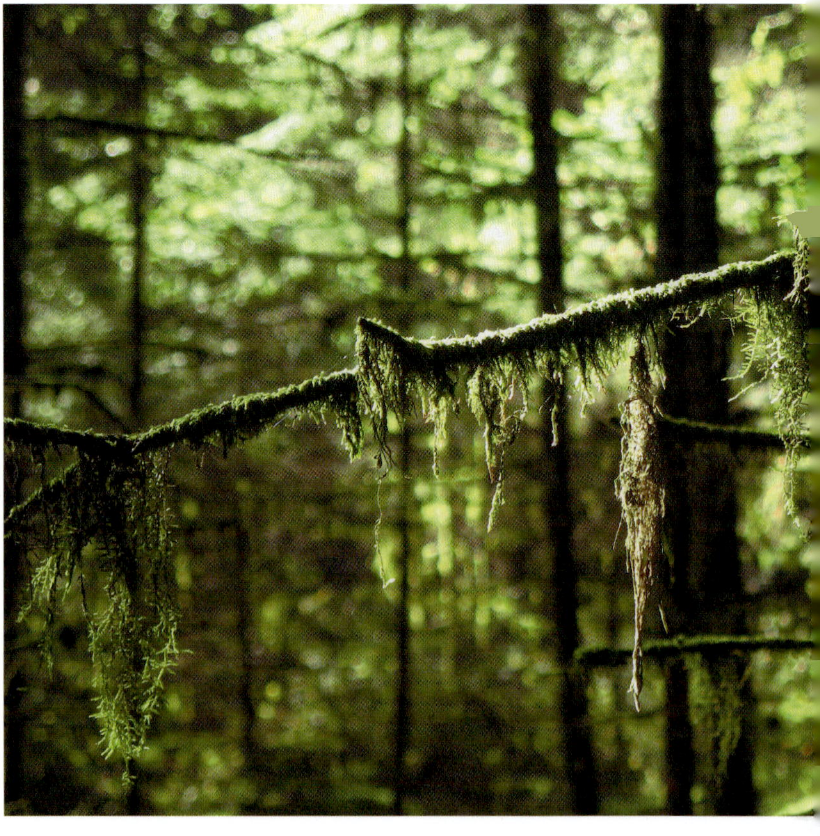

Die fantasievolle Geschichte des Märchenwaldes haben Schülerinnen und Schüler aus Neu Wulmstorf ersonnen.

historischen Speicher untergebracht. Damit wäre schon geklärt, dass diese Wanderung mit einer Einkehr endet, vielleicht bei Eis oder selbstgebackenem Kuchen im Garten. Aber nun geht es erst einmal los, denn ein Unglück ist geschehen: Der fiese, einäugige Trickser hat den Zauberstab zerbrochen, der bisher für Frieden unter den Fabelwesen sorgte. Nun geraten die Dorfbewohner ständig in Streit. Nur drei Freunde, die Elfe Pinki, der Zwerg Zipfel und der Kobold Keril, halten zusammen. Dort, wo der Garten des Cafés in den Wald übergeht, stehen sie beieinander. Gleich daneben befindet sich an einer Infotafel eine Box mit Broschüren. Darin sind die Stationen des Märchenpfads auf einer Karte eingezeichnet.

Der Märchenwanderweg Die Geschichte vom Trickser hat sich eine Klasse der Realschule Neuwulmstorf ausgedacht und zusammen mit Hamburger Kunststudenten als Buch veröffentlicht. Auf Initiative des Lions Club Hamburg-Nordheide wurde daraus der Märchenwanderweg durch den ❶ **Klecker Wald**. Eine passendere Kulisse als den ebenso gepflegten wie verwunschen wirkenden Mischwald hätte es kaum geben können. Der Schritt federt auf dem weichen Boden. Die Sonne setzt Tupfer im Unterholz. Ein Specht klopft an einen Baum. Schon mit den ersten Schritten ist man in eine fremde Welt spaziert – darum ist der Märchenwanderweg auch ganz ohne Kinder ein zwar kurzes, aber dennoch großes Vergnügen. Um das Abenteuer der drei Freunde so zu erleben, wie es sich die jungen Autorinnen und Auto-

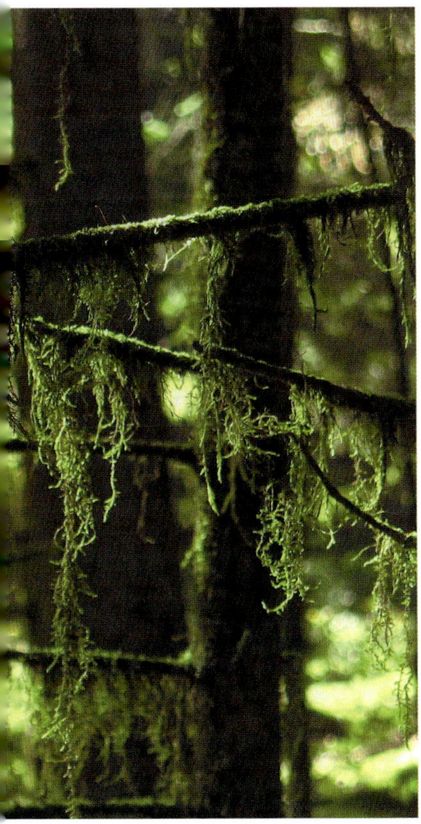

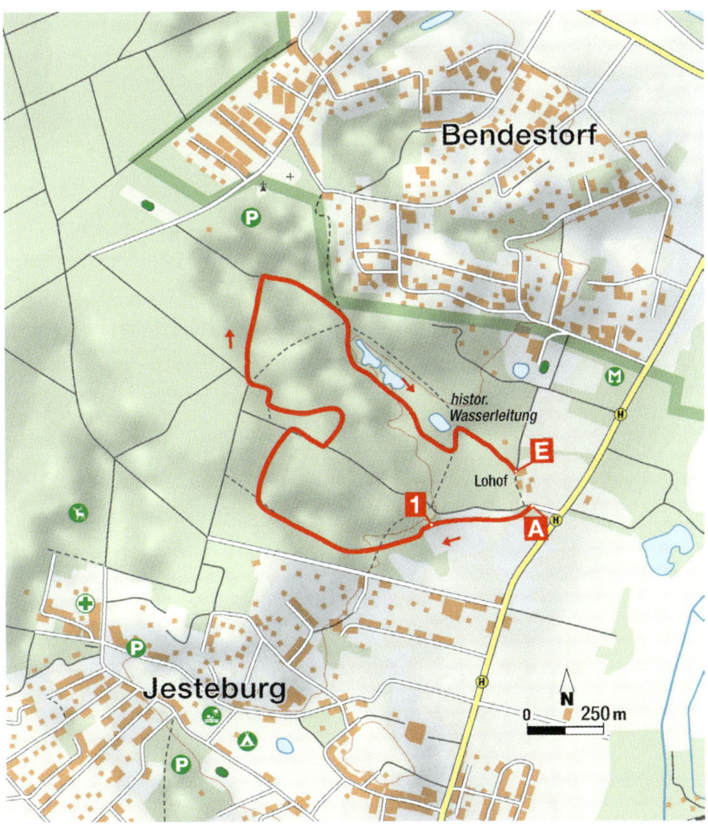

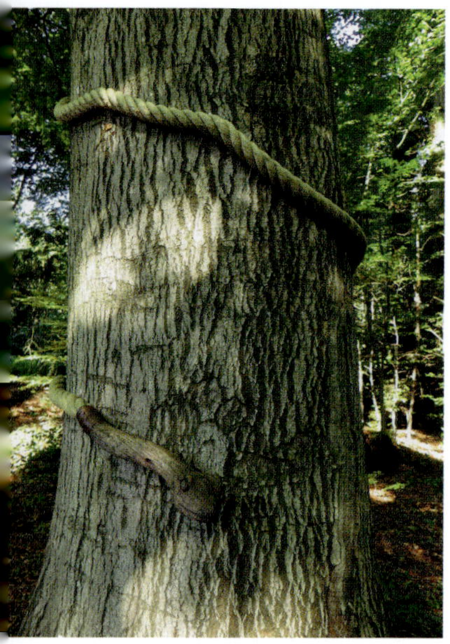

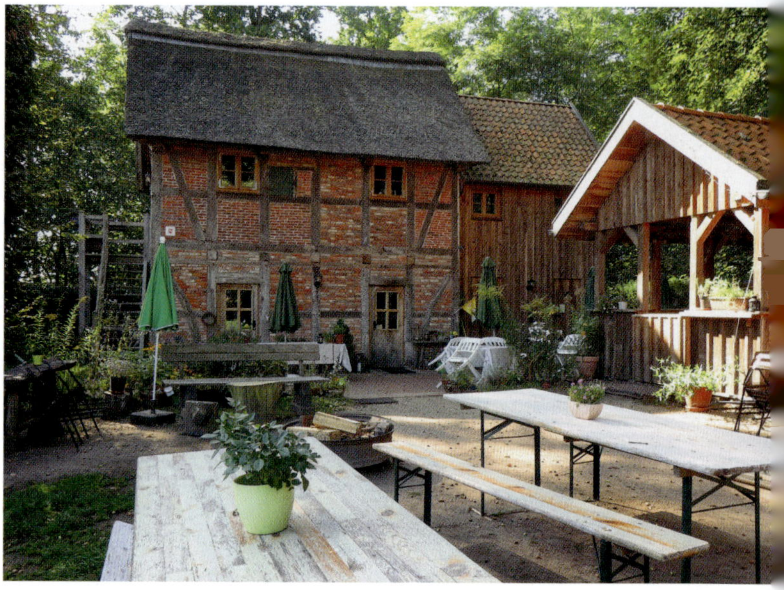

Links: Mit dem Ratschlag der Weißen Schlange geht es los.

Mitte: Am Ende lockt das Hofcafé.

Rechts: Dazwischen gilt es Ausschau zu halten.

ren gedacht haben, braucht es das Begleitbuch. Es ist für 14,95 Euro beim Tourismusverein Jesteburg erhältlich. Noch mehr Spaß bringt es, wenn ein Erwachsener zuvor die Strecke mit Gegenständen präpariert hat. Welche das sein sollen und wohin sie gehören, verrät das Buch. Fantasievolle, im Erfinden von Geschichten erprobte Eltern, können die Tour aber auch ohne das Buch zu einer märchenhaften Wanderung gestalten. Sie müssen nur wissen, dass an der ersten Station die Weiße Schlange den Freunden verrät, wie sie an einen neuen Zauberstab kommen können. Bis es soweit ist, müssen an 15 Stationen Zutaten gefunden oder Abenteuer bestanden werden. Welche, das können Mütter, Väter, Tanten, Onkel oder Großeltern sich anhand der Piktogramme der Broschüre immer schon mit etwas Vorlauf überlegen. Es geht vom Einhorn zu fliegenden Tannenzapfen, Lerche, Fliegenpilz und Wassernymphen und immer wieder trifft man auf Waldspielgeräte für Kletter- und Balanceübungen entlang der Route, die sich prima in die Geschichte einbauen lassen. Und dann sind da noch die liebevoll geschmückten Lieblingsplätze der Waldkindergartenkinder, über die man immer mal wieder stolpert. Die Märchentour führt über breitete Wege und verschlungene Pfade. Er ist gut mit einem zerbrochenen Zauberstab markiert. Das Sternchen an der Spitze gibt die Richtung vor. Die Stationen und hölzernen Märchenfiguren sind liebevoll gestaltet und fügen sich oft unauffällig in die Umgebung ein. Für manche muss man den Kopf in den Nacken legen, denn sie sind in den Baumkronen angebracht. Andere liegen gut versteckt. So bringt schon allein die Suche danach den Kindern Freude und Erfolgserlebnisse. Aber Vorsicht! Auch der Trickser treibt sich im Wald herum. Wenn er plötzlich vor einem steht, ist das fast ein bisschen unheimlich. Aber natürlich wird am Ende alles gut. Spätestens bei einer Erfrischung im geschützten wie sonnigen Garten des E **Hofcafé Lohhof**.

Hünengrab

Wer die Wanderung durch den Klecker Wald ausdehnen möchte, nimmt sich das Hünengrab zum Ziel. Die frei zugängliche Grabstätte ist 5200 Jahre alt. 76 aufrechtstehende Steine markieren das 48 Meter lange und sechs Meter breite Zeugnis aus der Jungsteinzeit.

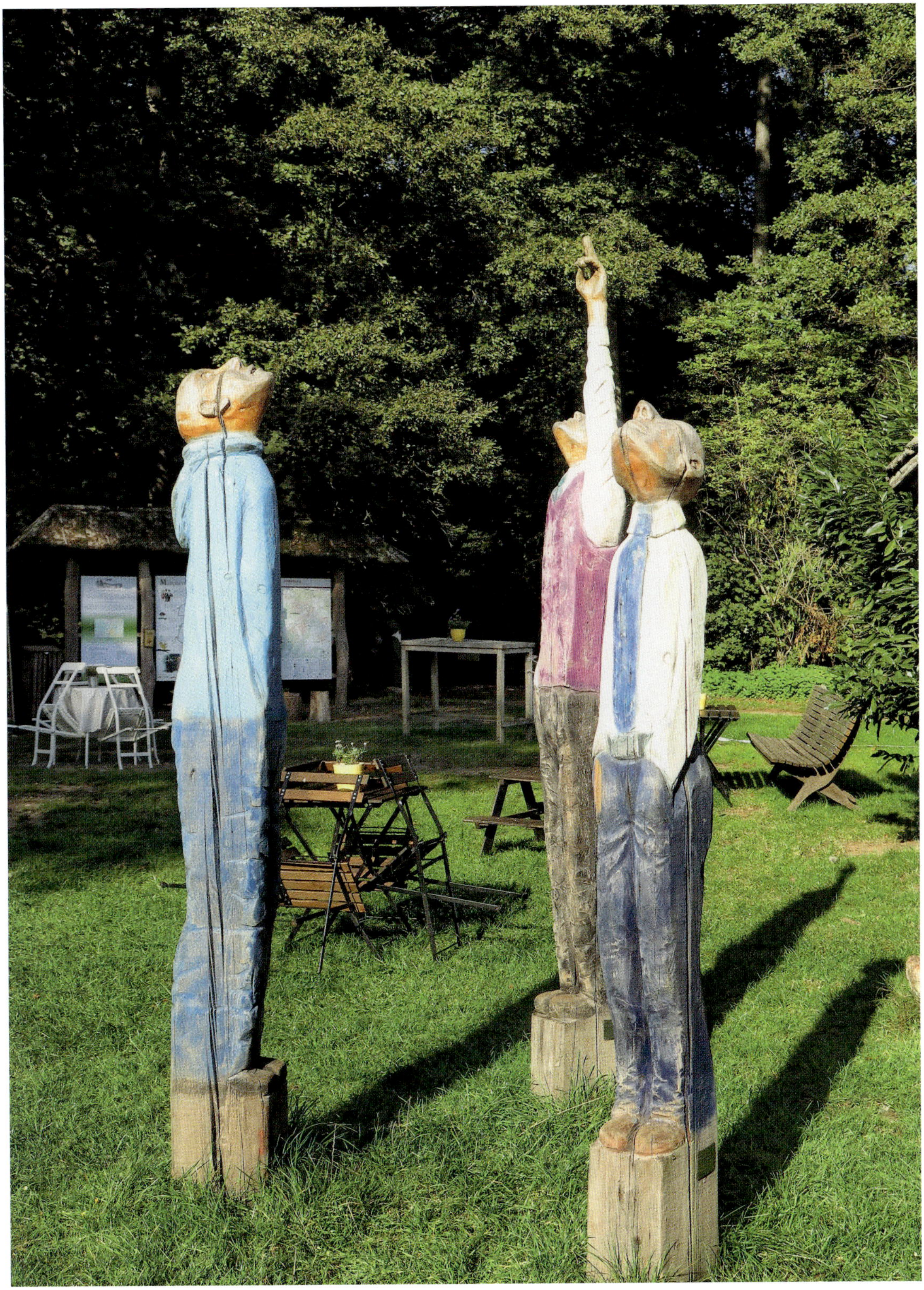

29

Barfußpark Egestorf

Den Wald mit allen Sinnen erleben

Leicht | 2,7 km | - | 2 Std.

Tourencharakter
Vorsichtig und langsam geht es barfuß durch Mischwald, Heide und Tannenforst.

Ausgangs-/Endpunkt
Barfußpark Egestorf

Anfahrt
Auto: Über A7 Egestorf, weiter über Lübberstedter Straße bis Ahornweg
Bus & Bahn: Regionalbahn bis Winsen (Luhe), weiter mit Buslinie 4406 bis Egestorf Kirche

Beste Jahreszeit
Sommer

Einkehr
Bistro & Café Naturium auf dem Parkgelände

Wer seinen Füßen Gutes tun will, geht barfuß. Das wissen viele Wanderer. Doch ohne Hobbitfüße kann das auch ein schmerzhaftes Unterfangen werden. Es sei denn, man läuft durch den Barfußpark von Egestorf. Dort sind die Wege zwar naturbelassen, doch von allem, was verletzten könnte, befreit.

Barfuß unter Buchen Beim Eintritt in den Barfußpark bekommt man eine kleine Einweisung und eine Karte ausgehändigt. An den Schließfächern wird es dann ernst. Schuhe sind verboten im Barfußpark, genauso wie Hunde. Als kürzester von insgesamt drei Rundwegen führt die grüne Strecke über 1,2 Kilometer. Sie beginnt auf einer Wasserschräge mit einem eiskalten Fußbad und führt über Rindenmulch, Granit, Kieselsteine, Scherben und Korken hinauf in den Buchenwald. Schon jetzt kribbeln die Füße, so gut durchblutet sind sie selten. Das Gefühl totaler Entspannung setzt ein. Nun kann man in aller Ruhe die 60 Sinnesstationen erkunden. Das Salzineum etwa, in dem alle Wände, Decken und sogar der Boden mit Salz ausgekleidet sind und ein Nebel feinster Kristalle das Atmen zur Wohltat macht. Oder der Küchengarten, in dem 40 Kräuter um die Wette duften. Die längste Hängebrücke Norddeutschlands fordert den Gleichgewichtssinn heraus. Das Waldmegaphon verstärkt die Geräusche des Waldes.

Gut zu wissen

Der Barfußpark ist vom 24. April bis 30. September geöffnet und kostet 8 Euro Eintritt. 3 Euro mehr inkludieren den Besuch des Aquadies. Das Naturerlebnisbad mit kristallklarem Wasser befindet sich auf dem Gelände und kommt ganz ohne chemische Zusätze aus.

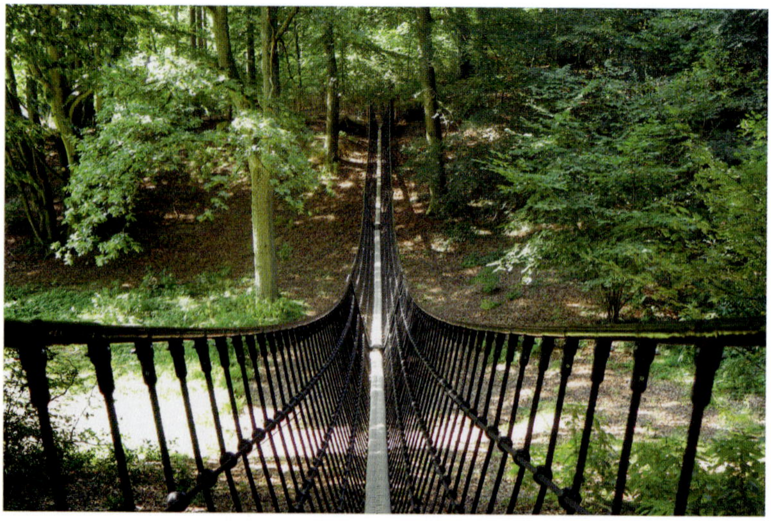

Barfuß geht es über die längste Hängebrücke Norddeutschlands.

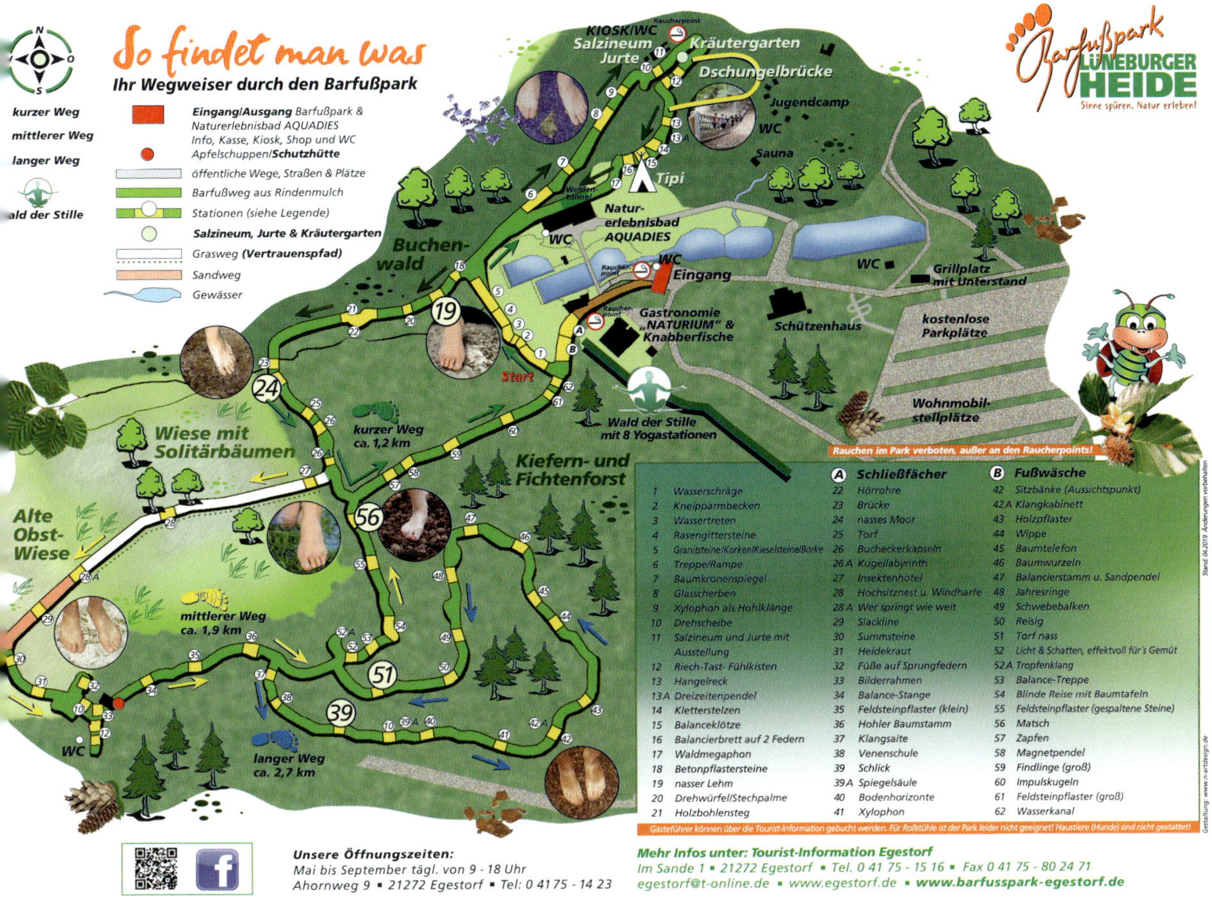

Wirkt kompliziert, ist vor Ort aber ganz einfach: immer den blauen Wegzeichen nach.

Der 14 Hektar große Naturerlebnispark will alle Sinne ansprechen. Aber die Füße bleiben die Hauptdarsteller. Eine Barfußwanderung ist wie eine Fußreflexzonenmassage, denn in den Fußsohlen laufen besonders viele Nervenenden zusammen. Die unterschiedlichen Bodenelemente streicheln, kitzeln, piksen, wärmen, kühlen und schärfen vor allem das Bewusstsein für den nächsten Schritt. Achtsamkeit wird barfuß zur Selbstverständlichkeit.

Das Landschaftschutzgebiet Der mittlere Weg schließt an den kurzen an. Es geht nun hinaus ins Naturschutzgebiet Lüneburger Heide. Auf dem feuchten Waldboden läuft es sich wie auf einer weichen Matte. Die Luft scheint kühler, und es wird ein wenig stiller, denn die Sinnesstationen liegen nun weiter verstreut und vielen Familien mit kleineren Kindern genügt die kurze Runde. So kann man noch mehr Aufmerksamkeit auf die kleinen Sensationen verwenden; zum Beispiel Hörrohre, die das Gurgeln eines Bachs verstärken. Jenseits einer Holzbrücke führt der Weg auf eine freie Wiese mit mächtigen Solitärbäumen. Sie ist wie gemacht für ein Picknick im hohen Gras oder auf einer Bank zum Klang der Äolsharfe. Ein Hochsitz lädt ein, die Nesthöhen verschiedener Vögel zu erklimmen. Entlang eines »Vertrauenswegs«, über eine Sandbahn und durch Streuobstwiesen, geht es eine kleine Anhöhe hinauf zu Balancierstationen. Beim hohlen Baumstamm muss man sich entscheiden, ob die Zeit zum Umkehren gekommen ist und ob 1,9 Kilometer Wegstrecke reichen. Oder man dehnt über den langen Weg die Wanderung auf 2,7 Kilometer aus. In Wanderschuhen macht das keinen großen Unterschied, aber barfuß ist man deutlich langsamer unterwegs.

Durch den Tannen- und Kiefernforst Im richtigen Tempo dauert der lange Weg zwei Stunden. So sagt es die freundliche Dame an der Kasse. Und was ist das richtige Tempo? Langsam. Sehr, sehr langsam. Das passt so wunderbar zum Auf und Ab im Nadelwald, durch den geheimnisvolle Töne dringen. Sie kommen aus dem Klangkabinett. Doch bevor das erreicht ist, gilt es noch herauszufinden, wie es sich anfühlt, über Tannenzweige, -zapfen und Bucheckern zu gehen. Durch knöcheltiefen Matsch, durch Moor, Torf, Lehm. Möchte man eine Bodenart auslassen, bleibt immer noch der natürliche Waldboden. Er ist hier deutlich sandiger als im Mischwald, aber mindestens ebenso federweich. Am Ende gewinnt man eine Ahnung, dass Schuhe zwar vor Verletzungen schützen. Doch Haltung, Gleichgewichtssinn und der Kontakt zur Natur kommen barfuß deutlich besser weg.

Im Yoga-Wald Wer nach der Wanderung noch nicht genug hat vom Naturerleben, nimmt beim Waschplatz den Pfad in den Wald der Stille. Er liegt ein wenig ab vom Schuss und ist nicht so bedenkenfrei barfuß zu begehen. Darum ist es hier wirklich sehr ruhig. Neun Stationen laden ein, klassische Yoga-Übungen zu praktizieren. Sie werden durch Holzfiguren veranschaulicht und auf Texttafeln genau erklärt. Wer mehr Input braucht, leiht einen Audio-Guide aus. Oder eine Yoga-Matte, falls die Holzplattformen zu hart erscheinen. Und dann heißt es nur noch: Einatmen. Ausatmen. Om.

Rund um die Obstwiese ziehen sich Balancierstationen.

Rechts: Um die richtige Balance geht es auch im Yoga-Wald.

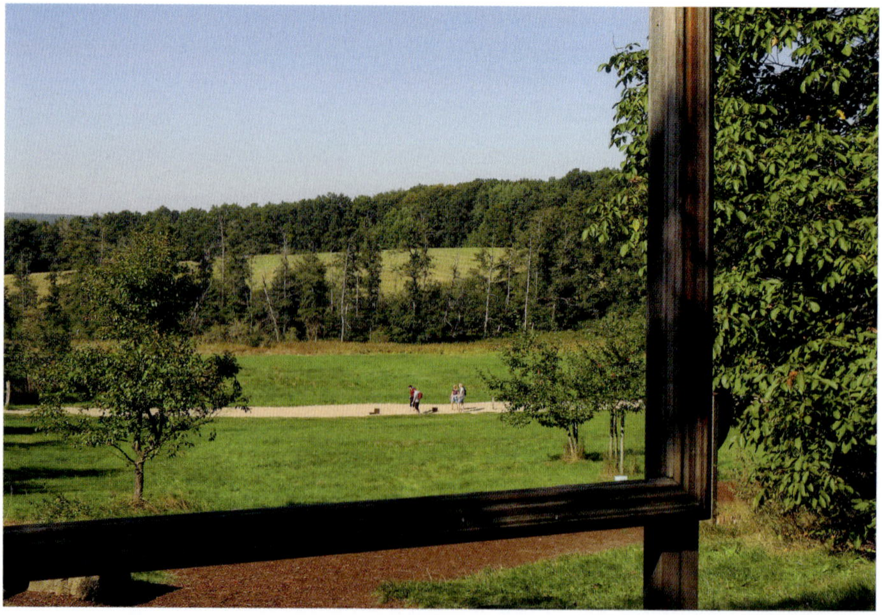

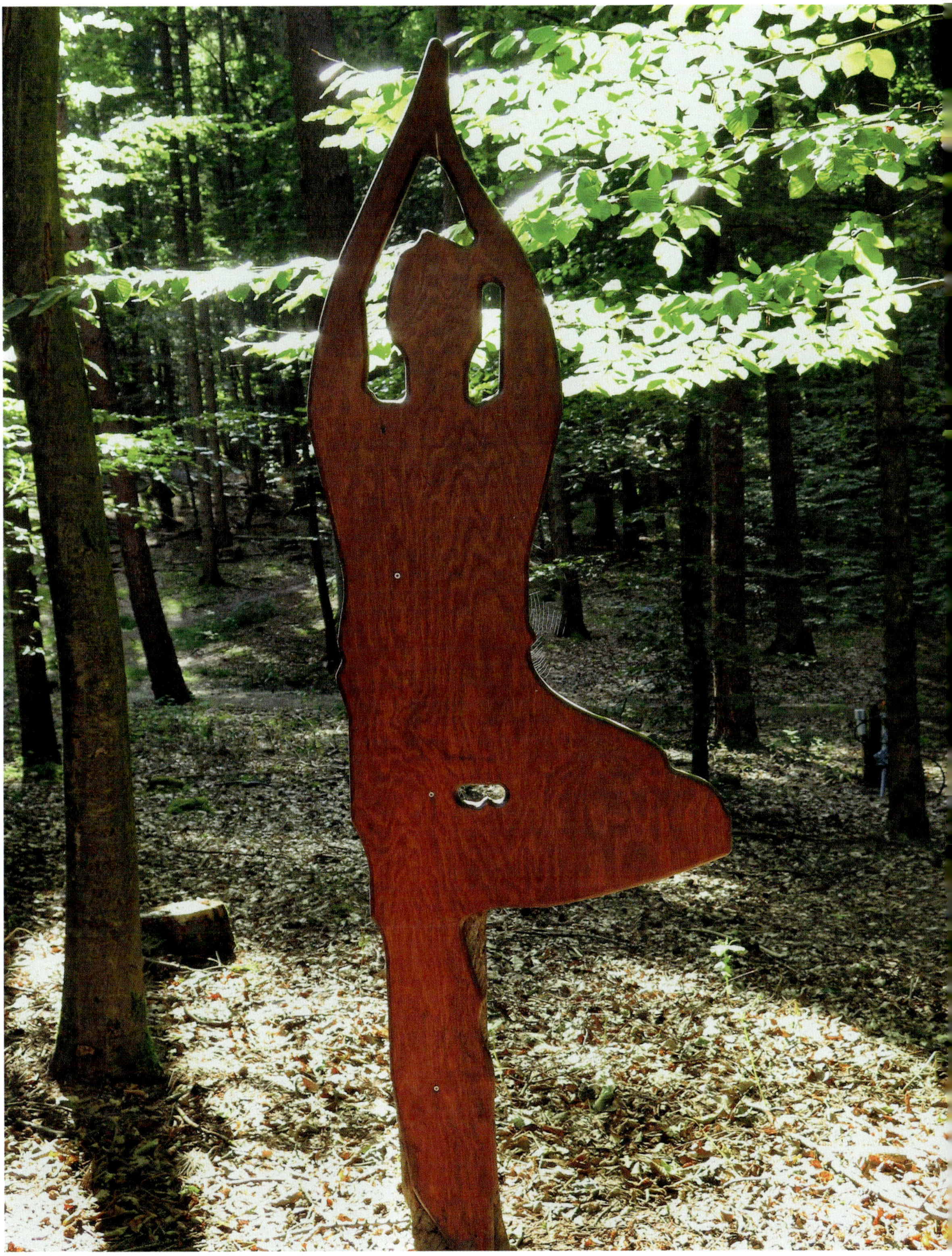

30 Wald- und Kulturpfad Hanstedt

Vom Hexentanzplatz zum Heideplateau

Leicht | 12 km | 93/93 Hm | 3 Std.

Tourencharakter
Famos ausgeschilderter und ausgeklügelter Rundkurs durch traumschönen Wald und beeindruckende Heide

Ausgangs-/Endpunkt
Parkplatz an der Rodelbahn

Anfahrt
Auto: A7 Thieshope, weiter L215 bis Hanstedt
Bus & Bahn: Metronom bis Buchholz, Buslinie 4207 Hanstedt Kirche und 1,6 km zu Fuß

Beste Jahreszeit
Ganzjährig

Einkehr
Nur in Hanstedt

Diese Rundtour durch die reizvollen Hanstedter Berge und um eine gar nicht so kleine Heidefläche herum, ist im übergroßen Angebot an Naturwundern in der Lüneburger Heide leicht zu übersehen. Umso idyllischer wandert es sich in tief eingeschnittenen Tälern und auf der von Wald umgebenen Hochfläche.

Zur Waldschule Die Wanderung beginnt am **A Parkplatz** an der Rodelbahn. Ab hier ist der Wald- und Kulturpfad mit einem Pilz markiert. Die Begleitbroschüre liegt in der Touristinformation Hanstedt aus. Sie ist aber nur dann erforderlich, wenn man die kleine, 2,3 Kilometer lange oder die mittlere Runde über 2,5 Kilometer finden möchte. Für den großen Rundweg von 4,8 Kilometern folgt man einfach den Stationen eins bis 16 und genießt den Wald der Hanstedter Berge.
Der schmale Pfad steigt dann auch gleich munter an bis zum höchsten Punkt der Rodelbahn. Hier haben Mädchen und Jungen eines interna-

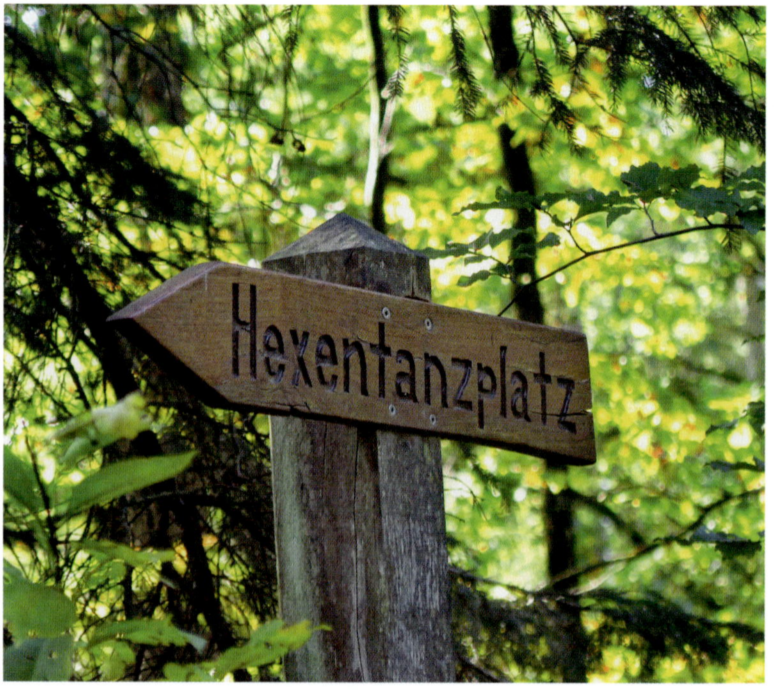

Der Hexentanzplatz ist schon nahe des Startpunkts ausgeschildert.

Rechts: Nimmt man den herrlichen Umweg, trifft man auf die Hexe erst zum Finale.

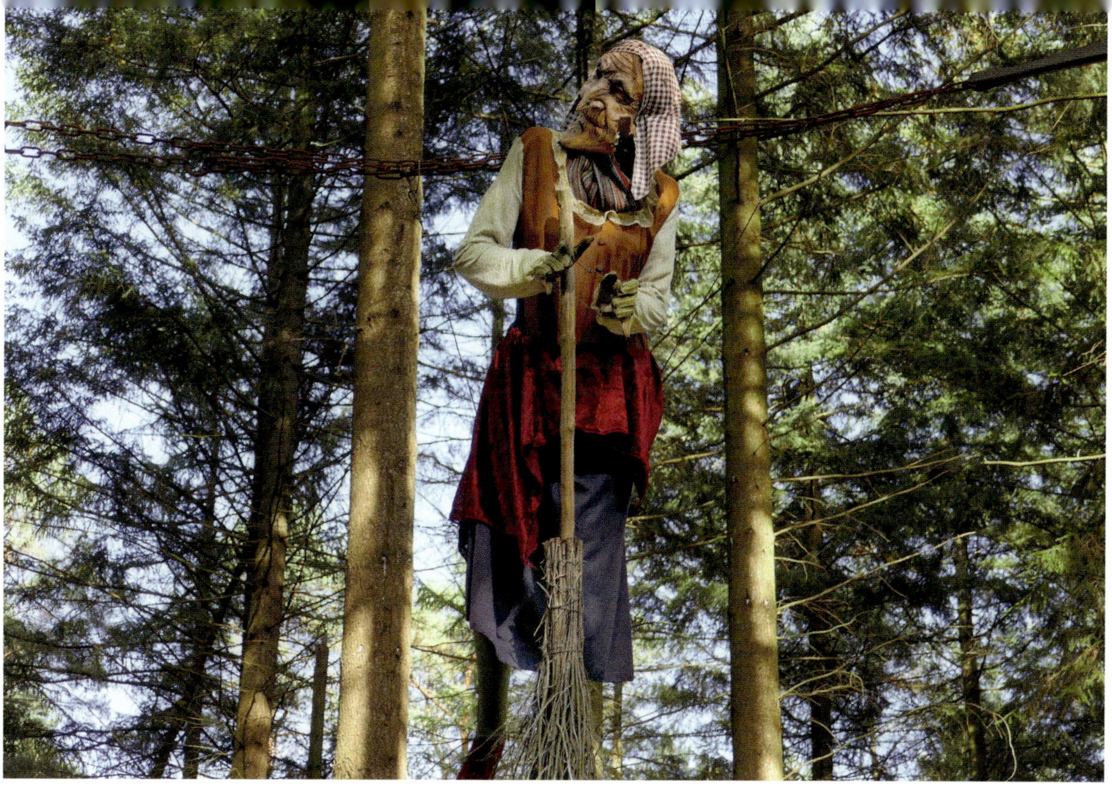

tionalen Jugendcamps eine **1 Waldschule** errichtet. Schulklassen und andere Gruppen können dort naturnah über den Wald unterrichtet werden. In schneereichen Wintern, wird – na klar – gerodelt. Dann ist der Blick vom trigonometrischen Messpunkt am allerbesten. Tragen die Bäume Blätter, freut man sich einfach über den herrlichen Wald. Wie man an den jungen Buchen unter den hohen Kiefern erkennt, wächst hier gerade ein Mischwald nach. Nach insgesamt 1,5 Kilometern Strecke leitet der Pfad bergab. Über eine kleine Brücke geht es zur unbefestigten Straße Am Faßenberg. Im anschließenden Quellgebiet wächst ein junger Erlenbruchwald, und die wenigen Anwohner scheinen allesamt ein

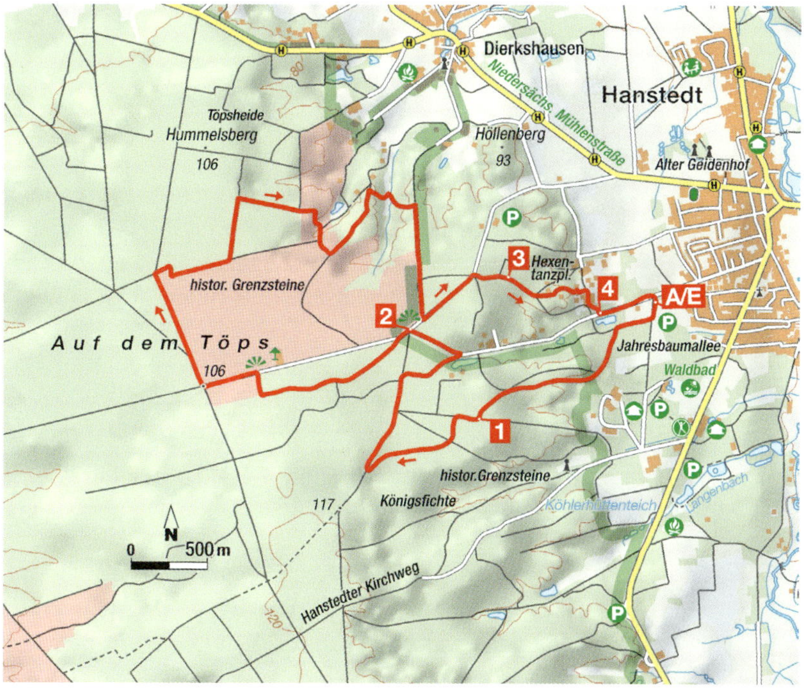

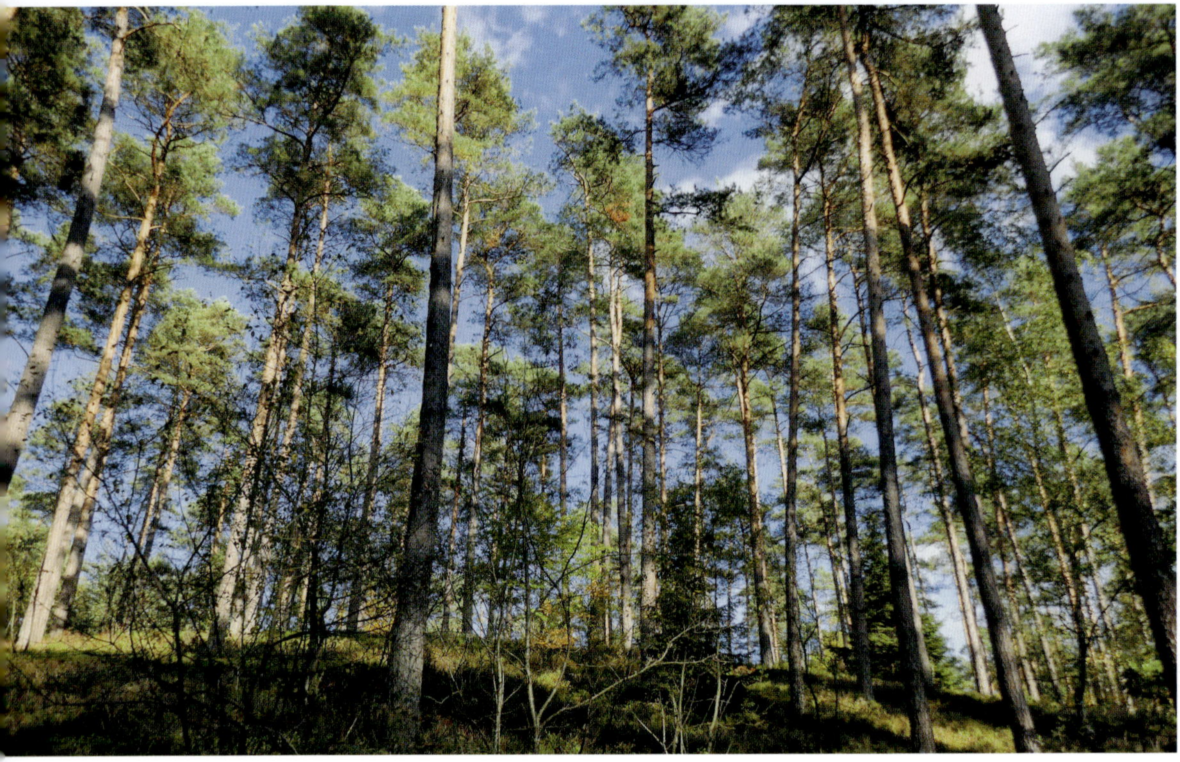

Links: Weht der Wind, knarren die hohen Kiefern.

Rechts: Ist die Heide abgeblüht, kehrt Ruhe ein.

Rechts unten: schmale Pfade, wie Waldläufer sie lieben

eigenes Feuchtbiotop zu besitzen. Die Straße steigt nun leicht an, bis sich nach insgesamt 2,5 Kilometern an der Kreuzung zum Weseler Weg das weite Hochplateau der ❷ **Töps Heide** öffnet.

Auf dem Töps Die Heidehochfläche liegt 100 Meter über Normalnull. Bei klarem Wetter reicht der Blick Richtung Norden bis nach Hamburg. Wobei Hamburger sich natürlich mehr für die Heide interessieren als umgekehrt. Stadtpanoramen hat man ja schon zu Hause genug. Deshalb empfiehlt es sich, den Wald- und Kulturpfad zu unterbrechen, um die idyllische Landschaft einmal zu umrunden. Dabei geht es einfach im Uhrzeigersinn zwischen Waldrand und Heidefläche dahin. Zur Heideblüte weiden hier übrigens auch Heidschnucken, und es geht nie so drängelig zu wie auf den bekannteren Heideflächen. Die Umrundung der Töps Heide schlägt auf dem Schrittzähler mit gut fünf Kilometern zu Buche. Dabei umwandert man eine relativ junge Landschaft. Sie entstand erst 1945, nachdem ein Kiefernwald abgebrannt war. Am Ende steht man beinahe an der gleichen Stelle des Weseler Wegs, wo man ihn verlassen hat und kann sich im weiteren Verlauf an die Pilz-Markierung halten.

Zum Hexentanzplatz Nach etwa 500 Metern zweigt rechter Hand ein Pfad vom Weseler Weg ab, über den bald der ❸ **Hexentanzplatz** erreicht ist. Eine Hexenfigur im Baum und ein Scheiterhaufen lassen an die Inquisition in der Frühen Neuzeit denken. Doch die Geschichte reicht gar nicht so weit zurück. Die Lichtung auf dem

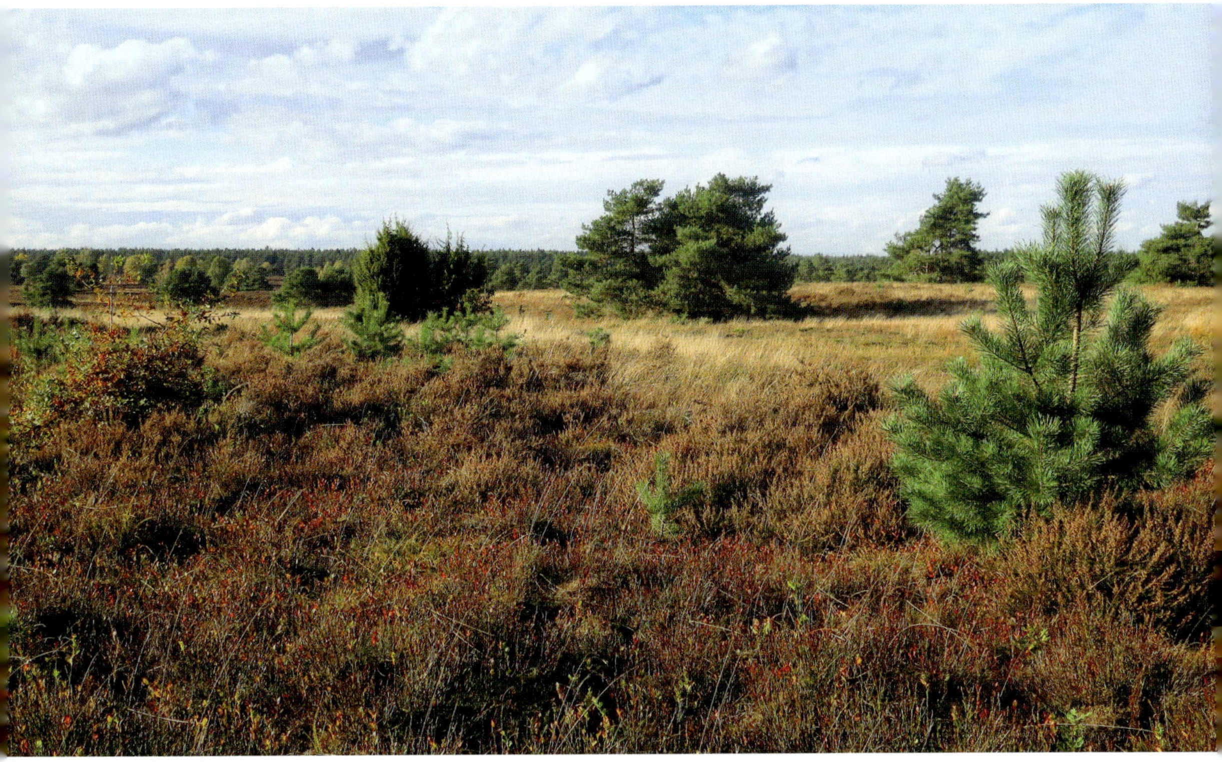

Faßberg war in den 1920er-Jahren bei Hamburger Naturisten und Mitgliedern der Wandervogelbewegung schwer in Mode. Sie trafen sich hier zu unbekleideter Sonnenanbeterei und extatischen Tänzen. Heute würde man es wohl Rave nennen. Damals kam das Gebaren den Einheimischen suspekt vor. Sie vermuteten einen Kult, und bald machte das Gerücht die Runde, dass dort oben im finsteren Wald die Hexen tanzten. So kam der Platz zu seinem Namen. Dabei ist die Anmutung des Waldes hier so gar nicht unheimlich, sondern einfach nur bezaubernd. Über einen schmalen, gewundenen Pfad geht es durch die eiszeitliche Rinne, die Gletscher vor 10000 Jahren hinterlassen haben. Auch wenn noch ein Schild vor fliegenden Hexen warnt, denkt man auf diesem Abschnitt eher an Elfen und Feen und würde gern länger wandern, als nur den einen Kilometer, nach dem der Pfad schon wieder auf die ❹ **Lindenallee** trifft. Hier geht es links und an der nächsten Abzweigung rechts, wo die Tour am Ⓔ **Parkplatz** an der Rodelbahn endet.

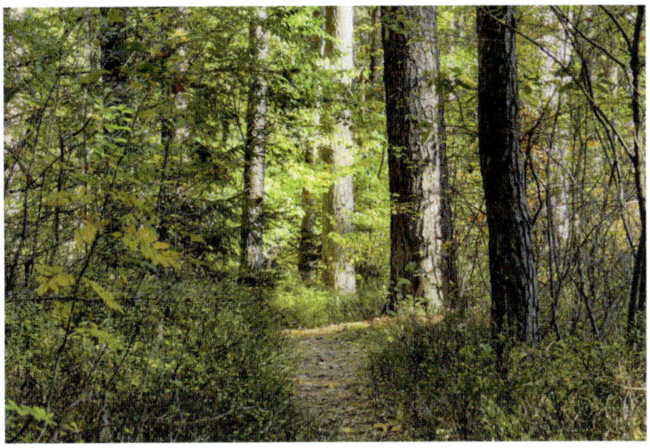

Da Sie nun schon einmal da sind

Mit dem Auto erreicht man in sechs, mit der Buslinie 4631 in neun Minuten den Ortsteil Nindorf. Dort führt der Heide Himmel, Norddeutschlands höchster Baumwipfelpfad, weit über die Kronen des Kiefern- und Fichtenwaldes hinaus. Am Ende des 700 Meter langen und barrierefreien Vergnügens verspricht ein 54 Meter hoher Aussichtsturm atemberaubende Fernsicht.

31

Auf dem Heidschnuckenweg

Die feinste Etappe des schönsten Fernwanderwegs

Mittel 16 km 110/ 128 Hm 4 Std.

Tourencharakter
Der Heidschnuckenweg ist ein Qualitätswanderweg, d. h. naturnah, vielfältig und gut markiert.

Ausgangs-/Endpunkt
Buchholz/ Handeloh

Anfahrt
Auto: A1 Dibbersen, weiter über B75 bis Buchholz
Bus & Bahn: Die Regionalbahn fährt im 40-Minuten-Takt von Hamburg nach Buchholz. Zwischen Buchholz und Handeloh pendelt der Soltauer Zug erixx.

Beste Jahreszeit
Frühling bis Herbst

Einkehr
Schafstall Büsenbachtal

Die Etappe 2 des Heidschnuckenwegs wurde schon mal zur schönsten Wanderroute Deutschlands gewählt. Sehr viel Wald und einige Vorzeige-Heideflächen stehen zwischen Buchholz und Handeloh auf dem Programm. Die gute Bahnanbindung macht die ganze Sache perfekt.

Bergeshöhen und torkelnde Schmetterlinge Der Bahnhof A **Buchholz (Nordheide)** liegt naturräumlich in der Hohen Heide, die wiederum ein Teil der Lüneburger Heide ist. Hier startet die zweite Etappe des Heidschnuckenwegs, des Rundum-sorglos-Qualitätswanderwegs. Das weiße H auf schwarzem Grund weist schon am Bahnhof die Richtung. Der Weg führt etwa 2,5 Kilometer zunächst entlang des Bahndamms und dann aus dem Ort hinaus zum 1 **Bahnhof Suerhop**. Hier verwandelt sich der Heidschnuckenweg zum Pfad durch einen Mischwald wie aus dem Bilderbuch. Es geht kurz und knackig auf und ab in ein kleines Trockental, das man durchaus übersehen könnte, wenn es nicht als Höllenschlucht bezeichnet würde. Beeindruckender ist die Heidefläche, die sich wenige Hundert Meter später öffnet. Rundum von Wald umgeben, zieht die Sandheide mit ihren Hängen und Tälern viele Besucher an. Aus allen Richtungen laufen Pfade auf den 129 Meter hohen 2 **Brunsberg** zu. Das ist gar nicht so wenig in einem Landstrich, dessen höchste Erhebung 169 Meter beträgt. Der Wilseder Berg im Süden ist bei klarer Sicht vom Brunsberg aus gut zu erkennen. Der Gipfel eignet sich bestens, um nach nunmehr guten sechs Kilometern Strecke eine erste Rast einzulegen. Die Aussicht ist prächtig und die Luft deutlich wärmer als im Wald. Schmetterlinge torkeln über Heide, Wacholder und Birken. Wer noch keine Pause braucht – oder sein Butterbrot vergessen hat – wandert weiter. Es geht wieder in den Wald. Wie schon in Buchholz lässt auch hier die Wegführung vermuten, man befände sich im Nirgendwo. Jogger und Gassigänger deuten aber darauf hin, dass einige Menschen in allernächster Nähe wohnen. Bald gesellen sich auch noch Ausflügler dazu. Sie wollen ins 3 **Büsenbachtal**, das nach guten fünf Kilometern erreicht ist.

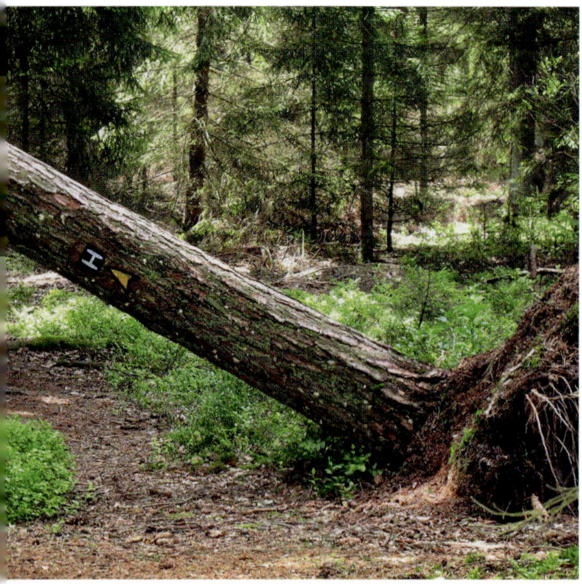

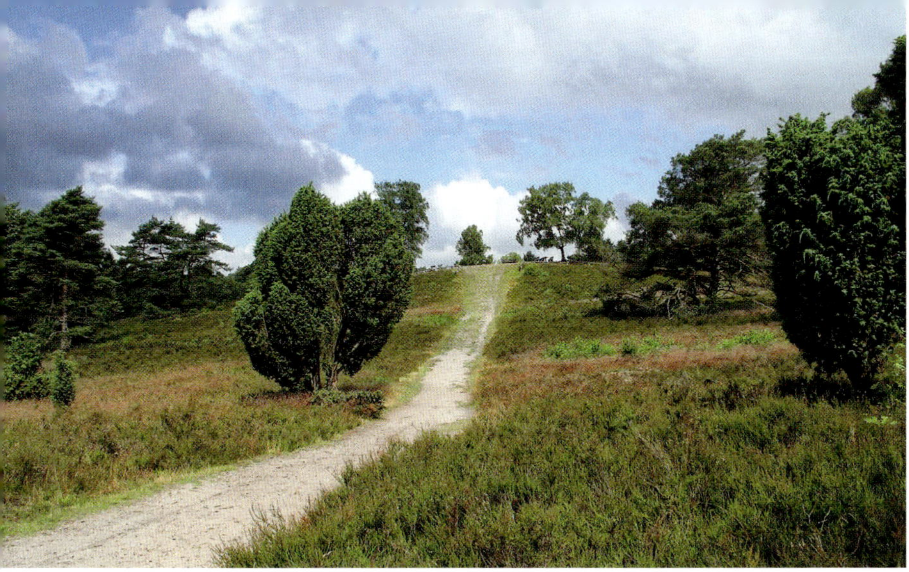

Sandige Wege ziehen sich von allen Seiten auf den Brunsberg hinauf.

Links: Manchmal muss man unter einem Wegweiser hindurchtauchen.

Aussicht auf Panoramen Eine kleine Holzbrücke spannt sich über den namensgebenden Büsenbach. Es ist unwahrscheinlich, dass man das schöne Heidetal für sich allein hat. Das liegt auch am Schafstall, der einzigen Einkehrmöglichkeit auf dieser Etappe des Heidschnuckenwegs. Das beliebte historische Ausflugslokal lockt mit regionaler nachhaltiger Küche und Backstube – der Abstecher lohnt sich also. Der Weg ist ausgeschildert und erhöht das Tagespensum um knapp zwei Kilometer. Am südlichen Ende der Heidefläche befindet sich auch noch ein Rastplatz mit schönster Aussicht. Beim Abstieg in den Wald lässt man die Ausflügler dann hinter sich. Es mag sogar sein, dass man auf den folgenden fünf Kilometern durch dunklen Tannenwald keine Menschenseele mehr trifft oder zumindest mehr Rehe als Leute. In **E Handeloh** hat man das Tor zur Lüneburger Heide erreicht und auch das Ende dieser Wanderung. Auf den letzten Metern geht es entlang der Gleise bis zum Bahnhof. Von dort braucht die Regionalbahn zehn Minuten zurück nach Buchholz.

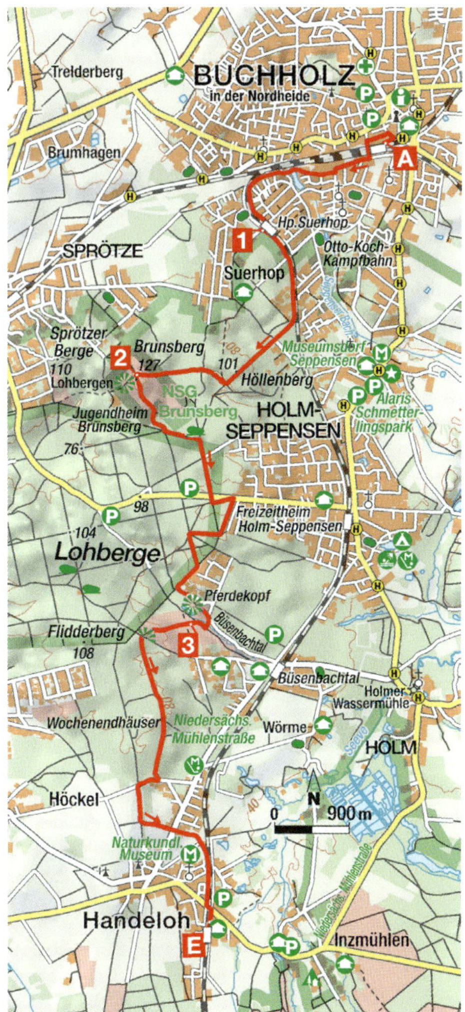

Fernwanderweg mit Waldanteilen

Sie sind von der Heide bezaubert? Dann sollten Sie über eine mehrtägige Wanderung auf dem Heidschnuckenweg, dem nördlichsten der Top Trails of Germany, nachdenken. Die 13 Etappen zwischen Hamburg und Celle sind selbst für Anfänger leicht zu bewältigen. Mit 232 Kilometern Länge kommen auch Profis auf ihre Kosten. Und Wälder werden Sie etliche durchstreifen.

Für jeden Tag die richtige Tour

			km	Hm									
1	●	Sierichsches Gehölz	2,5	10/10 Hm	0:45 Std.	●	●	●	●		●		●
2	●	Ohlsdorfer Friedhof	4	12/12 Hm	1:00 Std.	●	●	●	●	●			●
3	●	Wittmoor	8	10/10 Hm	2:00 Std.		●		●	●			●
4	●	Wohldorfer Wald	6,5	13/13 Hm	1:30 Std.	●	●	●	●		●		●
5	●	Duvenstedter Brook	14	22/22 Hm	3:30 Std.		●		●	●	●		●
6	●	Die Hohe und die Reit	4	5/5 Hm	1:00 Std.	●	●		●	●			●
7	●	Heuckenlock	6,5	4/3 Hm	1:30 Std.		●		●	●			●
8	●	Harburger Berge	11,5	157/ 157 Hm	3:00 Std.	●					●		●
9	●	Fischbektal	11	115/ 110 Hm	3:00 Std.				●	●			●
10	●	Klövensteen und Schnaakenmoor	9	9/9 Hm	2:00 Std.	●	●		●	●	●		●
11	●	Waldpark Falkenstein	9	138/ 138 Hm	2:30 Std.	●	●	●	●		●	●	●
12	●	Volkspark	8,5	33/33 Hm	2:00 Std.	●	●	●	●	●	●		●
13	●	Flottbektal und Jenischpark	4	28/28 Hm	1:00 Std.	●	●	●	●	●			●
14	●	Niendorfer Gehege	7,5	13/14 Hm	2:00 Std.	●	●		●		●		●
15	●	Haseldorfer Binnenelbe	10,5	12/11 Hm	2:30 Std.		●		●	●			●
16	●	Holmer Sandberge	5	4/4 Hm	1:15 Std.		●		●	●	●		●
17	●	Alsterwanderweg	16	22/13 Hm	4:00 Std.	●		●	●	●	●		●

Nr.	Tour	Länge (km)	Höhenunterschied hinauf/hinab	Gehzeit	Einkehr	kindergeeignet	Sehenswürdigkeit	wintergeeignet	viel Sonne	schattiger Weg	baden	ÖPNV
18 ●	Kranika und Lütjensee	10	18/15 Hm	2:30 Std.	●	●		●		●	●	●
19 ●	Hahnheide	10	62/65 Hm	2:30 Std.	●	●	●	●		●		●
20 ●	Sachsenwald	8	37/39 Hm	2:00 Std.	●	●	●	●		●		●
21 ●	Möllner Waldlandschaft	14	49/51 Hm	3:30 Std.	●	●	●	●		●	●	●
22 ●	Hellbachtal	19	86/86 Hm	4:45 Std.	●			●	●	●	●	●
23 ●	Garrenseerinne	14	36/22 Hm	3:30 Std.		●		●		●	●	●
24 ●	Schaalsee	20	48/48 Hm	5:00 Std.	●		●	●	●	●	●	●
25 ●	Hohes Elbufer	13	71/78 Hm	3:30 Std.	●	●	●	●		●		●
26 ●	Besenhorster Sandberge	5	8/8 Hm	1:30 Std.		●	●	●	●	●		●
27 ●	Walderlebnis Ehrhorn	13	25/25 Hm	3:00 Std.	●	●	●	●		●		●
28 ●	Märchenpfad Jesteburg	3,5	42/40 Hm	1:00 Std.	●	●		●		●		●
29 ●	Barfußpark Egestorf	2,7	_	2:00 Std.	●	●			●	●	●	●
30 ●	Kulturpfad Hanstedt	12	93/93 Hm	3:00 Std.		●		●		●		●
31 ●	Heidschnuckenweg	16	110/ 128 Hm	4:00 Std.	●			●	●	●		●

Piktogramme erleichtern den Überblick

- Länge
- Höhenunterschied hinauf/hinab
- Gehzeit
- Einkehr
- kindergeeignet
- Sehenswürdigkeit
- wintergeeignet
- viel Sonne
- schattiger Weg
- baden
- ÖPNV

PS:

Wenn man ein richtiger Stadtmensch ist und viel zu selten durch den Wald streift, kommt man manchmal auf absurde Ideen. So hielt ich zum Beispiel auf den ersten Metern des Jesteburger Märchenwanderweges den Wald für zu schön, um wahr zu sein. Einen Gedanken lang verstieg ich mich doch tatsächlich in der Vorstellung, eine Masse Mitarbeiter der schicken Hamburger Zeitschriftenredaktionen würde wohl hier am Rande der Lüneburger Heide leben und die Szenerie regelmäßig ausstaffieren. Im nächsten Augenblick musste ich lachen, denn natürlich ist es anders herum. Wälder gehören zu den wenigen Dingen, die der Mensch nicht geschaffen hat. Gerade darum sind sie ja so inspirierend.

Wundersames im Märchenwald Jesteburg (Tour 28)

Und nur damit es hinterher nicht heißt, es hätte Sie niemand gewarnt: Vorsicht! Wälder können (sehn)süchtig machen. Bei mir geschah das an einem frühen Sommermorgen in Mölln, als ich aus der noch menschenleeren Altstadt ins Villenviertel hinaufwanderte und wieder hinunter über den Waldhallenweg zur Waldhalle, einem altehrwürdigen Hotel, das hoch über dem Schmalsee thront.

Waldsehnsucht im Hellbachtal (Tour 22)

Das Sonnenlicht fiel in Bündeln durch das hellgrüne Blätterdach. Über die Lehne einer Holzbank lag kunstvoll drapiert ein Mantel aus flauschigem, weißem Frottee, und am sandigen Ufer stand ein Paar Badeschuhe bereit. Weit draußen zog jemand mit kräftigen Zügen durch den See. Sein Wasser glich dunkelblauer Seide. Und in dem Moment verstand ich nicht nur, sondern ich fühlte, warum der Wald als Sehnsuchtslandschaft gilt.

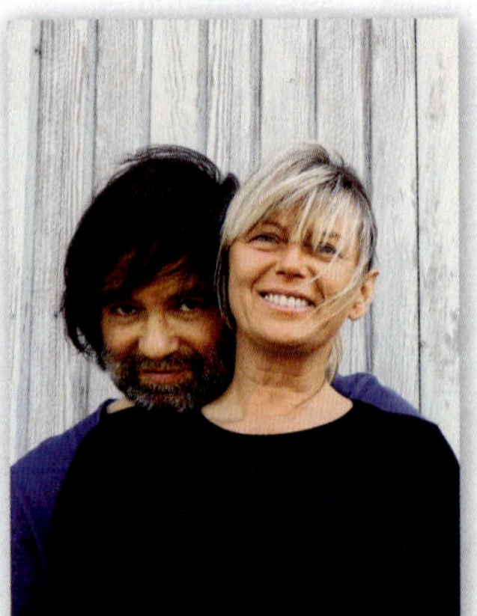

Ihre

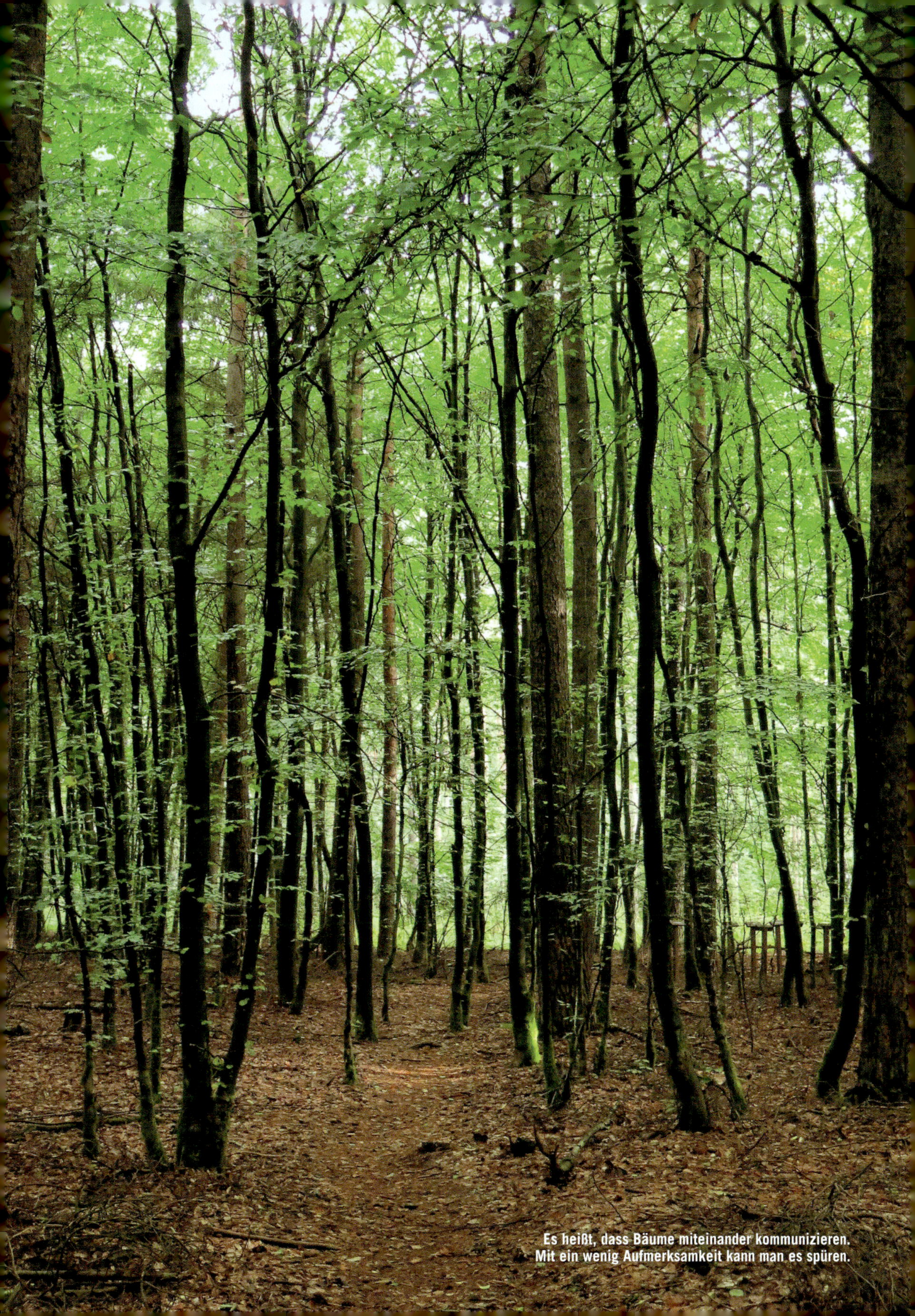

Es heißt, dass Bäume miteinander kommunizieren.
Mit ein wenig Aufmerksamkeit kann man es spüren.

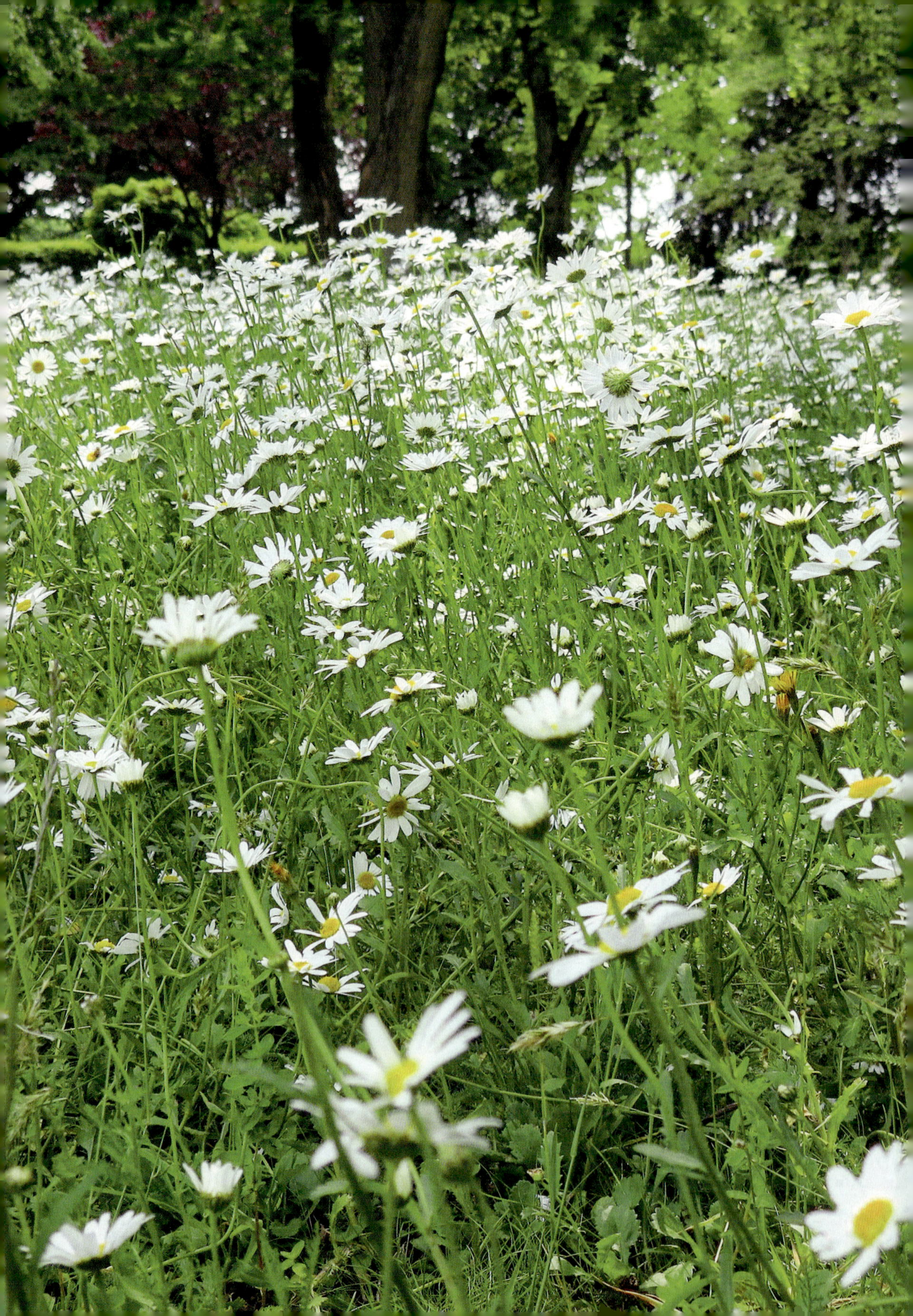

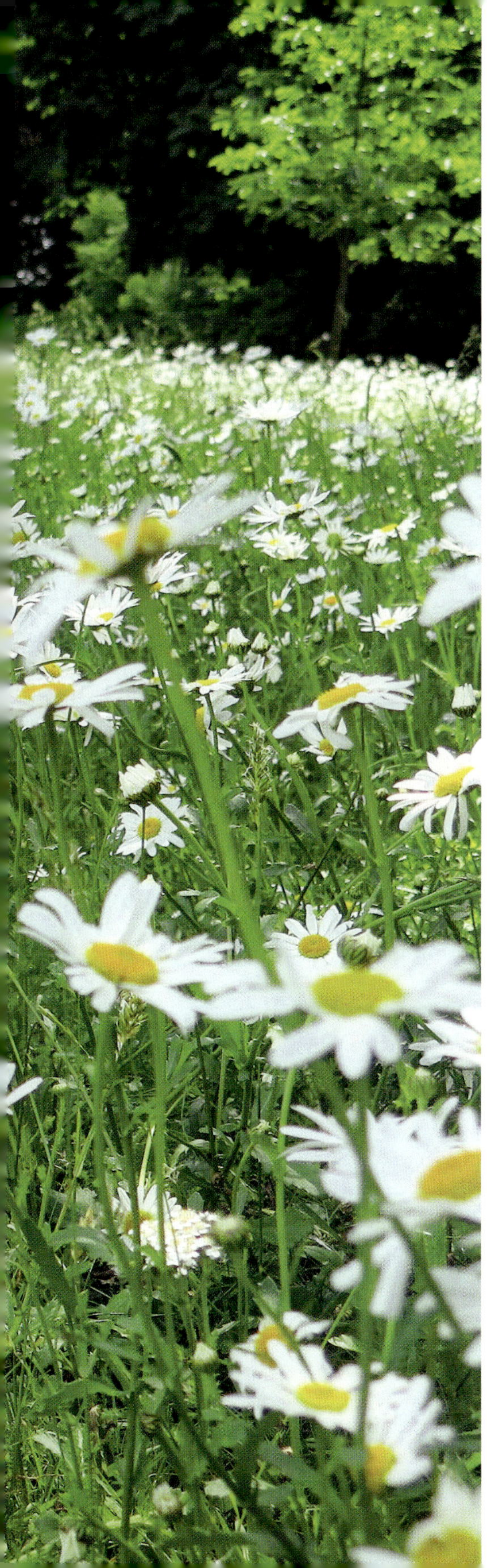

Register

Alster 11, 17, 35, 74, 90 ff.
Alsterpark 92
Alter Botanischer Garten 74 f.
Alter Frachtweg 108
Ammersbek 35 f.
Amphitheater Sierichsches Gehölz 23
Arboretum Ehrhorn
Arboretum Ellerhoop-Thiensen 88
Ästuar 13, 80 f.
Auewanderweg 35

Barfußpark Egestorf 142 ff.
Besenhorster Sandberge 128 f.
Biberlehrpfad 127
Birkenhöhe 65
Bismarck, Otto von 103 f.
Bismarck-Mausoleum 104
Blankenese 56, 60 ff.
Bock, Arthur 23
Bondenwald 72
Booth, James 69
Boothe, John 69
Botanischer Sondergarten 76
Bredenbek 92
Bredenberg 49
BrookHus 37 f.
Brunsberg 150
Brunsteenredder 30
Büsenbachtal 150 f.

Café Claudette 22
Café Fritz 24
Café Naturium 142
Cordes, Wilhelm 27
Cordesallee 27

Dahliengarten 67
Das Thomas 114
Dove-Elbe 42
Drüsensee 111 f.
Dünenberger Pulverfabrik 128 f.
Duvenstedter Brook 36 ff.

Eduard-Bargheer-Haus 69
Ehestorfer Heuweg 50
Ehrhorn 18, 132 ff.
Eichpark 92
Eierhütte 70
ElbeCamp 60, 63
Elbe-Tideauenzentrum 47
Elbhöhenweg 60, 126
Elbkantinchen 126
Elbsandwiese 128 f.
Ernst-Barlach-Haus 69
Ertheneburg 127
Eulenspiegel, Till 106

Falkenberg 49
Fischbektal 15, 52 ff.
Fischerklause am See 95
Fischteiche Schnaakenmoor 59
Flottbektal 68
Forsthaus Friedrichsruh 18, 102, 105
Forsthaus Seebergen 95
Freiland-Formicarium 134 f.
Friedhof Ohlsdorf 24 ff.
Friedrichsruh 103 ff.

Garrensee 116 f.
Garrenseerinne 114 ff.
Garten der Schmetterlinge 103
Gasthof Waldeslust 96, 98
Gose-Elbe 42 f.
Groß Zecher 122, 124
Grüner Ring 66

Hahnheide 15. 96 ff.
Hammaburg 12
Handeloh 151
Hanstedt 146 ff.
Harburger Berge 48 ff.
Haseldörper Rööckerkist 80
Haseldorf 80 ff.
Haseldorfer Binnenelbe 80 ff.
Haseldorfer Schlosspark 84
Hasselbrack 49
Haynspark 92

Heidehaus 54
Heide Himmel 149
Heidschnuckenweg 150 f.
Heine, Heinrich 12
Hellbachtal 110 ff.
Hennebergpark 92
Herzogtum Lauenburg 14, 100 ff.
Hetlinger Schanze 81 ff.
Heuckenlock 46
Hexentanzplatz 148 f.
Hofcafé Lohhof 140
Hohe 42 ff.
Hohenbuchenpark 92
Hohes Elbufer 126 f.
Holmer Sandberge 15, 86 ff.
Hünengrab Jesteburg 138, 140

Jenisch-Haus 69, 70
Jenischpark 68 ff.
Jesteburg 18, 138 ff.

Kärntner Hütte 48, 50
Katastrophenweg 88
Kayhude 90 f.
Klecker Wald 139
Kleine Sennhütte 48, 50
Klövensteen 17, 56 ff.
Klopstock, Friedrich Gottlieb 122
Knüppelbrücke 70
Konzentrationslager Wittmoor 30
Kranika 94 f.
Krebssee 112
Küchensee 125
Kupferhof 34 f., 37
Kurpark Mölln 109

Landhaus Michaelsen 63
Langer Otto 15, 96 f.
Leuchtfeuer Bunthäuser 47
Leuchtturm Wittenbergen 61
Loki-Schmidt-Garten 76
Lottsee 112
Lüneburger Heide 14, 54, 130 ff.
Lütauer See 111
Lütjensee 94 f.
Lüttge, Gustav 109

Märchenpfad Jesteburg 18, 138 ff.
Marek, Kurt W. 26
Mellingburger Schleuse 92
Millionenhügel 26 f.
Mölln 106 ff.
Möllner Seenplatte 106 ff.
Moorwerder Hauptdeich 47
Mühlenteich 35
Museum Lokschuppen 103
Mutzenbecher-Villa 73

Nachtblindpfad 133
Naturpark Lauenburgische Seen 110 ff.
Naturschutzgebiet Salemer Moor 114 ff.
Naturschutzgroßprojekt Schaalsee-Landschaft 115 f.
Naturzentrum Scholenfleth 84
Neuer Botanischer Garten 76
Niedersächsisches Bauernhaus Nansenstraße 64, 66
Niendorfer Gehege 17, 72 f.

Obstgarten Alter Sorten 84

Phulsee 120
Pinnsee 108 f.
Pipersee 120
Planetarium Sierichsches Gehölz 23
Planten un Blomen 76
Plötschersee 116
Ponyschänke 56, 59
Poppenbüttel 92
Professorenmoor 37

Raufußkauz 49
Reit 42 f.
Reitdeich 42 f.
Revier Aumühle 102 f.
Restaurant Il Lago 94
Restaurant Kutscherscheune 120, 124
Restaurant To'n Peer Stall 68
Rodenbek 92
Rodenbeker Quellental 91
Römischer Garten 61
Rüdigerteiche 59

Sachsenwald 18, 102 ff.
Salem 114 f.
Salemer Moor 119
Sandkrug 126 f.
Schaalsee 120 ff.
Schaalseekanal 125
Schafstall Büsenbachtal 150 f.
Scheinberg 49
Schinckels Park 60, 63
Schloss Seedorf 122
Schlossteich Sachsenwald 103
Schmalsee 110 f.
Schmeling, Max 105
Schnaakenmoor 56 ff.
Schulgarten 67
Schulsee 106
Schumacher, Fritz 22
Schwarze Kuhle 115
Schwarzsee 112
Seedorf 122 ff.
Seehof 94
Segelfluggelände Fischbektal 53
Sierich, Adolph 23
Sierichsches Gehölz 22 f.
Sierichsches Forsthaus 23
Sterleyer Heide 120 ff.
Stintenburginsel 122
Stormarnsche Schweiz 94 f.
Sven-Simon-Park 63

Tesperhude 126 f.
Teufelsbrücke 125
Töps Heide 148
Trinkhalle Stadtpark 22 f.
Tutenberg 64
Tutenberg, Ferdinand 64 ff.

Vogelforschungsstation Reit 44
Voght, Caspar 68 ff.
Volkspark 64 ff.

Waldcafé Corell 72
Walderlebnis Ehrhorn 134 f.
Waldesruh 102 f.
Waldhalle 110
Waldkräuterey 18, 132 ff.
Waldpark Falkenstein 60 ff.
Waldschule Hanstedt 147
Westerpark 68 f.
Wildgehege Klövensteen 56 f.
Wildpark Uhlenkolk 110, 112
Wilseder Berg 134
Winterhude 22 f.
Wittmoor 28 ff.
Witzendorff, Ida von 122
Wohldorfer Wald 32 ff.
Wohldorfer Waldfriedhof 34
Wulksfelde 91
Wulmsberg 49

Ebenfalls erhältlich ...

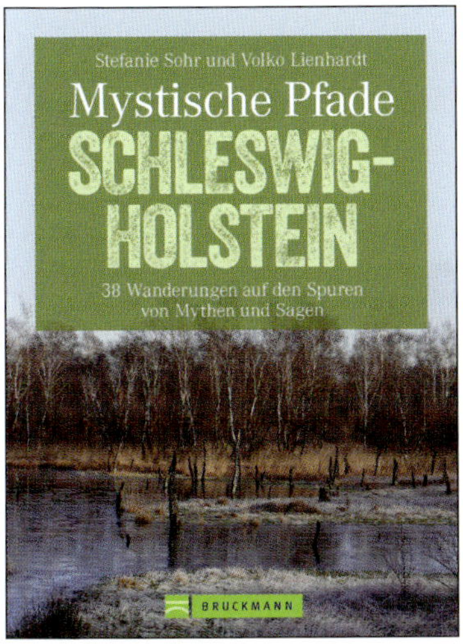

ISBN 978-3-7343-1333-2

38 Wanderungen zu sagenhaften Orten und durch zauberhafte Landschaften – zum Wohlfühlen und Auftanken, für Abenteurer und Genießer

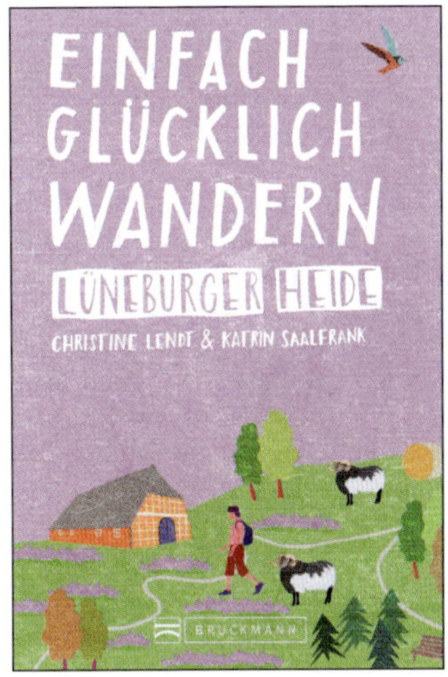

ISBN 978-3-7343-1367-7

Mit diesem Wanderführer entspannt durch die blühende Landschaft der Lüneburger Heide wandern. Flache Wege, herrliche Aussichten und pures Glück.

Impressum

Verantwortlich: Stefanie Krüger
Redaktion und Lektorat: Britta Mentzel
Korrektorat: Christine Miller
Layout: Tanja Clauss, Octaviz Studios
Covergestaltung: Rudi Stix
Repro: LUDWIG:media
Kartografie: Bruckmann Verlag GmbH, Heidi Schmalfuß
Herstellung: Stephanie Schlemmer
Printed in Poland by CGS Printing

★★★★★

Sind Sie mit diesem Titel zufrieden? Dann würden wir uns über Ihre Weiterempfehlung freuen. Erzählen Sie es im Freundeskreis, berichten Sie Ihrem Buchhändler, oder bewerten Sie bei Onlinekauf. Und wenn Sie Kritik, Korrekturen, Aktualisierungen haben, freuen wir uns über Ihre Nachricht an Bruckmann Verlag, Postfach 40 02 09, D-80702 München oder per E-Mail an lektorat@verlagshaus.de.

Unser komplettes Programm finden Sie unter www.bruckmann.de

Alle Angaben dieses Werkes wurden von den Autoren sorgfältig recherchiert und auf den neuesten Stand gebracht sowie vom Verlag geprüft. Für die Richtigkeit der Angaben kann jedoch keine Haftung übernommen werden, weshalb die Nutzung auf eigene Gefahr erfolgt. Insbesondere bei GPS-Daten können Abweichungen nicht ausgeschlossen werden. Sollte dieses Werk Links auf Webseiten Dritter enthalten, so machen wir uns die Inhalte nicht zu eigen und übernehmen für die Inhalte keine Haftung.

In diesem Buch wird aus Gründen der besseren Lesbarkeit das generische Maskulinum verwendet. Weibliche und anderweitige Geschlechteridentitäten werden dabei ausdrücklich mitgemeint, soweit es für die Aussage erforderlich ist.

Empfehlung der Redaktion: Sie sind auf der Suche nach weiterführender Literatur? Dann empfehlen wir Ihnen den Titel »Mystische Pfade Schleswig-Holstein« von Stefanie Sohr und Volko Lienhardt. Oder Sie werfen einen Blick in die Zeitschrift BERGSTEIGER. Hier werden Sie bestimmt fündig.

Bildnachweis: Alle Bilder im Innenteil stammen von Volko Lienhardt und Stefanie Sohr.
Umschlagvorderseite: Walderlebnis Ehrhorn, Tour 27
Umschlagrückseite: Fischbektal, Tour 9

Die Deutsche Nationalbibliothek verzeichnet diese Publikation in der Deutschen Nationalbibliografie; detaillierte bibliografische Daten sind im Internet über http://dnb.d-nb.de abrufbar.

ISBN 978-3-7343-1362-2